中國學術思想 研究輯刊

十四編

林慶彰 主編

第 10 冊

王莽的經學與政治

鄭雯馨 著

花木蘭文化出版社

國家圖書館出版品預行編目資料

王莽的經學與政治／鄭雯馨 著 — 初版 — 新北市：花木蘭文
化出版社，2012〔民 101〕

目 2+182 面：19×26 公分

（中國學術思想研究輯刊 十四編：第 10 冊）

ISBN：978-986-322-020-6（精裝）

1.（漢）王莽　2.學術思想　3.經學

030.8　　　　　　　　　　　　　　　　101015190

中國學術思想研究輯刊

十四編　第 十 冊　　　　　　　ISBN：978-986-322-020-6

王莽的經學與政治

作　　者　鄭雯馨
主　　編　林慶彰
總 編 輯　杜潔祥
出　　版　花木蘭文化出版社
發 行 所　花木蘭文化出版社
發 行 人　高小娟
聯絡地址　新北市永和區中正路五九五號七樓
　　　　　電話：02-2923-1455／傳真：02-2923-1452
網　　址　http://www.huamulan.tw 信箱 sut81518@gmail.com
印　　刷　普羅文化出版廣告事業
封面設計　劉開工作室
初　　版　2012 年 9 月
定　　價　十四編 34 冊（精裝）新台幣 56,000 元

王莽的經學與政治

鄭雯馨　著

作者簡介

鄭雯馨，臺北人，國立臺灣大學中國文學研究所博士候選人，曾任世新大學兼任講師。有志於從事經學研究，期望以文獻考據為根基，觀察經學與政治、社會文化的互動，以發掘經學的生命力。著有碩士論文《王莽的經學與政治》，並曾發表數篇論文。

提　要

　　經學與政治的關係，向來是極具吸引力的議題。本文以王莽為對象，探討在西漢學術、政治氛圍中，王莽如何應用個人習得的經學從政；並在即位後，因政治需求而運用經學，從而在此基礎上解決兩個與王莽相關的議題。全書的內容：第壹章緒論，闡述近代學者對王莽的兩種意見，並加以評論。第貳章，首先討論西漢末年的更命論述、慕古學風下，王莽如何根據經書改革既有體制，同時與群臣互動，營造周公形象。其次，在同樣的學風、思維下，因新朝建立、政治局勢不同，王莽轉而建構舜形象，以解釋政權交替。第參章，闡述王莽貴為天子，在具有較高自主性的情形下，如何應用學說以建構新朝政權的合法性。同時，就理論與實踐而言，王莽以理論為主，由於實踐方式不得要領，與穩固政權的目的背道而馳，最終導致新朝滅亡。第肆章，根據上述，解決與王莽相關的兩個經學議題：一，王莽施政兼採今古文，以今文經為主，古文經為輔。二，具體考察新朝的政策，得出《周禮》並非王莽為了表達政治理想而作。第伍章結論，再次回應前人研究成果之外，並探討王莽在兩漢經學與政治遞嬗過程中所扮演的角色。

第壹章　緒　論 ……………………………………………… 1

　第一節　前人研究成果述評 ……………………………… 1

　　一、王莽（或王莽等人）積極利用經學陰謀取
　　　得政治上的權力 …………………………………… 1

　　二、王莽受當代學風與政治特質影響而獲得
　　　權力 ………………………………………………… 5

　第二節　本論文的研究方式與章節安排 ……………… 11

　　一、本論文的研究方式 …………………………… 11

　　二、章節安排 ……………………………………… 12

第貳章　論西漢末年的學風與王莽的形象建構 ……… 15

　第一節　西漢末年的更命論述與慕古學風 ………… 17

　　一、更命論述與新朝代的期待 ………………… 17

　　二、慕古學風與舊體制的變革 ………………… 26

　第二節　王莽的周公形象（一）：從安漢公到攝
　　　皇帝 ……………………………………………… 28

　　一、安漢公 ………………………………………… 29

　　二、宰衡 …………………………………………… 31

　　三、宰衡居攝 ……………………………………… 33

　　四、小結 …………………………………………… 38

　第三節　王莽的周公形象（二）：制禮作樂 ……… 41

　　一、郊祀制度的改革 …………………………… 42

　　二、廟制改革 …………………………………… 51

　　三、其他 ………………………………………… 55

　第四節　王莽的舜形象 ……………………………… 58

　　一、舜形象的建構基礎：《三統曆・世經》…… 58

　　二、舜形象的建構策略 ………………………… 62

　第五節　王莽受經籍影響下的聖賢形象建構 ……… 69

第參章　新朝的改制及其對經籍讖緯符命的應用 …… 75

　第一節　〈世經〉「漢爲火德」說的應用 ………… 78

　　一、漢朝「正當性」的建立 …………………… 78

　　二、新朝取代漢朝的論述 ……………………… 79

　第二節　新朝對經籍的應用 ………………………… 81

　　一、「王者改制」的思想背景與意涵 ………… 81

目
次

二、「王者改制」下的經籍應用 …………………… 84

第三節　新朝對讖緯符命的應用 …………………… 97

一、一體兩面的災異與符命 ………………………… 99

二、讖緯符命的應用 ……………………………… 102

第四節　新朝改制失敗的原因探析 ……………… 109

第肆章　論王莽施政兼採今古文經且未偽作
　　　　《周禮》 ……………………………… 117

第一節　論王莽施政兼採今古文經 ……………… 117

一、近代關於王莽用今古文經的論述 ………… 117

二、論王莽施政多採今文經 ……………………… 119

三、王莽兼採今古文經的原因考察 …………… 126

第二節　王莽與《周禮》關係的考察 …………… 129

一、近代關於王莽用《周禮》的諸說 ………… 129

二、論《周禮》非王莽偽作 …………………… 133

三、王莽應用《周禮》的原因考察 …………… 139

第伍章　結　論 ……………………………………… 143

第一節　前人研究成果再論 ……………………… 143

第二節　王莽在兩漢經學與政治遞嬗過程中的
　　　　地位 ……………………………………… 149

一、王莽對西漢經學與政治的承繼與轉換 …… 149

二、王莽對東漢經學與政治的影響 …………… 150

附　錄

附錄一：王莽年表 ………………………………… 157

附錄二：王莽奏議、詔書引經分類簡表 ……… 163

引用及重要參考文獻目錄 ………………………… 175

第一章　緒　論

　　近代，探討著名人物個人經學與政治關係的研究甚多，筆者特別選擇王莽作為討論主題，理由有三：首先，藉由對王莽經學與政治的互動過程研究，可以觀察到學術對政治的影響力。其次，考察王莽的經學與政治，可以進一步釐清近代學者關於王莽與今古文經、《周禮》的討論。最後，探索新朝（A.D.9～23）的經學與政治，有助於理解兩漢之際學術與政治的遞嬗。

第一節　前人研究成果述評

　　研究兩漢之際的思想、經學與政治，王莽必然是焦點人物。近代關於王莽的研究，相當豐富。然而，對於王莽的經學與政治的互動，學者的認知歧異甚大。大體而言，可分為下述二種：

一、王莽（或王莽等人）積極利用經學陰謀取得政治上的權力

　　此派學者又有兩種不同的著重點：

　　（一）強調王莽在利用經書之前有過「偽造」文獻的過程

　　認為王莽（或王莽等人）偽造、造作古書與文獻的學者，以康有為、顧頡剛、徐復觀為代表。康有為說：

> 然（劉）歆之偽《左氏》在成、哀之世，偽《逸禮》、偽《古文書》、偽《毛詩》，次第為之，時莽未有篡之際也，則歆畜志篡孔學久矣；遭逢（王）莽篡，因點竄其偽經以迎媚之。歆既獎成莽之篡漢矣，

> 莽推行歆學，又徵召爲歆學者千餘人詣公車，立諸僞經於學官，莽
> 又獎成歆之篡孔矣。〔註1〕

康氏認爲劉歆遍僞群經，以迎媚王莽篡漢；而王莽篡漢後，又立劉歆的僞經
於學官，以助成劉歆篡孔學。劉歆、王莽兩人，一以學術，一以政治，相互
支援。錢穆先生〈劉向歆父子年譜〉則以二十八問和翔實的年譜，反駁此說。
〔註2〕然而康說的影響並未因錢文而完全消失，如顧頡剛先生雖然佩服錢穆先
生，〔註3〕但在「王莽與劉歆等人僞造」的觀點上仍承繼康有爲的說法。顧氏
以爲康有爲、崔適二人過度看重劉歆僞造的本領，於是折衷康氏、錢穆先生
的說法，提出：

> 劉歆固然得到改變學術的機會與權勢，且實有許多爲所竄亂或肊造
> 的文件，但倘使前無所因，則無源之水，其涸也可立而待也。惟其
> 所改變的東西在漢代已醞釀了二百年（自注：如古史系統），或一百
> 年（自注：如漢帝讓國說），大家耳濡目染已久，一旦逢到機會，取
> 而易之，自然不致成爲使人疑駭的大問題，故外表雖爲突變，而實
> 際則仍爲漸變。〔註4〕

顧氏認爲劉歆藉憑權勢、機會，「竄亂」或「肊造」漢代流傳已久的學說。就
「惟其（劉歆）所改變的東西在漢代已醞釀了二百年，或一百年」而言，受
到錢穆〈劉向歆父子年譜〉的影響。然而顧氏的基本觀念——劉歆「竄亂」
或「肊造」文件，仍來自康有爲等人。因此，顧氏雖以「漸變」說明劉歆與
漢代學術之間的關係，實質上他還是沿用康有爲的「劉歆僞造」的觀點。

在劉歆僞造文獻以助成王莽篡漢的觀點下，顧氏認爲劉歆《三統曆·世
經》的基礎「實建築於王氏代劉氏上。」〔註5〕他主要從三方面論證〈世經〉
的僞造：其一，五行相生方面，顧氏以爲鄒衍的五行相勝與漢人「帝出乎震」、

〔註1〕 康有爲：《新學僞經考》（北京：中華書局，1988年），頁143。

〔註2〕 錢穆：〈劉向歆父子年譜〉，《兩漢經學今古文平議》（北京：商務印書館，2001
年），頁1～179。該篇原名〈劉向歆王莽年譜〉，詳見《古史辨》第5冊，收
於《民國叢書》（上海：上海書店，1992年，重印民國二十四年北京樸社版），
第4編，第68冊，頁251、617。

〔註3〕 顧頡剛：〈五德終始說下的政治和歷史〉，《古史辨》，第5冊，收於《民國叢
書》（上海：上海書店，1992年，重印民國二十四年北京樸社版），第4編，
第68冊，頁483。

〔註4〕 顧頡剛：〈五德終始說下的政治和歷史〉，《古史辨》，第5冊，頁483。

〔註5〕 顧頡剛：〈五德終始說下的政治和歷史〉，《古史辨》，第5冊，頁595～596。

「漢爲堯後」的古史系統不相容，因此必須有一番徹底的改造。〔註6〕而劉歆便是將五行相勝改造爲五行相生的主要人物。其二，古史系統方面，顧氏認爲劉歆等人爲解決古史系統的帝王數目，不足以和五德運行相生的模式相配合，於是合併炎帝、神農氏之名。〔註7〕同時，劉歆等人僞造符瑞〔註8〕、古書〔註9〕，以及引用古籍，使夏、商、周產生新德，秦朝歸入閏統，並且插入少昊、伏羲二帝。〔註10〕其三，漢爲火德及堯後方面，顧氏以爲高祖「赤帝子斬白帝子（蛇）」的典故是「爲了改造漢室的受命之符而出現的」，〔註11〕凡《史記》出現西畤、畤時的記載，「都是有了『赤帝子斬白帝子』的故事之後插進去的。」〔註12〕根據《後漢書·賈逵列傳》記載「漢爲堯後」僅《左傳》、圖讖有此說法，顧氏指出：

> 《左傳》編於劉歆之手，圖讖起於哀、平之間：這一說的來源也就
> 可想而知。〔註13〕

易言之，顧氏認爲「漢爲堯後」說亦出自劉歆等人的僞造，不可信。顧氏《漢代學術史略》也和此文有相近看法，在此不擬重複。〔註14〕

又如，徐復觀先生《周官成立之時代及其思想性格》一書〔註15〕以思想、文獻兩方面作爲線索，尋求《周禮》成書於西漢末年的證據，徐氏說：

> 我先說出探索所得的結論是，《周官》乃王莽、劉歆們用官制以表達
> 他們政治理想之書。……他（按：指劉歆）在《周官》中的作用，是

〔註6〕顧頡剛：〈五德終始說下的政治和歷史〉，《古史辨》，第5冊，頁491～492。

〔註7〕顧頡剛：〈五德終始說下的政治和歷史〉，《古史辨》，第5冊，頁562。

〔註8〕顧氏說：「現在因湊付五德系統而使夏的木德變成了金德，商的金德變成了水德，周的火德變成了木德，人家若問他們（筆者按：指劉歆、王莽）有什麼佐證時將何以回答呢？因爲這樣，所以有替他們（筆者按：指夏、商、周）各各造出些新符瑞的需要。」見《古史辨》，第5冊，頁567。

〔註9〕如顧氏指出劉歆等人假造《國語·楚語》觀射父回答昭王關於絕地天通的一段話、在《左傳》加入郯子說祖德的一段話。又如，顧氏以爲紀錄唐堯以前的歷史的五部書：《左傳》、《國語》、《易傳》（指九家《易》）、《祭典》、《考德》，全都經過劉歆之手，「沒有一部可靠的，這些材料是都出於西漢末葉的。」見《古史辨》，第5冊，頁573～576、587～588。

〔註10〕顧頡剛：〈五德終始說下的政治和歷史〉，《古史辨》，第5冊，頁560～585。

〔註11〕顧頡剛：〈五德終始說下的政治和歷史〉，《古史辨》，第5冊，頁493～494。

〔註12〕顧頡剛：〈五德終始說下的政治和歷史〉，《古史辨》，第5冊，頁499。

〔註13〕顧頡剛：〈五德終始說下的政治和歷史〉，《古史辨》，第5冊，頁506。

〔註14〕顧頡剛：《漢代學術史略》（臺北：啓業書局，1975年），頁120～164。

〔註15〕徐復觀：《周官成立之時代及其思想性格》（臺北：臺灣學生書局，1980年）。

把他在《三統曆》中所表達的天道思想，應用到《周官》的序官上面，
構成《周官》的格套。格套裡面的內容，則多出於王莽。因為《漢書・
王莽傳》中所表現的王莽的性格與《周官》思想的性格較合。〔註16〕

他認為《周禮》是王莽、劉歆等合著，以官制表達其政治理想的書。徐氏提
出王莽、劉歆完成《周禮》後以「暗示」的手段，傳達「《周禮》為周公所作」
的觀念，進而影響東漢馬融、鄭玄。〔註17〕徐氏此論的相關論證過程，參見
本論文第肆章第二節，此處省略。

（二）僅強調王莽利用經書，而淡化「偽造」意涵

此派學者，以周予同先生為代表，周氏說：

王莽曾依附儒家經籍作為「託古改制」的假託；他很明顯地利用經
學，作為奪取西漢政權和改制的工具。〔註18〕

周氏以政治角度著眼，認為王莽將經學作為奪取政權和改制的工具。周氏並
認為王莽兼用今古文經的目的在於奪取漢家政權。〔註19〕許多學者都接受周
氏這項觀點，如湯志鈞、章權才、李景明等，〔註20〕因而此說在學術界占有
相當份量。

〔註16〕徐復觀：《周官成立之時代及其思想性格》，頁3。

〔註17〕徐復觀說：「但他們（筆者按：指劉歆、王莽）所遇著的矛盾，是在儒學盛行
的時代；不假托之於周公，則其書不尊；王莽又不能因此而得與周公攝政之
事，古今輝映，以加強其政治地位。但若不透出王莽創製之實，而僅係由祕
府中發現一部古典，則王莽自身的勳德不著，將徒有比附周公攝政之名，而
無周公所以成為周公之實。他們為了解決這一矛盾，於是都出之以暗示的方
法。改《周官》為《周禮》，一任人推測其出於周公，而他們始終未明說其出
於周公。將此書確定為出於周公的，實始於馬融而大倡於鄭玄……。」見氏
著：《周官成立之時代及其思想性格》，頁46。

〔註18〕周予同：〈王莽改制與經學中的今古文學問題〉，見周予同著，朱維錚編：《周
予同經學史論著選集》（增訂本）（上海：上海人民出版社，1996年），頁682。

〔註19〕周予同說：「（王莽）對今文經典中認為有利的東西，也於汲取；今文經說中
認為可取的地方，也要利用。西漢哀、平年間，讖緯盛行。今文經學家是相
信讖緯、用以解釋災異祥瑞、進行迷信宣傳的，王莽就大加提倡，借以證明
自己得天命，該做皇帝，就是一個最好的證明。」見氏著：〈王莽改制與經學
中的今古文學問題〉，《周予同經學史論著選集》，頁688。

〔註20〕湯志鈞、華友根、承載、錢杭：《西漢經學與政治》（上海：上海古籍出版社，
1994年），第八章第二節「古文經學的興起和王莽改制」。章權才：《兩漢經學
史》（臺北：萬卷樓圖書有限公司，1995年），第四章第六節「《周禮》與王莽
的復古改制」。李景明：《中國儒學史》（秦漢卷）（廣東：廣東教育出版社，
1998年），第八章第三節「古文經學的昌盛」。

二、王莽受當代學風與政治特質影響而獲得權力

　　持此觀點的學者，以錢穆、閻步克二位先生爲代表。錢氏在〈評顧頡剛五德終始說下的政治和歷史〉一文說：

> 無論政治和學說，在我看來，從漢武到王莽，從董仲舒到劉歆，也只是一線的演進和生長；而今文學家的見解，則認爲其間定有一番盛大的偽造和突異的改換。顧先生那篇文裡，蒙其採納我〈劉向歆父子年譜〉裡不少的取材和意見，而同時顧先生和今文學家同樣主張歆、莽一切的作偽。〔註21〕

他認爲從漢武帝到王莽之間，政治與學術是「一線的演進和生長」，而不是偽造和驟變。錢氏並針對顧頡剛的看法，提出三點意見。第一，關於五帝的傳說，他以爲：

> 五帝傳說雖出戰國晚期，然鄒衍以前，古史上的傳說早有遠在黃帝以前的，不能說黃帝前的古史傳說盡出衍後。〔註22〕

而先秦對於古帝傳統的記載，頗有乖異，亦不可據《史記》一家而否定其他說法。第二，關於五行相勝與五行相生，錢氏以爲秦襄公祀白帝、漢高祖自稱赤帝子，是據古代五方色帝的傳說而來。錢氏並說：

> 五行相生說自《呂覽》、《淮南子》五方色帝而來，本有少皞，並非劉歆在後橫添。〔註23〕

可見《呂氏春秋》、《淮南子》的五行相生說中，少皞帝已經存在，並非劉歆增入古史系統。而漢代董仲舒《春秋繁露》亦存五行相生說，因此，五行相生說並非創始自劉向。〔註24〕最後，關於漢爲火德及堯後，錢穆先生說：

> 正爲今文學家先存一個劉歆偽造的主觀見解，一見劉歆主張漢應火德，便疑心到漢初尚赤是劉歆的偽造，再推論到秦人初祀白帝也是劉歆偽造了。〔註25〕

錢氏在此指出顧氏一文以清代今文家的學說爲立論根據，遂有劉歆偽造的觀點。同時，錢氏根據《漢書》的記載，點明昭帝時，眭弘上書說「漢家堯後」；

〔註21〕錢穆：〈評顧頡剛五德終始說下的政治和歷史〉，《中國學術思想史論叢》（三）（臺北：素書樓文教基金會、蘭臺出版社，2000年），頁51。
〔註22〕錢穆：《中國學術思想史論叢》（三），頁60。
〔註23〕錢穆：《中國學術思想史論叢》（三），頁60。
〔註24〕錢穆：《中國學術思想史論叢》（三），頁60。
〔註25〕錢穆：《中國學術思想史論叢》（三），頁56。

成帝時，谷永已持漢爲火德說，皆在劉向之前。〔註26〕

關於王莽受西漢學術與政治影響的論述，錢穆先生說：

> 時（筆者按：西漢）學者可分兩派：一好言災異，一好言禮制。言災
> 異，本之天意。言禮制，揆之民生。……莽、歆新政，托於符命，則
> 言災異之變也。其措施屬慕古昔，切民事，則言禮制之裔也。〔註27〕

錢氏認爲王莽恰好是言災異、言禮制兩派學者的交會與後裔。〔註28〕錢氏又
指出：

> 元帝後，成、哀、平三君皆不壽，莽諸父鳳、音、商、根相繼執政
> 而及莽，莽之地望已尊。莽又不失書生本色，治禮，務恭儉，迂執
> 信古而負大志，又恰合時代潮流。漢儒群主讓賢，而苦無一種明白
> 的選賢制度，王莽在政治上、學術上均足膺此選格，遂爲一時群情
> 所歸嚮。〔註29〕

其說以一脈而下的時間觀點，取政治、學術的角度來詮釋王莽之所以取得政
權的因素。〔註30〕

又如，閻步克先生以西漢全期的儒、法之爭作爲切入點，〔註31〕討論王
莽即位前後的學術與政治措施。〔註32〕閻氏說：

〔註26〕錢穆：《中國學術思想史論叢》（三），頁58～59。

〔註27〕錢穆：〈劉向歆父子年譜〉，《兩漢經學今古文平議》，頁65。

〔註28〕另外，錢穆在《國史大綱》也指出王莽的受禪、變法是漢代「變法和讓賢論」、
「禮樂和教化論」兩種學說的匯趨。見氏著：《國史大綱》（北京：商務印書
館，2002年），頁150～153。

〔註29〕錢穆：《國史大綱》，頁152。

〔註30〕同樣以西漢的政治、學術考察王莽的，如張永成：《王莽移易漢祚之背景研究》
（臺中：私立東海大學中文所碩士論文，管東貴先生指導，1983年）、李順民：
《從漢代陰陽五行說與禪讓說的結合看新莽政權的建立》（臺北：國立臺灣師
範大學國文研究所碩士論文，管東貴先生指導，1990年）、徐金超：〈西漢後期
經學思潮和經學重心的下移〉，《紹興文理學院學報》第16卷第4期（1996年
12月）、余英時：〈東漢政權之建立與士族大姓之關係〉，《中國知識階層史論 古
代篇》（臺北：聯經出版事業公司，1997年）、范瑞紋：《王莽的聖人與三代之
夢》（新竹：國立清華大學中文所碩士論文，林聰舜先生指導，2001年）。

〔註31〕閻步克說：「從形式上看，自霍氏專權以來，外戚就逐漸成了皇權之下最有權
勢的集團；王莽篡位，也經常被看成是外戚勢力擴張的產物。然而我以爲，
在此期真正推動了帝國政治文化形態變遷的，事實上仍然是儒生、文吏及其
所分別代表的政治傳統的衝突。」見氏著：《士大夫政治演生史稿》（北京：
北京大學出版社，1998年），頁385～386。

〔註32〕同樣以漢代儒、法思想的發展，討論王莽者，如于迎春：《秦漢士史》（北京：

特別是在元帝以後，（儒者）對一種更純正的「王道」的追求，鼓動
著日盛一日要求「改制」、「變法」的政治浪潮，這最終就導致了王
莽新政之出場。〔註33〕

閻氏認爲新朝的出現，是西漢末年儒術的「王道」居於法治「霸道」之上的
表現。他提出王莽即位後的政治措施可用「奉天法古」一語概括。「奉天」即
遵奉「能夠賞善罰惡的神性之天」，「法古」則是取法三代禮制，以及漢儒所
傳承的古籍和古禮。〔註34〕此說和錢穆先生以災異、禮制來說明王莽政治措
施，在本質上是一樣的。

　　相對於前一派學者認爲經書是王莽利用的工具，此派學者認爲經書是王
莽施政的圭臬。如錢穆先生談論王莽解除六筦、王田奴婢之制時，說：

（王）莽爲政初意，未嘗不欲利民，而固執拘泥，不達民情，轉以
爲害。〔註35〕

王莽即位後引經改革，同時卻也使政治措施拘泥於經義、不知變通。閻步克
先生認爲王莽即位後，引用經書改革政治措施是「充份貫徹儒家『王道』理
想」。〔註36〕然而，閻氏也指出：

（王莽）全部的身心投注於那壯麗事業（筆者按：指儒家王道理想）
的時候，我們就很難說他是「務實」的。〔註37〕

因此，經學對王莽而言，有利有弊。其利在於使王莽登上權力的高峰，其弊
則是經學同時也限制了王莽的政治作爲。

　　上述第一種以王莽（或王莽等人）積極利用經學陰謀取得政治權力的觀

　　北京大學出版社，2000年）。

〔註33〕閻步克：《士大夫政治演生史稿》，頁372。

〔註34〕閻步克：《士大夫政治演生史稿》，頁375。

〔註35〕錢穆：〈劉向歆父子年譜〉，《兩漢經學今古文平議》，頁173。同樣認爲王莽引
　　　　用經典的復古改制不切實際的，如周桂鈿：《秦漢史》（河北：河北人民出版
　　　　社，2000年）第十章「純任儒術，復古改制——王莽興衰的思想根源」。

〔註36〕閻步克：《士大夫政治演生史稿》，頁375、412。

〔註37〕閻步克：《士大夫政治演生史稿》，頁396。按：又如呂思勉《秦漢史》指出王
　　　　莽新政承「先秦以來志士仁人之公意」，然其爲人卻是「迂闊不切於事情」，
　　　　因而導致失敗。陳啓雲也說：「他（王莽）接著下令進行許多從儒家經典推導
　　　　出來的宏偉而不切實際的改革。王莽王朝的建立因而標志著漢代儒家理想主
　　　　義的頂峰。」見呂思勉：《秦漢史》（香港：太平書局，1962年），頁197～198。
　　　　陳啓雲：〈後漢的儒家、法家和道家思想〉，英人崔瑞德、魯惟一編：《劍橋中
　　　　國秦漢史》（北京：中國社會科學出版社，1992年），頁830。

點中，過度強調王莽一人私心，以及王莽在政治上的利益。在立論上，似有不妥。首先，此說忽略西漢的學術發展。如顧頡剛先生說：

> 我們試翻開近三百年來民眾的正統史書《綱鑑易知錄》，上面便寫著「太昊伏羲氏以木德王」、「炎帝神農氏以火德王」、「黃帝有熊氏以土德王」、「少昊金天氏以金德王」、「帝嚳高辛氏木德王」、「帝堯陶唐氏以火德王」、「帝舜有虞氏以土德王」、「大禹以金德王」。這些話誰敢不奉為典則？誰會想到這是王莽的騙局的遺留？〔註38〕

顧氏認為歷代政權以五德相生的模式交替，是王莽的「騙局」，而非西漢學術發展下所產生的學說。又如周予同先生認為王莽以經學「作為奪取西漢政權和改制的工具」，〔註39〕則西漢時「以〈禹貢〉治河，以〈洪範〉察變，以《春秋》決獄，以三百五篇當諫書，治一經得一經之益也。」〔註40〕政治措施以經書為指導方針的特質也因此受到忽略。

其次，以王莽一人的政治利益為考察焦點，使西漢末年士人群體的認知成為附庸。顧氏說：

> 古代的歷史，古代的書籍，都為供給他們的需要而弄亂了。無數的知識分子，也都受了他們的麻醉了。〔註41〕

顧氏認為知識分子對於王莽的作為、偽造是全盤接受的，知識分子也因而成為王莽所運用的另一種工具。周予同先生認為：

> 王莽要奪取西漢政權，就要在政治上收攬統治階級各方面的勢力。
>
> 〔註42〕

周氏認為王莽對於沒有危險性的今文學家，加以任用；而習今文經的吳章與劉昆、習古文經的高康受到誅殺或繫獄的例子，正說明了「王莽對今文學家或古文學家，並不是因他傳授今文或古文而陟黜，而是主要看他的政治傾向加以賞罰的。」〔註43〕徐復觀先生也說：

〔註38〕顧頡剛：《漢代學術史略》，頁 149〜150。

〔註39〕周予同：〈王莽改制與經學中的今古文學問題〉，《周予同經學史論著選集》，頁 682。

〔註40〕皮錫瑞著，周予同注：《增註經學歷史》（臺北：藝文印書館，2000 年），頁 85。

〔註41〕顧頡剛：《漢代學術史略》，頁 160〜161。

〔註42〕周予同：〈王莽改制與經學中的今古文學問題〉，《周予同經學史論著選集》，頁 689。

〔註43〕周予同：〈王莽改制與經學中的今古文學問題〉，《周予同經學史論著選集》，

（王）莽、（劉）歆合著此書（筆者按：指《周禮》），以常情推之，

只是持其綱領，會其指歸；具體節目，當委之於若干博士儒生之手。

〔註44〕

可見對於王莽、劉歆造作《周禮》以取得政治上的利益，博士、儒生似無異言，只是奉命加入寫作《周禮》的行列。因此，在「積極利用經學陰謀取得政治上的權力」的觀點下，士人可以說是缺乏主體性，對於王莽的意見只有遵從，罕見反對者。

　　第三，康有為、顧頡剛、周予同等學者均視王莽為篡位者，〔註45〕與《漢書》記載王莽的敘述不無關係。如《漢書・成帝紀贊》說：「建始以來，王氏始執國命，哀、平短祚，（王）莽遂篡位，蓋其威福所由來漸矣！」〔註46〕用「篡」字來解釋新朝政權的由來。然而，對照陳崇稱頌王莽功德的奏書，其以為王莽具備《易》、《詩》、《書》等經籍所稱譽的修養，並說：

此皆上世之所鮮，禹稷之所難，而公包其終始，一以貫之，可謂備

矣！……揆公德行，為天下紀；觀公功勳，為萬世基。基成而賞不

配，紀立而褒不副，誠非所以厚國家，順天心也。〔註47〕

陳崇將王莽的品德、功業提升到的最高點，並請求賞賜。再加上西漢末年群臣對王莽的稱美、民間和朝廷動輒數千人請求為王莽加賞的奏議，以及王莽登基後，揚雄〈劇秦美新〉一文的褒揚，可見西漢時人與後人對王莽的評論，其落差不可以道里計。

　　若進一步考慮《漢書》的著作情形，或許可稍加解釋西漢末年時人，如陳崇、王舜、孔光等；東漢時的班固；以及近人，三者評價王莽的落差。首先，《漢書》修撰過程受政治力介入。班固撰寫《漢書》期間，身罹史禍的遭遇，使他產生禍患意識。〔註48〕據《後漢書》載：

頁690。

〔註44〕徐復觀：《周官成立之時代及其思想性格》，頁54。

〔註45〕如康有為：《新學偽經考》，頁143。顧頡剛：〈五德終始說下的政治和歷史〉，《古史辨》，第5冊，頁510。周予同〈經今古文學〉，《周予同經學史論著選集》，頁12。

〔註46〕漢・班固著，唐・顏師古注《漢書》（北京：中華書局，1996年），卷10，頁330。

〔註47〕《漢書》，卷99上，頁4060。

〔註48〕施惠淇：《班固學術及其與漢代學風的交涉》（臺北：國立臺灣大學中文所碩士論文，張蓓蓓先生指導，2004年），第二章第一節「通古今」。

（班）固又撰功臣、平林、新市、公孫述事，作紀傳、載記二十八

篇，奏之。帝乃復使終成前所著書。〔註49〕

可見《漢書》的完成是經過皇帝許可的。雖然編寫之初，不是由君王正式任命，但至此也已經具有官家性質，且有「展示於大眾」的意味，所以必然會進一步地影響到《漢書》本身的意識型態。其次，史家在撰寫、記載歷史時，必有一套自己的系統、觀點作爲捨取。易言之，班固個人的價值觀也會表現在《漢書》中。班固〈兩都賦〉說：

今論者但知誦虞夏之《書》，詠殷周之《詩》，講義、文之《易》，論

孔氏之《春秋》，罕能精古今之清濁，究漢德之所由。〔註50〕

因此王莽何以取代西漢，東漢又何以興起，便成爲班固研究漢代史事的中心課題。〔註51〕〈王莽傳贊〉說：

昔秦燔《詩》《書》以立私議，莽誦《六藝》以文姦言，同歸殊塗，

俱用滅亡，皆炕龍絕氣，非命之運，紫色𪷒聲，餘分閏位，聖王之

驅除云爾！〔註52〕

班固站在漢家的角度，批評新朝和秦朝一樣，只是「餘閏」，不足以列入歷代受天命有天下的次序，遂將王莽置於列傳之末。這種看法出於班固個人家天下的觀念，因而顯現於《漢書》的字裡行間；〔註53〕遂影響後代對王莽的評論。

第二種，「王莽受當代學風與政治特質影響而取得政治權力」的觀點中，由於以學風和政治環境爲背景，對王莽個人「自主性」的討論似乎有所不足。如錢穆先生以王莽承西漢慕古、變法學風爲考察的線索，在討論王莽造寶貨五品時說：

（王）莽徒慕古制，不通政理。其行龜、貝、布貨，惟以擾民。然

自貢禹以來，存此想者非一人，莽特強志敢爲耳。〔註54〕

〔註49〕 劉宋‧范曄著，唐‧李賢等注：《後漢書》（北京：中華書局，2001 年），卷
40 上，頁 1334。

〔註50〕 《後漢書‧班固傳》，卷 40 下，頁 1369。

〔註51〕 施惠淇：《班固學術及其與漢代學風的交涉》，頁 72。

〔註52〕 《漢書‧王莽傳》，卷 99 下，頁 4194。

〔註53〕 雷家驥說：「《漢書》斷代爲史之創作，實爲劉氏父子正統論下，爲漢朝爭尊
大、爭正統，與及擯秦意識下的創作也。」見氏著：《中古史學觀念史》（臺
北：臺灣學生書局，1990 年），頁 191。

〔註54〕 錢穆：〈劉向歆父子年譜〉，《兩漢經學今古文平議》，頁 139。

錢氏以為王莽造寶貨五品是慕古學風中勇於實行的表現；同時，他也認為王莽即位後的改制是「拘古紛更」、「拘迂之化」〔註 55〕。然而，王莽即位後貴為天子之尊，對政治措施所擁有的自主性/選擇權，不應只是「拘古」可以完全說明的。同時，王莽何以在眾經籍之中選擇採用或變更特定制度的原因、符讖對新朝的作用等等，卻是較少被具體談論到的。

又如閻步克先生以儒、法之爭作為觀察角度，認為王莽在政治上的優勢是儒家王道理想勝過法家學說的表徵。然而，王莽在這過程中，也具有相當程度的運作，閻氏的論述則略顯不足。其不周全之處，首先，王莽逐步上升的政治優勢，展現在王莽個人與群臣的具體互動情形，此未受突顯。再者，王道理想的部分內容，可見於王莽建構自己周公與舜形象的方式，此說明不足。第三，王莽建構自己的周公與舜形象，對其權力的影響、和即位的有利因素則未見詳細論述。

第二節　本論文的研究方式與章節安排

一、本論文的研究方式

有鑑於上述兩種不同觀點及其侷限，筆者嘗試從兩方面討論王莽的經學與政治。資料的選擇方面，由於《漢書》成書時，受政治力介入以及班固個人的價值觀影響，因此選擇《漢書》資料時，筆者分為兩類：一類是和王莽同時代者為一類，包括經歷西漢末年到新朝這段時期的陳崇、劉歆、揚雄、隗囂等人的作品，及王莽本身的奏議、詔書等。此類資料所反映的價值判斷、意見，是屬於當代人的。另一類則是在東漢建國以後的資料，如班固在《漢書》中的評斷。此類資料因時代變遷、史家或個人以他所處的時代氛圍為基準點，衡量西漢末年到新朝這段時期而作出評價，屬後人的價值判斷與意見。以是，本文關於王莽的討論，以第一類資料為主要依據，而以第二類資料為參酌文獻。其次，本文討論第一類資料時，將儘可能地不涉入班固、東漢時人對王莽的觀點，否則便很容易受到班固的意見所影響。

具體研究方面，筆者擬從王莽引經施政的時代背景——西漢更命論述、慕古學風與政治的交涉——談起，從而討論王莽與群臣在相同學風背景下的

〔註 55〕錢穆：〈劉向歆父子年譜〉，《兩漢經學今古文平議》，頁 147、150、166。

互動，及其如何引用經書建構自己的周公、舜形象。接著，討論王莽即位後在具有自主權的情況下，其種種與經書相關的政治措施背後所呈現的目的爲何。最後，則以周予同、徐復觀先生的說法爲討論的基點，嘗試爲長久以來關於王莽與今古文、《周禮》的討論提出其他可能的解讀。簡言之，本文試圖討論的焦點是：探討王莽對西漢學風、政治的傳承與轉化，並在此基礎上解決與王莽相關的兩個問題。

二、章節安排

本論文除首、尾二章外，主要的內容包括三章，分述如下。第貳章〈西漢末年的學風與王莽的形象建構〉部分，此章第一節先從西漢的更命說與慕古學風對政治的影響談起，這兩種學說與政治之間的互動，是王莽引經施政的背景。第二節探討王莽與群臣的互動如何構成王莽的周公之名，及其對王莽地位與權力的影響。第三節討論王莽藉由倣效經籍中「周公制禮作樂」的記載，來建構周公形象之實。第四節說明王莽即位之後，以《三統曆‧世經》「漢爲堯後」說爲基礎，建構個人的舜形象。第五節討論王莽的形象營造與經籍記載的關係，並比較王莽營造周公形象與舜形象的不同。

第參章〈新朝的改制及其對經籍讖緯符命的應用〉，筆者以王莽面對的新政局及貴爲天子所擁有的「自主性」作爲觀照角度，在第一節中討論王莽運用《三統曆‧世經》的「漢爲火德」說，建構「新朝爲土德」說，作爲取代漢朝的論述。第二節探索王莽根據經書的種種政治措施，是爲了傳達「王者改制」的觀念，並藉以突顯出政府的地位。第三節則進一步討論符命乃新朝受天命的具體形式，也因此新朝政治、王莽的個人行事皆受其影響。同時，藉由以上三節的討論，觀察西漢的學術、政治與新朝的關係。需在此事先聲明的是，爲了探討王莽的形象營造與轉變，而將屬於新朝時的「王莽的舜形象」列入第貳章。然而，在考察新朝時王莽的政治措施，應與「王莽的舜形象」一併探討，俾能呈現較爲完整的新朝面貌。第四節，探討新朝改制失敗的原因，說明王莽應用經籍、讖緯符命改制後，新朝仍走向滅亡的緣故。

第肆章〈論王莽施政兼採今古文經且未僞作《周禮》〉，筆者嘗試討論近代關於王莽的兩項經學議題。第一節探討王莽施政採用的經籍，多屬今文經，而非古文經。同時，從政治、學術著眼，探討王莽兼採今古文經的理由。第二節則考辨王莽與《周禮》的關係。以徐復觀、金春峰兩位學者的不同意見

作為起點，考察王莽未僞作《周禮》；並討論王莽即位前後應用《周禮》的原因。

至於結論，主要論述面向有二：首先，在第貳、參、肆章的基礎上，再次回顧前人研究成果。然後，探討王莽在兩漢經學與政治遞嬗過程中，所扮演的角色。

文末附錄二表：其一爲〈王莽年表〉。關於王莽的生平，錢穆先生的〈劉向歆父子年譜〉相當具有代表性。〔註 56〕然而，該文以劉向、劉歆、王莽三人爲對象，其目的主要在於排擊清代今文經學家認爲劉歆徧僞古文諸經的說法。本文爲了更能呈現出王莽個人生平的清楚脈絡，根據《漢書》、《漢書補注》、錢穆先生〈劉向歆父子年譜〉整理出本表，以供讀者參考對照。

其二爲〈王莽奏議、詔書引經分類簡表〉。本表係爲了考察王莽引用經書種類的多寡，及各經書的引用次數而製作。需事先說明的是，本表的詮釋效力雖有若干限制，〔註 57〕但其對於「王莽施政兼採今古文經」問題的討論，仍具一定的參考價值。

〔註56〕錢穆：〈劉向歆父子年譜〉，《兩漢經學今古文平議》，頁 1～179。
〔註57〕關於限制，詳見本文〈王莽奏議、詔書引經分類簡表〉說明。

第貳章 論西漢末年的學風與王莽的形象建構

　　漢朝開國，天下初定，講崇黃老之學，使民休養生息。〔註1〕武帝建元元年（B.C.140），董仲舒對策說：「諸不在《六藝》之科孔子之術者，皆絕其道，勿使並進。」〔註2〕這項建議使《六藝》成為士人進入政府階層的途徑，也降低了諸子學在政治上的作用。〔註3〕元朔五年（B.C.124），公孫弘上奏請立博士弟子五十人，讓習經者成為朝臣的來源之一。兩人的意見經武帝採用，成為漢代學術的轉捩點。然而，武帝一朝對於儒術實採取「倡優蓄之」的態度，酷吏亦見重用，因此儒者所能發揮的影響力其實不大。〔註4〕宣帝則更明白地

〔註1〕 班固在〈景帝紀贊〉說：「漢興，掃除煩苛，與民休息。」（卷5，頁153），高祖時以蕭何為相、惠帝以曹參為相採黃老之學治民。文、景兩帝亦承此術治天下，如《史記‧禮書》載：「孝文即位，有司議欲定儀禮，孝文好道家之學，以為繁禮飾貌，無益於治，躬化謂何耳，故罷去之。」（卷23，頁1160）《後漢書‧樊准傳》載：「昔孝文、竇后性好黃老，而清靜之化流景武之閒。」（卷32，頁1126）。
〔註2〕 《漢書‧董仲舒傳》，卷56，頁2523。按：根據錢穆的考察，對策的時間為「建元元年」（B.C.140），此從之。見氏著：〈兩漢博士家法考〉，《兩漢經學今古文平議》，頁195～196。
〔註3〕 錢穆說：「而黃老申韓，其學皆起戰國晚世。其議卑近，主於應衰亂。惟經術儒生高談唐虞三代，禮樂教化，獨為盛世所憧憬。自衰世言之，則見為迂闊遠於事情。衰象既去，元氣漸復，則如人之病起，捨藥劑而嗜膏粱，亦固其宜也。」指出學術與時代的需求關係，此可以作為儒家在武帝時興起的原因之一。引文見氏著：〈兩漢博士家法考〉，《兩漢經學今古文平議》，頁200。
〔註4〕 《史記‧平準書》：「自公孫弘以《春秋》之義繩臣下取漢相，張湯用峻文決理為廷尉，於是見知之法生，而廢格沮誹窮治之獄用矣。……當是之時，招

說：「漢家自有制度，本以霸王道雜之，奈何純任德教，用周政乎？且俗儒不達時宜，好是古非今，使人眩於名實，不知所守，何足委任！」〔註5〕指出漢朝政治的真相。

　　但是，到了元、成帝之後，出於君王的愛好、災異頻仍，以及社會問題如土地兼併、奴婢問題等日益惡化，再加上博士弟子晉升於朝中的人數上升，量變導致質變，〔註6〕學術的風氣漸漸由黃老、霸王道，轉向經學。另一方面，當經學立於學官，經學家便有了參與政治的途徑，經書也就成為立說的憑據。經學家為探究並解決問題，企圖從經書尋找答案，因而使得西漢末年有較為明確的兩種學術傾向，即更命論述與慕古學風。〔註7〕

　　更命論述屬於災異思想的一種，以漢人認為漢朝承受的天命需有所更動、甚至更改為主要內容。提出更命說的經學家均採用以災異結合經義的方式陳說時政，期望改善現實問題。〔註8〕不同時期均有經學家提出更命說，顯示更命思想已蔚為潮流。這些經學家所提出的議題，適足以證成新朝建立之必然。

　　歷來許多學者討論到西漢末年經學上的慕古學風為重要特質。〔註9〕在此

尊方正賢良文學之士，或至公卿大夫。公孫弘以漢相，布被，食不重味，為天下先。然無益於俗，稍鶩於功利矣。」卷30，頁1242。

〔註5〕　《漢書・元帝紀》，卷9，頁277。

〔註6〕　武帝時僅設博士弟子五十人，昭帝時百人，宣帝末年二百人，元帝時增至千人，成帝末年甚至一度達到三千人，一年多後又恢復博士弟子千人的制度。武帝設博士弟子的同時，同意「選擇其秩比二百石以上及吏百石通一藝以上補左右內史、大行卒史，比百石以下補郡太守卒史，皆各二人，邊郡一人。先用誦多者，不足，擇掌故以補中二千石屬，文學掌故補郡屬，備員。」可以想像博士弟子輩出，到各地做官或進入朝廷中心執政，而地方上的官員也紛紛學習經藝，使自己的晉升之路更為順暢，因此整個學術、政治環境有如換血一般地改變。我們也才能瞭解當時共同出身於經學修養的士人為何擁有廣大的凝聚力，進而影響、改變政權。引文見《漢書・儒林傳》，卷88，頁3594～3596。

〔註7〕　參徐金超：〈西漢後期經學思潮和經學重心的下移〉，《紹興文理學院學報》第16卷第4期（1996年12月），頁71。

〔註8〕　如董仲舒說：「國家將有失道之敗，而天乃先出災害以譴告之，不知自省，又出怪異以警懼之，尚不知變，而傷敗乃至。」谷永說：「終不改寤，惡洽變備，不復譴告，更命有德。」見《漢書》〈董仲舒傳〉，卷56，頁2498；〈谷永傳〉，卷85，頁3467。

〔註9〕　如錢穆：〈劉向歆父子年譜〉，《兩漢經學今古文平議》；閻步克：《士大夫政治演生史稿》，第九章〈「奉天法古」的王莽新政〉；于迎春：《秦漢士史》，第五章〈西漢後期社會的儒學化〉、第七章〈王莽與士大夫的關係及西漢末年的士風〉。

先稍作說明，本文中的「西漢末年」是指元帝以下的時期。其次，「慕古」一語承襲自錢穆先生。〔註10〕為行文上的方便與明確，在此特加以說明，「慕古」說的是欽慕古人，進而在思想、言語、行動上表現出來。而「慕古」與「復古」不同之處在於，慕古兼攝思想、言語的表達與行動的展現，復古則較偏於具體的行動，因此本文使用「慕古」一語。

更命與慕古這兩種學風對於王莽建構周公與舜形象，乃至取得政權有至為深刻的影響，以下依序討論。

第一節　西漢末年的更命論述與慕古學風

一、更命論述與新朝代的期待

（一）「漢運已衰，聖人將興」——更命論述的提出

劉邦以一介平民建立漢朝，對漢朝所受的天命可以從兩次事件看出態度的轉變。其一，高帝六年（B.C.201）設酒宴於雒陽南宮，劉邦問群臣說：「吾所以有天下者何？項氏之所以失天下者何？」〔註11〕可見劉邦在志得意滿的同時，對自己如何能取得天下仍有疑慮。其二，他擊英布時為流矢所傷，嫚罵醫者：「吾以布衣提三尺取天下，此非天命乎？命乃在天，雖扁鵲何益！」〔註12〕則確定天命加之於己，是自認受天命的表現。

但在武帝之後，人們卻逐漸懷疑漢家氣數將盡。顧頡剛先生認為起因於武帝祭祀、求仙、封禪、巡狩及征伐四方，使得國用不足，又立下許多苛捐雜稅，「因此弄得人民筋疲力竭，盜賊紛紛起來，再碰著荒年，竟至赤地數千里。人民怨望之餘，不禁發生了五德說下的希望。這就是說，漢的氣數盡了，該有新受命的天子起來了！」〔註13〕昭帝元鳳三年（B.C.78）正月，泰山有大

〔註10〕 錢穆：〈劉向歆父子年譜〉，《兩漢經學今古文平議》，頁63。按：正文中為「復古」、「慕古」所作的說明出自筆者個人，文責由筆者自負。

〔註11〕 《漢書・高帝紀》，卷1下，頁56。

〔註12〕 《漢書・高帝紀》，卷1下，頁79。

〔註13〕 顧頡剛：《漢代學術史略》，頁42。按：《漢書》〈食貨志〉、〈西域傳〉的記載可以概見武帝時的情況。又，宣帝下詔議武廟樂時，長信少府夏侯勝反對說：「（武帝）多殺士眾，竭民財力，奢泰無度，天下虛耗，百姓流離，物故者半。蝗蟲大起，赤地數千里，或人民相食，畜積至今未復。亡德澤於民，不宜為立廟樂。」亦可見武帝一朝在極盛過後的衰敗。引文見《漢書・夏侯勝傳》，

石自立、上林苑的大柳樹枯斷又復生等異象，眭孟解釋作當有匹夫爲天子的跡象，又說：

> 先師董仲舒有言，雖有繼體守文之君，不害聖人之受命。漢家堯後，有傳國之運。漢帝宜誰差天下，求索賢人，禪以帝位，而退自封百里，如殷周二王後，以承順天命。〔註14〕

這段話傳達了三項訊息：首先，漢家是堯的後代，有傳國的運數。即使是「繼體守文」的在位者，也不妨礙聖人受天命、有天下。其次，聖人是以「禪讓」的形式得到天下。第三，漢帝退位後「自封百里，如殷、周二王後，以承順天命」的說法，承繼董仲舒的三統說而來。〔註15〕這種存三統的觀念在成帝以後有更爲明顯的傾向，待下文再敘。眭孟提出禪讓的要求，反映當時一部份士人對漢運中衰所提出的解決之道。

宣帝神爵二年（B.C.60），蓋寬饒引《韓氏易傳》說：

> 五帝官天下，三王家天下，家以傳子，官以傳賢，若四時之運，功成者去，不得其人則不居其位。〔註16〕

以爲天下當傳予賢人，非一家所私有。

從眭孟、蓋寬饒的話，可以看出二點重要訊息。首先，漢朝所受的天命，即將由新的聖人以禪讓的方式承繼。其二，從眭孟說：「漢帝宜誰差天下，求索賢人」、蓋寬饒說：「官天下」、「官以傳賢」，顯示此新聖人並非出於漢家帝室，乃是異姓、民間之人。此說到了元、成帝以下更爲興盛，成爲更命述的主流。另一方面，針對異姓、民間的新聖人取代漢朝的說法，元、成帝以下，部分大臣以維繫漢家命脈爲前提，提出漢帝經由改制而延長國祚、再受命的說法。以下分爲漢運中衰與劉姓聖人自代；漢象終衰與異姓聖人禪代二點討論。

1. 漢運中衰與劉姓聖人自代

元帝時，災異不斷，初元三年（B.C.46）翼奉歸結原因爲祭祀煩費、宮室苑囿過於奢泰，上書說：

> 故臣願陛下因天變而徙都，所謂與天下更始者也。天道終而復始，

卷75，頁3156。

〔註14〕《漢書・眭孟傳》，卷75，頁3154。

〔註15〕《春秋繁露・三代改制質文》說：「（王者）下存二王之後以大國。」見漢・董仲舒著，清・蘇輿義證：《春秋繁露義證・三代改制質文》（北京：中華書局，2002年），卷7，頁198。

〔註16〕《漢書・蓋寬饒傳》，卷77，頁3247。

> 窮則反本，故能延長而亡窮也。今漢道未終，陛下本而始之，於以
>
> 永世延祚，不亦優乎！〔註17〕

請求徙都成周以「正本」。翼奉承襲天變示警的災異說，提出為因應天災，需在人事上作一番改革，如遷都、定制以使國祚綿延。翼奉此說以「劉姓聖人」、「漢道未終」轉變了眭孟、蓋寬饒「異姓聖人」、漢朝將衰的說法。

成帝時，齊人甘忠可說：

> 漢家逢天地之大終，當更受命於天，天帝使真人赤精子，下教我此
>
> 道。〔註18〕

這段話同樣以漢朝將終為前提，繼而提出解決之道：「當更受命於天」。此「更」字將眭孟、蓋寬饒的聖人「更改」漢家天命之意，詮釋為漢帝本身「再次」受命。〔註19〕此舉也意味著「漢家將終」的觀點轉化為「漢家中衰」。藉由漢帝本身再次受命有天下，使國祚得以延長，那麼漢家便不是走向終止，而只是短暫中衰。

哀帝建平元年（B.C.6）舉行重新受命的措施，便是甘忠可「（漢家）當更受命於天」的具體表現。李尋與甘忠可之徒夏賀良上奏說：

> 漢曆中衰，當更受命。成帝不應天命，故絕嗣。今陛下久疾，變異
>
> 屢數，天所以譴告人也。宜急改元易號，乃得延年益壽，皇子生，
>
> 災異息矣。〔註20〕

面對漢曆中衰的現實狀況，解決之道在於「更受命」。並以成帝違背天意不施行再受命，而受到「絕嗣」的懲罰，作為前車之鑑。而且，目前災異屢出，應改元易號，順應天心，將可解決所有問題。就中國政治而言，曆法掌握在天子手中，是天子的權力之一，如「告朔」之禮指天子在歲末時，將來年每月的曆書頒給諸侯，諸侯拜受，藏於祖廟，每月朔日，以活羊祭告於廟，然後聽政。〔註21〕這不僅與日常生活作息有關，還具有大一統的象徵之意。因

〔註17〕《漢書·翼奉傳》，卷75，頁3177。

〔註18〕《漢書·李尋傳》，卷75，頁3192。

〔註19〕從《漢書·李尋傳》李尋說服哀帝：「宜急改元易號，乃得延年益壽，皇子生，災異息矣。」、及〈哀帝紀〉中，哀帝下詔說：「漢國再獲受命之符」，判斷是漢帝本身再次受命。見《漢書》〈李尋傳〉，卷75，頁3129；〈哀帝紀〉，卷11，頁340。

〔註20〕《漢書·李尋傳》，卷75，頁3192。

〔註21〕《周禮·春官·大史》：「頒告朔于邦國。」（卷26，頁402）、《論語·八佾》：「子貢欲去告朔之餼羊。子曰：『賜也，爾愛其羊，我愛其禮。』」（頁29）

此，當「漢曆將終」的議題出現，便意味著漢朝天子的權力即將喪失，也因此哀帝便立即自號為「陳聖劉太平皇帝」，將建平二年（B.C.5）改為太初元將元年，藉此企圖恢復漢朝的國運。「陳聖劉太平皇帝」一詞，指出漢朝是「堯」的後代，陳國是「舜」的後裔，「陳聖劉」表示劉姓和陳姓聯宗，也算得是舜的後代。〔註22〕堯、舜施行禪讓；堯的後人（漢）運數中衰時，則理當由舜的後人（陳聖劉）接替。哀帝改號為「陳聖劉太平皇帝」，便可說是「更受命」了。哀帝改制，顯示出改變現狀來確立漢家天命的迫切心理。這種迫切感，也相對地顯示出更命學說的盛行。

但重新受命後，哀帝的疾病與政治社會並未有實質上的改變，哀帝遂誅殺夏賀良，流放李尋到敦煌郡，結束這次的事件。值得注意的是，哀帝自號「陳聖劉太平皇帝」具有「漢為堯後」的意涵，並且這樣的意涵也在無意中藉由政治力量加以認定。易言之，哀帝此舉無異是在政治上正式將「更命」與「堯舜禪讓」結合。

由翼奉、甘忠可、李尋等人的話，得知三點。第一，翼奉的「更始」一詞，顯現人們對現狀的不滿，希望能藉由一些人為的改變產生新氣象，即「人心思變」。第二，時人「漢家將終」的觀念十分濃厚，翼奉等人都嘗試在「漢家將終」的前提下，提出轉危為安的辦法，使「漢家將終」變成只是短暫的「中衰」。如君王以遷都、改年號〔註23〕表示一切重新開始，藉著煥然一新的氣象，表明再受天命。第三，翼奉等人提出的辦法受《春秋繁露》的影響。《春秋繁露·三代改制質文》說：

> 王者必改正朔，易服色，制禮樂，一統於天下，所以明易姓，非繼
> 人，通以己受之於天也。〔註24〕

認為王者為表示自己新受命於天，必須「改制」以示與前代不同，從而推論出漢代要改制。元帝以後，依循著相同的思惟而在操作層面略有不同：君王必須施行改制，以示自己「重新受命」於天。翼奉建議元帝遷都、成帝改年號、哀帝改元易號都是受此影響。

2.漢家終衰與異姓聖人禪代

〔註22〕楊向奎：《西漢經學與政治》，頁84。

〔註23〕如成帝的建始與永始、哀帝太初元將、平帝元始等年號，都帶有起初、開始的意味。參考劉華澤編：《中國政治思想史》（浙江：浙江人民出版社，1996年），頁270。

〔註24〕《春秋繁露義證》，卷7，頁185。

成帝建始三年（B.C.30），谷永對策說：

> 白氣起東方，賤人將興之表也；黃濁冒京師，王道微絕之應也。……
> 推法言之，陛下得繼嗣於微賤之間，乃反爲福。得繼嗣而已，母非有
> 賤也。後宮女史使令有直意者，廣求於微賤之間，以遇天所開右，慰
> 釋皇太后之憂恫，解謝上帝之譴怒，則繼嗣蕃滋，災異訖息。〔註25〕

谷永面對更命說提出的折衷之道是先承認眭孟、蓋寬饒的說法。谷永認爲天
下常道是「遷命賢聖」。同時，他又以白氣起於東方的異象，說明將有地位卑
賤者興起，暗示天下即將易手。其次，在承認禪讓、民間聖人代興的前提下，
谷永提出解決之道：請成帝納民間婦女生子，落實「賤人將興」更命的預言，
而又不危害皇室的權利。

永始元年（B.C.16），劉向諫成帝營陵寢過於奢泰時說：

> 王者必通三統，明天命所授者博，非獨一姓也。……自古及今，未
> 有不亡之國也。〔註26〕

此沿用董仲舒的三統說。但董仲舒提出三統說，是爲漢朝政權建立正當基礎。
劉向的焦點卻在於「歷史的演變」，表示漢代也只不過是古代以來眾多受天命
的政權之一。易言之，漢代是可以/可能被滅，天命不會永久。〔註27〕

元延元年（B.C.12），谷永勸諫成帝說：

> （天子）垂三統，列三正，去無道，開有德，不私一姓，明天下乃
> 天下之天下，非一人之天下也。……夫去惡奪弱，遷命賢聖，天地
> 之常經，百王之所同也。……陛下承八世之功業，當陽數之標季，
> 涉三七之節紀，遭〈无妄〉之卦運，直百六之災阸。三難異科，雜
> 焉同會。建始元年以來二十載間，群災大異，交錯鋒起，多於《春
> 秋》所書。……下有其萌，然後變見於上，可不致慎！〔註28〕

這段話有四點值得討論。首先，谷永和劉向一樣，將三統說的焦點轉於歷史
的演變、天下非一姓所私有的觀念，間接地動搖了漢朝的「正當性」。

〔註25〕《漢書·谷永傳》，卷85，頁3452～3453。

〔註26〕《漢書·劉向傳》，卷36，頁1951。

〔註27〕《春秋繁露·三代改制質文》說：「故天子命無常。唯命是德慶。」指一國國
祚並不一定能永久長存，端賴君王德行。或者依照蘇輿以爲當作「天之命無
常，唯德是慶。」解爲天命無常，視人間君主的德行決定。見《春秋繁露義
證》，頁187。

〔註28〕《漢書·谷永傳》，卷85，頁3467～3468。

其次，從劉向、谷永的意見，可以看出更命論述和三統說相互結合。更命論述中，堯舜禪讓、聖人將興等說法具有和平轉移政權的特質。而三統說的循環論本身也使政權更替的革命意味，代之以溫和的「更改／更動」之意。劉向、谷永結合二說，在無意中使百姓、朝廷對於即將到來的天命更能接受。

第三，「三七之節紀」、「〈无妄〉之卦運」、「百六」等說法，顯示濃厚的漢運終衰氛圍。「三七之節紀」指的是宣帝時路溫舒所提出的「三七之阸」〔註29〕，「三七」即自漢建國起數二百一十年，以成帝而言，已經「百九十餘載」〔註30〕，非常接近「三七之阸」了。「〈无妄〉之卦運」，依顏師古引應劭的話說：「无妄者，無所望也。萬物无所望於天，災異之最大者也。」〔註31〕所謂「百六」，顧頡剛先生提出兩個解釋：第一，從高祖元年到武帝太初四年，共一百零六年，漢人認為這一年所發生的災厄，至成帝時仍未消散。第二，或因成帝是漢帝的第九代，從「九」這個數字聯想「陽九」，又從「陽九」聯想到「百六之阸」。〔註32〕楊向奎先生反對顧氏的說法，認為災厄不一定指當下，如三七之節紀即是指未來。楊氏認為應以武帝太初元年改曆作為開始，由此往後數第一百零六年，元延元年（B.C.12）已是第九十四年，楊氏說：

> 谷永問答的時候，雖尚不足此數，假如成帝多活十幾年就趕上了。
> 他本來是第九代，如果再活到第一百零六年，這種災難就逃不過去。
> 〔註33〕

〔註29〕 《漢書·路溫舒傳》說：「溫舒從祖父受曆數天文，以為漢厄三七之間，上封事以豫戒。成帝時，谷永亦言如此。及王莽篡位，欲章代漢之符，著其語焉。」卷51，頁2372。

〔註30〕 《漢書·谷永傳》，卷85，頁3463。

〔註31〕 《漢書·谷永傳》，卷85，頁3469。按：《周易集解》引虞翻的話說：「而京氏（筆者按：指京房）及俗儒，以為『大旱之卦，萬物皆死，无所復望。』失之遠矣。」可見元帝時的京房也認為〈无妄〉的卦運是非常不好的。引文見唐·李鼎祚輯，清·李道平纂疏，潘雨廷點校：《周易集解纂疏》（北京：中華書局，2004年），卷4，頁271。

〔註32〕 顧頡剛：〈五德終始說下的政治和歷史〉，《古史辨》第5冊，頁476。按：張文虎認為平帝元始三年（A.D.3）至新朝始建國三年（A.D.11）為「陽九」。見《漢書補注》，卷24上，頁521。

〔註33〕 楊向奎：《西漢經學與政治》（未註明出版地：獨立出版社，2000年，重印本），頁80。按：錢穆也認為當太初改曆算起，然未說明原因。見氏著：〈劉向歆父

由於顧氏的第一個說法缺乏相關論證說明漢人確實認爲武帝太初四年的災厄到成帝時仍未消喪。再者，從武帝太初四年（B.C.101）到成帝元延元年（B.C.12）之間，已歷經八十九年，與谷永奏議中所說的「直百六之災阨」的「直」字不合。因此此說略有不妥之處。而第二個說法以「聯想」的方式，討論「陽九」與「百六」的關連，卻使人看不出二者之間有必然的相關性。所以本文對「百六」的解釋，從楊氏之說。從三七、无妄、百六等說法中，可見當時人的心理莫不抱持著漢朝即將滅亡的觀感。

第四，異姓、民間聖人將興是谷永奏議立論的根本。谷永在成帝建始三年（B.C.30）對策時，請成帝納民間女子，作爲「賤人將興」的解決之道。此說無異是承認異姓、民間聖人將興的說法。而上引奏議（元延元年，B.C.12）中，谷永也提出「不私一姓」、「遷命賢聖」，請成帝改善政局，使「異姓、民間聖人」起而代之的預言不致成眞。

從上文的討論，可知朝臣多在承認異姓、民間聖人將興的前提下，期望改革政治以延長漢家國祚。然而，在李尋、夏賀良等人以漢家劉姓聖人自代失敗後，哀帝卻說出禪讓的戲言。當時，哀帝寵愛董賢過甚，《漢書‧佞幸傳》記載蕭咸對王閎說：「董公爲大司馬，冊文言『允執其中』，此乃堯禪舜之文，非三公故事，長老見者，莫不心懼。」〔註34〕可見朝臣隱隱以「堯舜禪讓」發生於哀帝、董賢爲憂。同〈傳〉記載：

> 上有酒所，從容視（董）賢笑，曰：「吾欲法堯禪舜，何如？」（王）閎進曰：「天下乃高皇帝天下，非陛下之有也。陛下承宗廟，當傳子孫於亡窮。統業至重，天子亡戲言！」上默然不說，左右皆恐。於是遣閎出，後不得復侍宴。〔註35〕

據此文與上引蕭咸的話等兩段記載看來，禪讓說在當時已經普遍流傳。而大臣如蕭咸、王閎等人言語中帶有君臣應各司其職的意思，反對禪讓。「非三公故事」透露出爲人臣者對其身分、用語應有一定的法度，「陛下承宗廟，當傳

子年譜〉，《兩漢經學今古文平議》，頁55。

〔註34〕《漢書‧佞幸傳》，卷93，頁3738。

〔註35〕《漢書‧佞幸傳》，卷93，頁3738。按：《漢書‧佞幸傳》中，這段話出現在「明年，匈奴單于來朝，宴見，群臣在前。」之後，與〈哀帝紀〉相對照（卷11，頁344），匈奴單于朝於元壽二年正月（A.D.1），因此推斷爲元壽二年之後。所以關於哀帝時期的記載，改元之事在前，禪讓給董賢之宴在後，哀帝的改變也藉此時間順序來推論。引文見《漢書‧佞幸傳》，卷93，頁3737。

子孫於亡窮」則是對皇帝的要求,爲人君者應治理國家,使家國大業傳子孫於無窮。換言之,哀帝應該做的事情是治理天下萬民,而不是禪讓。因此,在否定禪讓的基礎上,王閎說:「天下乃高皇帝天下,非陛下之有也」指出漢家天下的所有權屬於建立者劉邦,即劉邦才是眞正的受天命者,即位者只能說是盡到保管的責任,不可輕言易人。

另一方面,元帝以來,朝臣多傾向將異姓、民間聖人代興的更命論述轉爲「改革現狀、延長漢朝國祚」。然而,哀帝賢讓給(異姓)董賢的酒後戲言,卻瓦解了長期以來朝臣努力的方向,遂使王莽得以承續「異姓、民間聖人代興」的更命論述。

(二)更命論述有助於王莽即位

上述更命論述的轉變與王莽取得漢家天下的關係,可以分作幾點討論。首先,更命說共經歷三段演變。第一階段,眭孟、蓋寬饒提出漢帝禪讓給異姓、民間聖人。第二階段,朝臣認爲藉由漢帝自身的作爲可以延長國祚,或者重新受命,如前者如翼奉、谷永;後者如李尋、夏賀良。第三階段,重新回復到漢帝禪讓給異姓、民間聖人的論述,如哀帝欲讓位給董賢。而王莽恰好承繼第三階段的時機而起。

其次,王莽不僅適逢更命論述的有利時機,他的形象也符合時人對聖人的期待。與當時驕奢的王氏子孫相形之下,王莽兼具儒生、貴戚的形象,有禮、節儉且謙恭下人。再者,王莽輔佐平帝時,各地不斷出現祥瑞,許多祥瑞還和周公佐政時相同,更讓人們有意無意地將周公/聖人形象與王莽等同,而王莽本身也對聖人形象刻意經營。對「期待聖人」的漢人而言,與周公等同的王莽是他們相當重要的心理寄託。王莽的權力也因此不斷擴張,至與周公等齊。王莽的周公形象,下文另有探討,在此省略。

復次,更命論述以「堯舜禪讓」的典故爲中心,而不以革命(征誅)的形式出現,顯示更命論述是一種改變現狀的期待,它所具有的溫和性在禪讓的形式展露無遺。〔註36〕另外一方面,眭孟的「漢家堯後」說,在西漢末年

〔註36〕 王健文指出景帝裁示黃生和轅固生的辯論後,《史記》記載:「是後學者莫敢明受命放殺者」,正說明「皇帝在削減對政權的威脅的考慮下,革命說受到壓抑的事實。」見氏著:《奉天承運——古代中國的「國家」概念及其正當性基礎》(臺北:三民書局股份有限公司,1995 年),頁 55。按:這或許可以解釋昭帝以下學者盛行更命說而非革命的理由,當然漢朝當時天災不斷,由「儒者」所提出的更命說自然也會傾向和平轉移的方式。

與五行相生說結合後，具有無窮威力，遂使漢家天下拱手讓人，王莽正是其中的受益者，下文另有分析，此不贅述。

　　第三，更命論與三統說有相當密切的關係。董仲舒的三統說探討王者改制是為了彰明天命，為漢家開國建立合理的說法。西漢末年，提出更命論述而引用三統說的大臣，卻偏重在政權的「輪替」，即漢朝也將像夏、商、周一般被取代。三統說便成為漢朝可能覆滅的根據之一。王莽即位時，下令以十二月朔癸酉為建國元年正月之朔、以雞鳴為時、犧牲應用正白，即依照三統說，表示新朝政權的合法性。〔註37〕

　　第四，從昭帝以下，大臣屢屢提出更命、漢曆將終的議題，「漢曆將終」的觀念因而深植人心，而王莽受孺子嬰禪讓、建立新朝的過程才會如此平易。同時，這些更命論述也為王莽所運用。如始建國元年（A.D.9）王莽即位時說：

> 咨爾嬰，昔皇天右乃太祖，歷世十二，享國二百一十載，曆數在于予躬。〔註38〕

「享國二百一十載」是指「三七之節紀」，承路溫舒、谷永之說。同年秋天，王莽頒布符命時說：「故新室之興也，德祥發於漢三七九世之後。」〔註39〕指新朝的興起適逢漢家二百一十年、陽九之阨的衰敗。更命論述遂成為新朝建立的理由之一。而當王莽策命孺子嬰為定安公時，在仿堯舜禪讓對話的當下，王莽便已為新朝政權的由來建構「正當性」。

　　第五，上引王閎的話，指出劉邦是受天命而有漢者，揭示實行禪讓的門徑。天下既為劉邦所有，若要代漢、取天下，則必須從劉邦手中接下天命的所有權狀。因此，王莽屢次表明自己是受漢高帝旨意而有天下。居攝三年（A.D.8），王莽受金匱圖策，說：「赤帝漢氏高皇帝之靈，承天命，傳國金策之書，予甚祗畏，敢不欽受！」〔註40〕點明真正能將漢家天下傳給王莽的，只有漢高帝。始建國元年（A.D.9），「長安狂女子碧呼道中曰：『高皇帝大怒，趣歸我國。不者，九月必殺汝！』」〔註41〕可見民間同樣也認為漢家天下屬於劉邦所有。這名女子說漢高帝

〔註37〕 顧頡剛：〈五德終始說下的政治和歷史〉，《古史辨》第5冊，收於《民國叢書》，第4編，第68冊，頁599。
〔註38〕 《漢書·王莽傳》，卷99中，頁4099。
〔註39〕 《漢書·王莽傳》，卷99中，頁4112。
〔註40〕 《漢書·王莽傳》，卷99上，頁4095。按：始建國元年（A.D.9）王莽即位後，以漢高廟為文祖廟、遣五威將頒符命於天下時，也提到漢高帝傳國給新朝皇帝。
〔註41〕 《漢書·王莽傳》，卷99中，頁4118。

向王莽討回天下，嚴重挑戰王莽政權的正當性，因此遭到「收捕殺之」的命運。當然，不可否認的是，王莽不說承繼孺子嬰而有天下，一方面是因為孺子嬰尚未登基，另一方面也可能是為了避免落人「欺凌老婦幼子，奪取政權」的口實。

二、慕古學風與舊體制的變革

遠在宣帝時，慕古崇禮學風即有徵兆。王吉上疏說：

> 欲治之主不世出，公卿幸得遭遇其時，未有建萬世之長策，舉明主於三代之隆者也。其務在於簿書斷獄聽訟而已，此非太平之基也。……孔子曰：「安上治民，莫善於禮。」非空言也。願與大臣延及儒生，述舊禮，明王制，驅一世之民，濟之仁壽之域，則俗何以不若成康？壽何以不若高宗？〔註42〕

指出太平之基在於述舊禮、明王制，而非目前公卿所營的訟獄之事。「述舊禮」、「明王制」揭示出慕古學風的重要方向。同時，公卿務在斷獄、聽訟，「此非太平之基」則表達出對體制的不滿。然宣帝不用此言。

好儒的元帝即位後，與宣帝的作風頗有不同。貢禹上書說：

> 承衰救亂，矯復古化，在於陛下。臣愚以為盡如太古難，宜少放古以自節焉。〔註43〕

明確以「倣古」作為改善政治現狀的解決之道。《漢書》記載成帝因貢禹的建議，「乃下詔令太僕減食穀馬，水衡減食肉獸，省宜春下苑以與貧民，又罷角抵諸戲及齊三服官。」〔註44〕藉此，可見朝臣的建議有賴於君王的採納、實行，所以慕古學風中，君王的態度扮演了非常重要的角色。元、成兩帝要求「以經義對」的態度，改變「以儒術緣飾吏治」的方向，這也是以經書、古制作為朝廷制度標準的重要關鍵。元帝初元元年（B.C.48），珠崖反叛，元帝派遣樂昌侯王商詰問賈捐之說：

> 珠崖內屬為郡久矣，今背畔逆節，而云不當擊，長蠻夷之亂，虧先帝功德，經義何以處之？〔註45〕

又成帝元延元年（B.C.12），星象變異，成帝下詔說：

〔註42〕《漢書‧禮樂志》，卷22，頁1033。
〔註43〕《漢書‧貢禹傳》，卷72，頁3070。
〔註44〕《漢書‧貢禹傳》，卷72，頁3073。
〔註45〕《漢書‧賈捐之傳》，卷64下，頁2830。

今孛星見于東井，朕甚懼焉。公卿大夫、博士、議郎其各悉心，惟
思變意，明以經對，無有所諱……。〔註46〕

竟寧四年（B.C.29），成帝召直言能諫之士對策，說：

天地之道何貴？王者之法何如？《六經》之義何上？人之行何先？
取人之術何以？當世之治何務？各以經對。〔註47〕

君王要求朝臣以經書爲根據上奏，讓臣子不得不援引經書，以便發揮自己的
意見。另一方面，臣子也可依據經書、古制，要求改革現狀。經書的地位遂
從「緣飾」的陪襯地位，發展到朝臣發言、取得君王認可的主要依據。如此
一來，古制/經義、政治議題相互援用，遂使二者的關係更形密切。

　　欽慕古制、改革政治的想法，不能僅見於君王與朝臣的議論，更需付諸
實行。西漢末年，因慕古崇禮學風所產生的制度改革，可見於官制、經濟、
祭祀等方面。

　　官制方面，多依據經書上的記載，恢復古代的官名。如成帝綏和元年四
月（B.C.8），因何武建言：

古者民樸事約，國之輔佐必得賢聖，然猶則天三光，備三公官，各
有分職。今末俗之弊，政治煩多，宰相之材不能及古，而丞相獨兼
三公之事，所以久廢而不治也。宜建三公官，定卿大夫之任，分職
授政，以考功效。〔註48〕

成帝遂改大司馬票騎將軍爲大司馬、御史大夫爲大司空。同年十二月，何武、
翟方進上奏，提出「《春秋》之義，用貴治賤，不以卑臨尊」，而刺史位處下
大夫，卻考核二千石的官員，有失次第；請成帝遵照《尚書》「咨十有二牧」，
改刺史爲州牧。〔註49〕哀帝元壽二年（B.C.1），正三公官分職，設大司馬、大

〔註46〕《漢書・成帝紀》，卷10，頁326。
〔註47〕《漢書・杜欽傳》，卷60，頁2673。按：〈杜欽傳〉說：「後有日蝕地震之變，
　　　　詔舉賢良方正能直言士，……其夏，上盡召直言之士詣白虎殿對策……。」
　　　　參照〈成帝紀〉載竟寧三年（B.C.28）「冬十二月戊申朔，日有蝕之。夜，地
　　　　震未央宮殿中。」成帝也在這年下詔求賢良方正能直言極諫之士。所以成帝
　　　　因竟寧三年（B.C.28）日蝕、地震，下詔求士；而次年（竟寧四年）夏天從
　　　　各地來的人才便對策於地震的未央宮中的白虎殿。因此，將這段記載定爲成
　　　　帝竟寧四年（B.C.29）。引文見《漢書》〈杜欽傳〉，卷60，頁2671～2673；〈成
　　　　帝紀〉，卷10，頁307。
〔註48〕《漢書・朱博傳》，卷83，頁3404。
〔註49〕《漢書・朱博傳》，卷83，頁3406。按：二人以《尚書》爲本發此議論，雖
　　　　獲實行，但在哀帝建平元年（B.C.6）旋即改回刺史，沿用到西漢末年。

司徒、大司空。〔註50〕

經濟制度可見於賦稅、幣制改革。賦稅如貢禹認爲「古民亡賦算口錢」，漢代的口錢起於武帝征伐四夷，孩童年滿三歲便須出口錢，造成人民的負擔，請求改爲年滿七歲的孩童出口錢，滿二十者出算賦。〔註51〕幣制如貢禹上書說：

> 古者不以金錢爲幣，專意於農……。是以姦邪不可禁，其原皆起於
> 錢也。疾其末者絕其本，宜罷採珠玉金銀鑄錢之官，亡復以爲幣。
> 市井勿得販賣，除其租銖之律，租稅祿賜皆以布帛及穀。使百姓壹
> 歸於農，復古道便。〔註52〕

以古無貨幣、致力農耕爲理想，請求去除貨幣，以實物交稅，復於古道。又如哀帝時，有人上書：「古者以龜貝爲貨，今以錢易之，民以故貧，宜可改幣。」〔註53〕大司空師丹也同意這項主張。

祭祀制度，如毀廟、郊祀之議。《漢書・韋玄成傳》記載從元帝至哀帝的毀廟的爭議。貢禹、韋玄成、匡衡、劉歆等人請求據經立七廟，罷毀「不應古制」的宗廟園寢。〔註54〕郊祀方面，成帝建始元年（B.C.32），匡衡、張譚等奏請將郊祀地點遷至長安南北郊，以合古制。當時王商、師丹、翟方進等五十位大臣也引《禮記》、《尚書》爲據，贊成匡衡的意見。〔註55〕

朝臣引用經義或古制要求改革，顯示朝臣對既有體制的不滿，且有意識地以經書、古制作爲朝廷制度的標準。王莽輔政時，承襲此風，引經改革，解除積累已久的不滿，也因此贏得眾人擁戴。

第二節　王莽的周公形象（一）：從安漢公到攝皇帝

關於周公踐阼稱王的問題，近代學者的意見主要可分爲二種：一種是認爲周公踐阼並且稱王，如徐復觀、黃彰健、杜正勝等。〔註56〕另一種則是認

〔註50〕《漢書・哀帝紀》，卷11，頁344。
〔註51〕《漢書・貢禹傳》，卷72，頁3075。
〔註52〕《漢書・貢禹傳》，卷72，頁3075～3076。
〔註53〕《漢書・師丹傳》，卷86，頁3506。
〔註54〕《漢書・韋玄成傳》，卷73，頁3116～3127。
〔註55〕《漢書・郊祀志》，卷25下，頁1253～1255。
〔註56〕徐復觀：〈與陳夢家屈萬里兩先生商討周公旦曾否踐阼稱王的問題〉、〈有關周公踐阼稱王問題的申復〉，見氏著《兩漢思想史 卷一》（臺北：臺灣學生書局，

為周公踐阼但不稱王，如日人林泰輔、屈萬里、楊向奎等。〔註57〕在第二種
「踐阼但不稱王」的說法中，學者所持的看法又稍有不同。如屈萬里先生認
為在稱謂上明確指出「王若曰」的「王」即是成王，「公」為周公，二者有別。
林泰輔先生、楊向奎先生則認為周公代行天子職權，出以王命，「王若曰」以
下的內容是周公所說，因此言詞會出現老成口吻、稱謂時有混淆的現象。

　　近人的探討的確讓人對周代史事有更深入的了解，然而，西周的歷史真
相與漢人對西周歷史的認知應當分別看待。本文所關注的，是漢人對周公在
成王時期的政治定位的認知，及其和王莽的關係。所以，除了必要的情況下，
本文不擬涉及近人關於西周時周公是否踐阼稱王的討論，僅聚焦於西漢政壇
對周公的認知與王莽相關的部分。

　　本節的討論，依時間先後臚述王莽個人和群臣兩方的互動關係。

一、安漢公

　　就目前可見的文獻而言，將王莽比為周公最早始於平帝元始元年
（A.D.1）。《漢書‧平帝紀》載元始元年（A.D.1）越裳氏重譯獻白雉一、黑雉
二。〔註58〕對漢人來說，此事的意義在於《尚書大傳》所說：

> 交阯之南，有越裳國。周公居攝六年，制禮作樂，天下和平，越裳
> 以三象重譯而獻白雉，⋯⋯成王以歸周公⋯⋯。〔註59〕

年幼的平帝甫即位，便有周公輔佐成王時的祥瑞出現，可以說是個吉兆。群
臣自然將平帝與《尚書大傳》中的成王對應，而周公的位置，便歸於當時掌
權的王莽。群臣並上奏元后說：

　　　1978年）。黃彰健：〈釋周公受命義——並論〈大誥〉、〈康誥〉「王若曰」的王
　　　字應指周公〉、〈「釋周公受命義」續記〉、〈〈召誥〉解——三論周公受命問題〉，
　　　見氏著《經學理學文存》（臺北：臺灣商務印書館，1976年）。杜正勝：〈尚書
　　　中的周公〉，《周代城邦》（臺北：聯經出版事業公司，1985年）。
〔註57〕日人林泰輔著，錢穆譯：《周公》，收入《錢賓四先生全集》（臺北：聯經出版
　　　事業公司，1995年），第26冊。屈萬里：〈西周史事概述〉、〈關於所謂周公旦
　　　「踐阼稱王」問題敬復徐復觀先生〉，《屈萬里先生文存》第二冊，收入《屈
　　　萬里全集》（臺北：聯經出版事業公司，1995年），第17冊。楊向奎：〈論《周
　　　誥》中周公的政治地位問題〉，《社會科學輯刊》72期（1991年第1期）。
〔註58〕《漢書‧平帝紀》，卷12，頁348。
〔註59〕清‧陳壽祺：《尚書大傳輯校》，收入清‧王先謙編：《皇清經解續編》（臺北：
　　　藝文印書館，1964～1965年），輯校2，頁4138。

> 莽功德致周成白雉之瑞，千載同符。聖王之法，臣有大功則生有美
> 號，故周公及身而託號於周。莽有定國安漢家之大功，宜賜號曰
> 安漢公……。〔註60〕

由周公託號於「周」，所以漢朝的王莽當為安「漢」公，以與周公相對應。

同年，王莽便引用《尚書·洪範》、《尚書大傳》、《書序》，〔註61〕上奏元
后：「今幸賴陛下德澤，間者風雨時，甘露降，神芝生，蓂莢、朱草、嘉禾，
休徵同時並至。」〔註62〕以蓂莢、朱草、嘉禾等周公輔政時出現的祥瑞，讚
美元后。然此時的王莽握有政權，引用周公祥瑞的典故，或許也隱含自譽，
以及藉著祥瑞對朝廷造成輿論壓力的可能性。

元始三年（A.D.3），王莽之子王宇嚇阻王莽隔絕外戚失敗的事件，〔註63〕
王莽引用《尚書·金縢》的典故，〔註64〕上奏說：「（王）宇為呂寬等所詿誤，
流言惑眾，惡與管蔡同罪，臣不敢隱其誅。」〔註65〕王莽認為自己依法行事
逮捕王宇，有如周公大義滅親誅管叔、流放蔡叔。而這種不顧私親的行為，
也使群臣相當感動，於是甄邯等人上書請元后下詔嘉美說：

> 公居周公之位，輔成王之主，而行管蔡之誅，不以親親害尊尊，朕
> 甚嘉之。昔周公誅四國之後，大化乃成，至於刑錯。〔註66〕

同時，大司馬護軍褒也上奏說：「安漢公遭子宇陷於管蔡之辜，子愛至深，為
帝室故不敢顧私。」〔註67〕王莽引〈金縢〉將自己比為周公般以國家大義為
先，甄邯等人同樣持此觀點，可見當時人們藉由經書將王莽與周公連結起來。

〔註60〕 《漢書·王莽傳》，卷99上，頁4046。
〔註61〕 《尚書·洪範》九疇第八庶徵說：「曰休徵：曰肅，時寒若；……曰聖，時風
若；……」《尚書大傳》：「帝命周公踐阼，朱草暢生」、「周公輔幼主，不矜功
則蓂莢生」。《書序》載唐叔得到異畝同穎的禾，獻給成王，成王則命令唐叔
轉贈給周公，周公因而作〈嘉禾〉，則嘉禾亦是吉兆之一。引文見《尚書·洪
範》，卷12，頁177。《尚書大傳》，輯校3，頁4148。
〔註62〕 《漢書·王莽傳》，卷99上，頁4050。
〔註63〕 王宇因反對隔絕外戚衛氏的作法，派呂寬在半夜用血灑王莽門第，希望達到
嚇阻王莽的作用，不料被發覺，王宇因而入獄，飲藥身亡。詳見《漢書·王
莽傳》，卷99上，頁4065。
〔註64〕 《尚書·金縢》記載武王既喪，管叔及群弟傳布流言說：「（周）公將不利於
孺子（成王）」，卷13，頁188。
〔註65〕 《漢書·王莽傳》，卷99上，頁4065。
〔註66〕 《漢書·王莽傳》，卷99上，頁4065。
〔註67〕 《漢書·王莽傳》，卷99上，頁4065。

二、宰衡

元始四年（A.D.4），有民八千人上書請求爲王莽加賞。事下有司，有司因爲商朝伊尹爲阿衡，周朝周公爲太宰，於是合併二者的稱號爲「宰衡」〔註68〕封予王莽。行賞賜之禮時，「太后臨前殿，親封拜。安漢公拜前，二子拜後，如周公故事」，連行禮也和周公當時雷同。〔註69〕

元始四年（A.D.4），王莽上奏建明堂、辟雍、靈臺。〔註70〕〈平帝紀〉中記載元始五年（A.D.5）時，派劉歆等四人治明堂、辟廱之事，「令漢與文王靈臺、周公作洛同符」〔註71〕。參照〈郊祀志〉中，王莽在元始五年（A.D.5）奏復長安南北郊說：

> 是以周公郊祀后稷以配天，宗祀文王於明堂以配上帝。〔註72〕

可見王莽認爲明堂可作爲宗祀的處所。考察經籍，在明堂宗祀文王的典故出於《孝經·聖治章》：「昔者周公郊祀后稷以配天，宗祀文王於明堂，以配上帝。」〔註73〕易言之，這也是有意地仿效周初史事。

王莽奏請建明堂、辟雍、靈臺後，群臣也上奏稱美王莽：

〔註68〕《漢書·王莽傳》，卷99上，頁4066。

〔註69〕《漢書·王莽傳》記載元始三年（A.D.3）陳崇讚美王莽的奏議說：「王曰：『叔父，建爾元子。』子父俱延拜而受之。……非特止此，六子皆封。《詩》曰：『亡言不讎，亡德不報。』報當如之，不如非報也。……臣愚以爲宜恢公國，令如周公，建立公子，令如伯禽。所賜之品，亦皆如之。諸子之封，皆如六子。」因此元始三年時，便有比照周公來封賞王莽的呼聲，只是因王宇之事而擱置。顏師古《注》說：「〈魯頌·閟宮〉之詩曰：『王曰叔父，建爾元子，俾侯于魯。』謂命周公以封伯禽爲魯公也。」即點出上述「周公故事」的根據。引文見《漢書·王莽傳》，卷99上，頁4062、4064。

〔註70〕1956年，西安西郊出土的西漢末年、新朝遺址，其中大土門村一處的建築，學者以爲與明堂、辟雍有關，其意見可分爲三類。其一，認爲此處遺址爲西漢王莽所築的辟雍，如唐金裕、黃展岳。其二，認爲是西漢王莽所修的明堂，如許道齡。其三，以爲明堂、辟雍實爲一體，如楊鴻勛。至今學界尚未有定論。見唐金裕：〈西安西郊漢代建築遺址發掘報告〉，《考古學報》1959年第2期，頁45～55。黃展岳：〈漢長安城南郊禮制建築的位置及其有關問題〉，《考古學報》1960年第9期，頁52～53。許道齡：〈關於西安西郊發現的漢代建築遺址是明堂或辟雍的討論〉，《考古》1959年第4期，頁195。楊鴻勛：〈從遺址看西漢長安明堂（辟雍）形制〉，《建築考古學論文集》（北京：文物出版社，1987年），頁169～173。

〔註71〕《漢書·平帝紀》，卷12，頁359。

〔註72〕《漢書·郊祀志》，卷25下，頁1264。

〔註73〕《孝經》，卷5，頁36。

昔周公奉繼體之嗣，據上公之尊，然猶七年制度乃定。夫明堂、辟雍，墮廢千載莫能興，今安漢公起于第家，輔翼陛下，四年于茲，功德爛然。〔註74〕

文中「七年制度乃興」是指《尚書大傳》所說的：

周公攝政，一年救亂，二年克殷，三年踐奄，四年建侯衛，五年營成周，六年制禮作樂，七年制度乃興。〔註75〕

群臣頌讚王莽輔政四年，便有周公攝政七年的成績。

元始五年（A.D.5），公卿大夫、博士、議郎、列侯（富平侯）張純等九百零二人上書說：

故宗臣有九命上公之尊，則有九錫登等之寵。……帝者之盛莫於唐虞，而陛下任之；忠臣茂功莫著於伊周，而宰衡配之。所謂異時而興，如合符者也。謹以《六藝》通義，經文所見，《周官》、《禮記》宜於今者，為九命之錫。臣請命錫。〔註76〕

這份奏議主旨是為王莽申請九命之賜。九命之禮見於《周禮》：「上公九命」。《漢書》記載王莽所得到的賞賜與《禮含文嘉》的說法相當接近，顏師古引緯書《禮含文嘉》說：「九錫者，車馬、衣服、樂懸、朱戶、納陛、武賁、鈇鉞、弓矢，秬鬯也。」〔註77〕列表比較如下：

〔註74〕《漢書・王莽傳》，卷99上，頁4069。

〔註75〕《尚書大傳輯校》，輯校2，頁4142。

〔註76〕《漢書・王莽傳》，卷99上，頁4072。按：鄭玄認為九命與九賜不同：「九賜謂八命作牧、九命作伯之後，始加九賜。」而鄭眾與許慎則以為同。錢玄先生分析二者的意見，指出鄭玄是從九命、九賜兩種制度的本質出發，而鄭眾、許慎則是從九命、九賜同時配合施行的情況來考慮，因此各有其當。從這篇奏議的「九命上公之尊，則有九錫登等之寵」、「九命之錫」，也可以看出九命、九賜配合施行。詳參錢玄：《三禮通論》（北京：南京師範大學出版社，1996年），頁351。

〔註77〕《漢書・王莽傳》，卷99上，頁4073。按：諸家對於九錫的說法略有小異，茲列表如下：

	一錫	再錫	三錫	四錫	五錫	六錫	七錫	八錫	九錫
《韓詩外傳》	車馬	衣服	虎賁	樂器	納陛	朱戶	弓矢	鈇鉞	秬鬯
《公羊》家說	加服	朱戶	納陛	輿馬	樂則	虎賁	斧鉞	弓矢	秬鬯
《禮緯》	車馬	衣服	樂則	朱戶	納陛	虎賁	弓矢	鈇鉞	秬鬯
《白虎通》	車馬	衣服	樂則	朱戶	納陛	虎賁	鈇鉞	弓矢	秬鬯

《禮含文嘉》	王　莽　受　到　的　賞　賜
車　馬	鸞路乘馬、戎路乘馬、龍旂九旒
衣　服	綠韍袞冕衣裳、皮弁素積、瑒琫瑒珌、句履
樂　懸	
朱　戶	朱戶
納　陛	納陛
武　賁	甲胄一具
鈇　鉞	左建朱鉞、右建金戚
弓　矢	彤弓矢、盧弓矢
秬　鬯	秬鬯二卣

經過這場典禮後，王莽的地位再次提升。另外，也可以看出漢人心目中的君王、人臣的政治典範：以唐虞爲帝王的標準，以伊尹、周公作爲人臣的圭臬。若捨去群臣諂媚的可能性，垂拱而治的元后、勤勉於政事的王莽至少相當符合漢人的期待。

三、宰衡居攝

（一）王莽於元后前，自稱「臣」

元始五年（A.D.5），王莽不僅受九錫之禮，更如同周公般，獲得居攝的權位。最先，泉陵侯劉慶上書：「周成王幼少，稱孺子，周公居攝。今帝富於春秋，宜令安漢公行天子事，如周公。」〔註78〕指平帝年紀尚少，請求讓王莽如周公般，代行天子事。群臣亦上書同表贊成，但元后並未同意。

同年冬天，平帝重病，《漢書·王莽傳》說：「（王）莽作策，請命於泰畤，戴璧秉圭，願以身代。藏策金滕，置于前殿，敕諸公勿敢言。」〔註79〕其作爲完全仿自《尚書·金滕》記載周公因武王病重欲以己身替代，而不願成王得知。〔註80〕經書上的記載在現實中再次重現。

見屈守元：《韓詩外傳箋疏》（成都：巴蜀書社，1966年），卷8，頁698。《禮記·曲禮疏》引公羊家說，卷1，頁19。《禮緯》見《春秋公羊傳·莊公元年》何休注引，卷6，頁74。《白虎通疏證·攷黜》，卷7，頁302。

〔註78〕 《漢書·王莽傳》，卷99上，頁4078。
〔註79〕 《漢書·王莽傳》，卷99上，頁4078。
〔註80〕 《尚書·金滕》：「以旦代某之身」、「（成王）乃問諸史與百執事。對曰：『信。

同年十二月，平帝駕崩，謝囂奏武功長孟通疏治水井時得白石，石上有丹書文載：「告安漢公莽爲皇帝」。這段文字，可說是最早出現王莽當即位爲皇帝的符瑞。再加上太保王舜從旁說服，元后遂下詔說：

> 玄孫年在繈褓，不得至德君子，孰能安之？安漢公莽輔政三世，比遭際會，安光漢室，遂同殊風，至于制作，與周公異世同符。今前煇光囂、武功長通上言丹石之符，朕深思厥意，云「爲皇帝」者，乃攝行皇帝之事也。……其令安漢公居攝踐祚，如周公故事，以武功縣爲安漢公采地，名曰漢光邑。〔註81〕

藉由周公典故，元后巧妙地將丹書上「（王莽）爲皇帝」解釋爲「攝行皇帝之事」，讓王莽居攝踐祚，躲過天下易主的禍事。至此，周朝初年，成王年幼、周公輔政的歷史已完全重現於漢代政治舞臺。

群臣同時上奏：

> 《書》曰：「我嗣事子孫，大不克共上下，過失前人光，在家不知命不易。天應棐諶，乃亡失隊命。」說曰：周公服天子之冕，南面而朝群臣，發號施令，常稱王命。召公賢人，不知聖人之意，故不說也。《禮·明堂記》曰：「周公朝諸侯於明堂，天子負斧依南面而立。」謂「周公踐天子位，六年朝諸侯，制禮作樂，而天下大服」也。……由是言之，周公始攝則居天子之位，非乃六年而踐祚也。《書》逸〈嘉禾篇〉曰：「周公奉鬯立于阼階，延登，贊曰：『假王蒞政，勤和天下。』」此周公攝政，贊者所稱。成王加元服，周公則致政。《書》曰：「朕復子明辟」，周公常稱王命，專行不報，故言我復子明君也。臣請安漢公居攝踐祚，服天子韍冕，背斧依于戶牖之間，南面朝群臣，聽政事。車服出入警蹕，民臣稱臣妾，皆如天子之制。郊祀天地，宗祀明堂，共祀宗廟，享祭群神，贊曰「假皇帝」，民臣謂之「攝皇帝」，自稱曰「予」。平決朝事，常以皇帝之詔稱「制」，以奉順皇天之心，輔翼漢室，保安孝平皇帝之幼嗣，遂寄託之義，隆治平之化。其朝見太皇太后、帝皇后，皆復臣節。自施政教於其宮家國采，如諸侯禮儀故事。臣昧死請。〔註82〕

噫！公命，我勿敢言』。」卷 13，頁 186、188。

〔註81〕 《漢書·王莽傳》，卷 99 上，頁 4079。

〔註82〕 《漢書·王莽傳》，卷 99 上，頁 4080～4081。

歸納其要點有四：一，王莽所行禮制當如天子。根據《尚書・君奭》、漢人對經義的解釋，周公服天子冠冕，南面群臣發號施令；因此王莽居攝亦當「服天子韍冕，背斧依于戶牖之間，南面朝群臣，聽政事。車服出入警蹕，民臣稱臣妾，皆如天子之制。」並且行天子的祭祀之禮。二，群臣根據《尚書・君奭》、時人對〈君奭〉的解讀、《禮記・明堂位》等，請求讓王莽從居攝「一開始」，便居天子位，而非輔政「數年後」。三，王莽得以君王的公文形式下達命令。《尚書・洛誥》記錄周公致政時說：「朕復子明辟」，漢人解讀為「周公常稱王命，專行不報，故言我復子明君也。」因此，身為攝皇帝的王莽在自稱「予」之外，得以皇帝所行的公文「制」，下達命令。四，王莽在元后、平帝后前，仍行人臣之禮，在自己的府第、封國、采邑中，則行諸侯的禮儀，以示臣子的身分。這篇奏議奠定了王莽在居攝年間，政治措施、身分背後所指涉的權力基礎。次年，改元居攝，漢家朝政順理成章地掌於王莽一人之手。

（二）王莽於元后前自稱「假皇帝」，號令天下言「攝」

居攝元年（A.D.6），王莽平定劉崇之事。〔註 83〕群臣認為劉崇謀逆，出於王莽「權輕」之故，遂奏請元后下詔：王莽朝見元后時，得自稱「假皇帝」。〔註 84〕

居攝二年（A.D.7）九月，東郡太守翟義起事，立嚴鄉侯劉信為天子。《漢書》載：

> （王）莽曰抱孺子（會）群臣而稱曰：「昔成王幼，周公攝政，而管蔡挾祿父以畔，今翟義亦挾劉信而作亂。自古大聖猶懼此，況臣莽之斗筲！」〔註 85〕

王莽將起事者視為管蔡，而以周公自比。王莽除了派遣王邑、孫建等將軍平亂之外，並倣照《尚書・大誥》作策，〔註 86〕頒行天下。其文主旨為：攝位

〔註 83〕 居攝元年（A.D.6）安眾侯劉崇反對王莽專制朝政，與張紹等百人進攻宛，失敗。見《漢書・王莽傳》，卷 99 上，頁 4082。

〔註 84〕 《漢書・王莽傳》，卷 99 上，頁 4086。

〔註 85〕 《漢書・翟義傳》，卷 84，頁 3428。

〔註 86〕 王莽倣〈大誥〉作策，如文中說：「太皇太后以丹石之符，乃紹天明意，詔予即命居攝踐祚，如周公故事。反虜故東郡太守翟義擅興師動眾，曰『有大難于西土，西土人亦不靖。』於是動嚴鄉侯信，誕敢犯祖亂宗之序。」與〈大誥〉原文中說：「……紹天明，即命，曰：『有大艱于西土，西土人亦不靜，越茲蠢。』殷小腆，誕敢紀其敘。」（卷 13，頁 190～191）相較之下，十分類似。引文見《漢書・翟義傳》，卷 84，頁 3428～3429。**按**：此項比對根據

後，當反政於孺子。王莽此舉用來消解翟義起事的名義：「（王莽）毒殺平帝，攝天子位，欲絕漢室」〔註87〕，以及平息眾民對王莽的懷疑。因此處理的過程與目的，多以管蔡之亂爲標準。

居攝三年（A.D.8）平定翟義事件後，群臣根據《春秋》「善善及子孫」、「賢者之後，宜有土地」、成王亦廣封周公庶子六人等理由，上奏要求封賞王莽。〔註88〕於是王莽之子王安爲新舉公、王臨爲襃新公，王莽兄子王光受封爲衍功侯，王莽的孫子王宗爲新都侯。

（三）王莽於元后前自稱「假皇帝」，號令天下不言「攝」

繼元始五年（A.D.5）出現的白石後，居攝三年（A.D.8）連續出現三個符瑞，分別是：齊郡一夜之間出現入地百尺的新井、巴郡石牛、表面有文字的扶風雍石。這三個異兆的主要在於表明上天授命王莽當即眞爲皇帝，獻上符瑞的人，可受封爲侯。同年十一月，王莽據符瑞上奏：

> 及前孝哀皇帝建平二年六月甲子下詔書，更爲太初元將元年，案其本事，甘忠可、夏賀良讖書臧蘭臺。臣莽以爲元將元年者，大將居攝改元之文也，於今信矣。《尚書・康誥》：「王若曰：『孟侯，朕其弟，小子封。』」此周公居攝稱王之文也。《春秋》隱公不言即位，攝也。此二經周公、孔子所定，蓋爲後法。孔子曰：「畏天命，畏大人，畏聖人之言。」臣莽敢不承用！臣請共事神祇宗廟，奏言太皇太后、孝平皇后，皆稱假皇帝。其號令天下，天下奏言事，毋言『攝』。以居攝三年爲初始元年，漏刻以百二十爲度，用應天命。臣莽夙夜養育隆就孺子，令與周之成王比德，宣明太皇太后威德於萬方，期於富而教之。孺子加元服，復子明辟，如周公故事。〔註89〕

由於此奏議影響甚鉅，因此不嫌冗贅地引述出來。歸結來講，可分爲三點探討。

首先，王莽引甘忠可、夏賀良的更命論述爲己用，行改元之事。根據藏於蘭臺的甘忠可、夏賀良讖書，王莽將哀帝時的「元將元年」解讀成「大（元）

程師元敏〈莽誥大誥比辭證義〉，文中有更爲深入而完整的分析，可供參考。本段引文中的底線爲筆者所加，目的是希望能讓讀者清楚地與下文所引的〈大誥〉作個比較。參程師元敏：〈莽誥大誥比辭證義〉，《國立編譯館館刊》第11卷第2期（1982年12月），頁44～52。

〔註87〕《漢書・王莽傳》，卷99上，頁4087。
〔註88〕《漢書・王莽傳》，卷99上，頁4090。
〔註89〕《漢書・王莽傳》，卷99上，頁4094。

將（將）居攝改元（元）之文也」，因此提出明年（即 A.D.9）改元爲初始元年，並遵用哀帝的「漏刻以百二十爲度」。

第二，王莽引《尚書・康誥》和《春秋》爲據，認爲自己應如周公般居攝稱王。《尚書・康誥》說：「王若曰：『孟侯，朕其弟，小子封。』」〔註90〕王莽將「王」解釋爲周公，意指「周公自稱爲王」。其次，《左傳・隱公元年》說：「元年春，王周正月，不書即位，攝也。」〔註91〕王莽認爲魯隱公雖然是攝位，但卻同樣享有「公」之名。所以根據周公、隱公之例，王莽提出在祭祀、奏言元后、平后時自稱「假皇帝」，「其號令天下，天下奏言事，毋言『攝』。」名義上是假皇帝，實質上已經與眞正的皇帝無異。

最後，王莽說：「臣莽夙夜養育隆就孺子，令與周之成王比德，……孺子加元服，復子明辟，如周公故事」，可以說是曲終奏雅。王莽還是將漢代當時的情景比做周公、成王時，使得這項政治措施在形式上不脫漢人的認知。「復子明辟」一語出自《尚書・洛誥》〔註92〕，此語十分鮮明地表達了周公在成王七年十二月致政時，周公爲臣、成王爲王，臣下向君王「進言」的情形。但王莽奏議中，對「復子明辟」之義加以擴充，而達其攝位的政治目的。王莽採歐陽《尚書》的說法，將「復子明辟」解讀爲「還政」〔註93〕，而非專注於「（臣下）進言」之義。

經此奏議，王莽面對群下發號施令，稱謂、實質權力和皇帝相同；只有覲見元后、平后及祭祀時，才稱「假皇帝」。但兩位皇后對朝政的影響力不大，元后應允這份奏議，便有如簽下漢家天下的讓渡書。所以在哀章獻上明示王莽當爲眞天子的圖書後，王莽便毫不遲疑地即位了。

〔註90〕《尚書・康誥》，卷14，頁201。

〔註91〕《左傳・隱公元年》，卷2，頁34。

〔註92〕《尚書・洛誥》：「周公拜手稽首曰：『朕復子明辟，……。』」按：「復子明辟」的解釋，有相當多說法，從而影響到對周公在成王即位初年所扮演的角色的認定。故而在此先說明筆者的認知：「復子明辟」的意思應是「臣下（我）向您這位明哲的君王報告」。〈洛誥〉引文見卷15，頁224。

〔註93〕傅佩琍說：「而最早將『復子明辟』作爲『還政』的替代詞，並運用在政治上的，在王莽之時。」傅氏認爲王莽雖未將「復子明辟」訓解爲「還政」，但當他要表達周公還政給成王的意思時，便會使用「復子明辟」一語。同時，傅氏舉出《後漢書・桓帝紀》也以「復子明辟」爲「還政」之義說：「雖不符合經義，應是秉承歐陽說（筆者按：因桓帝世從歐陽《尚書》學）。清儒言莽有據，並非心存坦護，莽確實前承於歐陽《尚書》學說。」《王莽之尚書學與行政》，頁63～66。。

四、小結

　　王莽從安漢公到宰衡居攝，九年之間和群臣的互動，有幾點值得注意。首先，是王莽在群臣心目中的形象。《漢書・王莽傳》記載元始三年（A.D.3）張竦爲陳崇草擬的奏書，充滿對王莽的讚美之辭。其體例爲先舉王莽的政治作爲，再與經書所描述的品德比附，〔註94〕例如：

> 賴公立入，即時退（董）賢，及其黨親。……《詩》云：「惟師尚父，時惟鷹揚，亮彼武王」，孔子曰：「敏則有功」，公之謂矣。〔註95〕

可知陳崇、張竦大抵以經籍所推崇的品德爲高，並且認爲王莽十分契合。據此奏書，范瑞紋指出：「儒家經典已全然成爲對一個人、或一件事其價值判斷的準則。」〔註96〕在慕古學風中，經書已成爲政治、社會、個人道德等範疇的標準。而此奏議，應和當時朝臣的看法相去不遠，因此王莽才能藉著群臣不斷上奏稱美，一路以周公的姿態受封。這篇奏議中關於周公部分，如：

> 公卿咸歎公德，同盛公勳，皆以周公爲比，宜賜號安漢公，益封二縣，公皆不受。〔註97〕

> （成）王曰：「叔父，建爾元子。」子父俱延拜而受之。……臣愚以爲宜恢公國，令如周公，建立公子，令如伯禽。所賜之品，亦皆如之。諸子之封，皆如六子。〔註98〕

在群臣的心目中，王莽的確有如周公再世，讓王莽接受和周公相同的賞賜也是理所當然的了。

　　其次，群臣既將王莽比爲周公，則王莽得以完成周公形象的建構，實有賴於群臣推波助瀾。藉由群臣的奏議，一波波地將王莽推向周公的形象。群臣上書的方式，可分爲二種：第一種，不著明大臣之名，如「群臣奏言」、「群臣皆曰」、「群臣乃盛陳」、「群臣復上言」、「群臣復奏言」、「群臣復白」。第二種，著明官名與姓名，如「甄邯等白太后下詔曰」、「太保舜等奏言」、「少阿、羲和劉歆與博士諸儒七十八人皆曰」、「公卿大夫、博士、議郎、列侯（富平侯）張純等九百二人皆曰」等。這兩種進言形式，都顯示當時視王莽如周公

〔註94〕范瑞紋也說：「奏文除結論之外，之前的每一段落幾乎均以儒家經典做小結，形式可謂非常工整。」見氏著：《王莽的聖人與三代之夢》，頁38。
〔註95〕《漢書・王莽傳》，卷99上，頁4056。
〔註96〕范瑞紋：《王莽的聖人與三代之夢》，頁38。
〔註97〕《漢書・王莽傳》，卷99上，頁4057。
〔註98〕《漢書・王莽傳》，卷99上，頁4062～4063。

的集體心態。朝臣們龐大的集體言論產生無形的力量,再加上來自民間的力量,如元始四年(A.D.4),有民八千人上書請求為王莽加賞,遂使王莽的聲望逐漸上升。而這種集體而頻繁地將王莽比於周公的言論,也展現慕古學風廣泛且深入人心的情形。

　　第三,不僅王莽依據經書行事,群臣也多根據經書的記載來稱美或請求加封王莽。當元始元年(A.D.1)越裳氏重譯獻白雉時,群臣依《尚書大傳》讚美王莽「功德致周成白雉之瑞,千載同符」﹝註99﹞。元始三年(A.D.3)王宇之事,鄧邯等人跟著王莽引用《尚書・金縢》指稱這是管蔡之亂。元始四年(A.D.4)王莽營建明堂、辟雍、靈臺等,群臣上奏暗引《尚書大傳》的「(周公攝政)七年制度乃興」稱讚王莽比起周公有過之而無不及。元始五年(A.D.5),公卿大夫、博士、議郎、列侯(富平侯)張純等九百零二人上奏引《周官》、《禮記》為王莽請求九命之賜;同年十二月,平帝駕崩,大臣們上奏提出讓王莽居攝之議,奏議中連續引用《尚書・君奭》、《禮記・明堂位》、《尚書・嘉禾》、《尚書・洛誥》作為論點上的根據。清人皮錫瑞說:

　　　元、成以後,刑名漸廢。上無異教,下無異學。皇帝詔書,群臣奏議,
　　莫不援引經義,以為據依。國有大疑,輒引《春秋》為斷。﹝註100﹞

可見王莽與群臣的對話同樣都是在經學的場域中進行。而這種引用經書應用於現實政治的特質,也會影響到他們的思惟模式,即根據現實政治的情形再返回經書中尋找依據,形成一種往復迴環的方式。而王莽與周公的聯繫,也就在與經書對話中完成。

　　第四,群臣之所以一再為王莽請求賞賜、以周公讚美王莽,實出於期待王莽能改善漢政,就像周公為周朝帶來太平盛世。因此,從元始元年(A.D.1)起,群臣的奏議都含有相似的意涵。以王莽的三個稱號為例:首先是安漢公之名,出於王莽有「定國安漢家之大功」。其次,宰衡出於周公、伊尹的典故。《史記・殷本紀》載帝太甲登基三年,無道。伊尹放逐太甲到桐宮,並「攝行政當國,以朝諸侯」。﹝註101﹞三年後,太甲悔過,返於善道,「於是伊尹迺迎帝太甲而授之政」。﹝註102﹞因此,伊尹也是攝政當國、代理天子接見諸侯的

﹝註99﹞《漢書・王莽傳》,卷99上,頁4046。
﹝註100﹞皮錫瑞:《增註經學歷史》,頁101。
﹝註101﹞《史記・殷本紀》,卷3,頁99。
﹝註102﹞《史記・殷本紀》說:「帝太甲既立三年,不明,暴虐,不遵湯法,亂德,於是伊尹放之於桐宮。三年,伊尹攝行政當國,以朝諸侯。帝太甲居桐宮三年,

權臣，三年後迎太甲「授之政」表示伊尹所代理的是「政權」，並非天子的名份，太甲仍是名義上的天子。而周公在漢人心目中也不是天子。〔註103〕將王莽封爲「宰衡」，足見漢人希望王莽能像伊尹、周公一般，輔佐平帝。其三，「居攝」出於漢臣之請，經元后巧解符命後才施行。直到居攝三年（A.D.8），大部分的漢臣對「居攝」仍持輔政的說法，他們認爲居攝者的主要任務在於完成天功、隆興「帝道」、平定天下。少阿、羲和劉歆與博士諸儒七十八人議王莽爲功顯君服的奏書說：

> 昔殷成湯既沒，而太子蚤夭，其子太甲幼少不明，伊尹放諸桐宮而居攝，以興殷道。

> 周武王既沒，周道未成，成王幼少，周公屏成王而居攝，以成周道。……

> 遭孺子幼子少，未能共上下，……是以太皇太后則天明命，詔安漢公居攝踐祚，將以成聖漢之業，與唐虞三代比隆也。〔註104〕

很顯然地，眾臣把漢家目前的情況和商、周比附，期望王莽也能像伊尹、周公一樣將漢家轉危爲安，此即「宰衡」之名所蘊涵的深切期許。

第五，就建構周公形象而言，王莽與群臣的互動造成層疊補強的效果。所謂的「層疊」，一方面每當王莽復現周公之事時，群臣必以周公稱美王莽，甚至協助完成，使事情與西周典故雖不中亦不遠矣。另一方面，群臣上奏王莽和周公如何如何類似時，王莽便會接著或是以言詞，或是以行動回應。例如元始元年（A.D.1）越裳氏重譯獻雉，群臣上奏讚美王莽，王莽遂受封爲安漢公；然後

悔過自責，反善，於是伊尹迺迎帝太甲而授之政。」卷3，頁99。

〔註103〕就漢代的著作而言，如《史記·燕召公世家》說：「成王既幼，周公攝政當國踐祚，召公疑之，作〈君奭〉。」（卷34，頁1549）、《尚書大傳》說：「周公身居位，聽天下爲政，管叔疑周公。」（輯校2，頁4137）所謂的「疑」是指周公攝政，大權在握，召公、管叔對周公的存心有所懷疑。如果周公稱王，就是明顯地據王位爲己有，罪證確鑿，也就不用「疑」了。就漢人的行事而言，如《漢書·霍光傳》記載武帝臨終前與霍光的對話說：「上（武帝）曰：『立少子，君行周公之事。』……明日，武帝崩，太子襲尊號，是爲孝昭皇帝。帝年八歲，政事壹決於光。」（卷68，頁2932）文中「太子襲尊號，是爲孝昭皇帝」即是「立少子」，易言之，昭帝劉弗是登基的君主（有君王之名）。「政事壹決於光」也就是「君行周公之事」，朝廷上真正的決策者是霍光（行君王之權）。昭帝初即位爲君王，並未真正掌握政權而委任霍光，正如周公攝政之事。因此筆者以爲漢人並不認爲周公具天子之名。

〔註104〕《漢書·王莽傳》，卷99上，頁4090～4091。

在同一年裡，王莽也上奏報告出現各種周公輔政的祥瑞，暗示自己亦如周公輔政。又如元始三年（A.D.3），王宇之事，王莽率先比附為「管蔡之亂」。群臣接著上奏，稱頌王莽像周公般不顧私親。就這樣，王莽與群臣各據一方，一次又一次地拋著穿梭在經線上的梭子，終於織成了王莽的周公形象。隨著一次次的事件，使得王莽的地位、權力逐漸上升，僅次於人主。在最後一刻，居攝三年（A.D.8）王莽奏請「居攝稱王」，主動地給予漢朝最致命的一擊。因此，藉由與群臣的互動，讓王莽得以逐步接近，甚至等同天子的地位與權力。到了最後的時刻，王莽便輕易地跨過君、臣的界線，即位為天子。

　　然而，周公形象的建構，除了周公之「名」以外，還有賴於周公之「實」，即王莽的具體作為。因此，下一節繼續討論王莽如何藉經籍記載在漢代施行制禮作樂。

　　為了便於把握焦點，謹將本節討論王莽與群臣所依據的經典，整理如下表：

時　　間	王莽稱號	依據經典
元始元年（A.D.1）	安漢公	《尚書大傳》、《尚書·洪範》、《尚書·金縢》、
元始四年（A.D.4）	宰衡	《詩·大雅·靈臺》、《孝經·聖治章》、《尚書大傳》、《周禮》、《禮含文嘉》
元始五年（A.D.5）	宰衡居攝（於元后前自稱「臣」）	《尚書·金縢》、《尚書·君奭》、《禮·明堂位》、《尚書·嘉禾》
居攝元年（A.D.6）	宰衡居攝（於元后前自稱「假皇帝」，號令天下言「攝」）	《尚書·大誥》、《春秋》、《周禮》
居攝三年（A.D.8）	宰衡居攝（王莽於元后前自稱「假皇帝」，號令天下不言「攝」）	《尚書·康誥》、《春秋》、《尚書·洛誥》

第三節　王莽的周公形象（二）：制禮作樂

　　古籍稱頌周公制禮作樂的，如《左傳·文公十八年》說：「先君周公制周禮。」〔註105〕、《尚書大傳》也說：「（周公）六年制禮作樂」〔註106〕。至於

〔註105〕《左傳·文公十八年》，卷20，頁352。

制禮作樂的具體內涵,《孝經》說:「昔者周公郊祀后稷以配天,宗祀文王於明堂以配上帝。」﹝註107﹞包括郊祀后稷和宗祀文王。《尚書大傳·洛誥傳》則更清楚地指明:

> 當其效功也,於卜洛邑,營成周,改正朔,立宗廟,序祭祀,易犧
>
> 牲,制禮樂,一統天下,合和四海,而致諸侯……。﹝註108﹞

歸結來說,周公制禮作樂的條目至少包括:郊祀與宗廟祭祀之禮、明堂與雒邑等建築工程、改正朔、統一天下(指周公東征,平定管蔡之亂)、制周朝之樂。然而,郊祀禮儀、明堂等更一步的具體內容,史書無說。

西漢末年,王莽所進行的政治改革,與周公的作為多有雷同,而且也同樣稱為制禮作樂。就目前的文獻來看,王莽自身對制禮作樂的體認,可見於元始五年(A.D.5)辭安漢公之賞的奏書說:

> 伏念聖德純茂,承天當古,制禮以治民,作樂以移風,四海奔走,
>
> 百蠻並輳,辭去之日,莫不隕涕。非有款誠,豈可虛致?﹝註109﹞

王莽將制禮作樂歸功於元后,實指自身。從這段話可知王莽認為制禮作樂上承天意,與古代相稱,其功用在於治民、移風易俗。乍看之下,似與周公形象無涉,然而,當我們進一步考慮政治人物的言論與行動有時必需分別觀察時,便不能不將王莽制禮作樂,其實是為了建構周公形象的可能性納入考量。

考察王莽的政治措施,除了改正朔、營雒邑二件事之外,其他恰與《尚書大傳》符合。周公「立宗廟」,則王莽改革漢代的宗廟制度。周公「序祭祀,易犧牲」,則王莽改革郊祀制度,規劃祭儀、祭品。周公「制禮樂」,則王莽徵天下通《逸禮》的人才、立《樂經》。因此在「周公制禮作樂」的條目下,王莽根據漢朝政局,引用經書賦予新的詮釋。以下試分別論述。

一、郊祀制度的改革

(一)長安南北郊祀的改革

據清人嚴可均《全上古三代秦漢三國六朝文》﹝註110﹞的輯佚,元始四年

﹝註106﹞《尚書大傳輯校》,輯校2,頁4142。
﹝註107﹞《孝經》,卷5,頁36。
﹝註108﹞《尚書大傳輯校》,輯校2,頁4141。
﹝註109﹞《漢書·王莽傳》,卷99上,頁4070~4071。
﹝註110﹞嚴可均輯:《全漢文》,《全上古三代秦漢三國六朝文》,第1冊,卷58,頁442。

（A.D.4），王莽曾經上奏改革郊祀，但這份奏議的內容不如元始五年（A.D.5）提出相同訴求的兩篇奏議來得清楚，因此本文以元始五年（A.D.5）的奏議作爲討論的根據。同時依照嚴書的命名，將第一份元始四年王莽與孔光、劉歆等六十七人的奏議稱作「奏復長安南北郊」，第二份元始五年王莽單獨上奏的奏議稱爲「奏改郊祀禮」。〔註111〕這兩個承襲前人的名稱，僅便於行文討論而加以區分，並無其他的意涵。

就改革目的而言，第一次提出改革的時間爲元始四年（A.D.4），當時平帝身體健康，所以王莽改革目的應不同於成、哀帝求繼嗣、健康的訴求。王莽此時提出改革，乃是與群臣的互動配合，建構周公「制禮作樂」的形象。元始五年（A.D.5）冬，平帝病重，王莽仿《尚書・金縢》「請命於泰畤」，可見泰畤仍在，祭天的地點尚未遷到長安。易言之，王莽奏議可能已上奏，但尚未獲得平帝允許。那麼，元始五年（A.D.5），平帝准奏王莽的奏議，應該是在病中；則平帝和成帝、哀帝一樣，亦欲藉由改革郊祀，得神明歡心，而達成所願（平帝自身的健康）。王莽上奏與平帝准奏的目的，當分別視之。

1.奏復長安南北郊

元始四年（A.D.4），王莽與太師孔光、長樂少府平晏、大司農尹咸、中壘校尉劉歆等六十七人引用《禮記》、《春秋穀梁傳》〔註112〕作爲根據，建議應恢復長安南北郊，並且每年祭祀，以應古制。元始五年（A.D.5）爲平帝所認可。此奏書解決了從成帝以來，近四十年關於郊祀天地處所的爭議。〔註113〕

2.奏改郊祀禮

在這份奏議中，王莽針對漢代的郊祀禮儀提出改革的建議。下文分作幾

〔註111〕嚴可均輯：《全漢文》，《全上古三代秦漢三國六朝文》，第 1 冊，卷 58，頁 442〜443。

〔註112〕《禮記・曲禮》說：「天子祭天地，祭四方，祭山川，祭五祀，歲徧。」（卷5，頁 97。）《春秋穀梁傳》說：「郊自正月至于三月郊之時也，我以十二月下辛卜正月上辛。」（卷 20，頁 199。）按：據《漢書補注》，「大司農左咸」當爲「大司農尹咸」之誤，見《漢書補注》，卷 25 下，頁 565。

〔註113〕漢武帝元鼎四年（B.C.113）冬，立后土祠於汾陰；元鼎五年（B.C.112）冬，立祭祀上帝的泰畤於雲陽（漢人常以「甘泉」代稱「雲陽」）。從此開始漢代的天地郊祀之禮。此後經歷四次遷移：第一次，成帝建始元年（B.C.32）採丞相匡衡、御史大夫張譚之議將泰畤、后土遷回長安南北郊。第二次，永始三年（B.C.14）十一月，成帝久無後嗣，於是讓元后下詔恢復甘泉泰畤、汾陰后土。第三次，綏和二年（B.C.7），成帝駕崩，元后下詔復長安南北郊。第四次，哀帝建平三年（B.C.4），因哀帝久病不癒，元后下詔恢復甘泉、汾陰等祭祀。

點討論。

（1）配饗者

首先，王莽以高祖、高后配饗。平帝以前，以高祖參與祭祀，如武帝元封五年（B.C.106）祠泰一、五帝時，「合高皇帝祠坐對之」〔註114〕，顏師古注引服虔的話說：

> 漢是時（按：指武帝時）未以高祖配天，故言對。光武以來乃配之。
> 〔註115〕

因此，在武帝時，高祖只能算是參與祭典，而非配饗的身分，高后則被排除在外。平帝時，王莽建議以高祖、高后配饗，其根據出自《周禮·春官·大司樂》祀天神、地示、四望、山川、先妣、先祖的記載。〔註116〕因此祭祀時，天地面南、同席、共牢，地在東；高祖、高后配饗於壇上，西向、同席、共牢。高后在北，列入配饗之列。上文所引服虔認為光武帝時以高祖配祭，實際上光武帝是承襲西漢平帝的制度。

（2）祭品

祀天的祭品部分，漢武帝採用謬忌的建議祠泰一，但禮制未定，多所變動。〔註117〕元鼎五年（B.C.112），武帝祠泰一時說：「泰一所用，如雍一畤物，而加醴棗脯之屬，殺一氂牛以為俎豆牢具。」〔註118〕總計進享物品至少有：四匹駒、車具、四隻羔羊、圭幣、路車、駕車被馬的飾件、醴棗脯之屬、一氂牛，並且使用俎豆之具。〔註119〕以上是《漢書·郊祀志》中關於武帝祭泰一的物品。同一年的十一月，武帝便在雲陽設泰畤。〈郊祀志〉對

〔註114〕《漢書·郊祀志》，卷25下，頁1243。

〔註115〕《漢書·郊祀志》，卷25下，頁1244。

〔註116〕《漢書·郊祀志》，卷25下，頁1265～1266。《周禮·春官·大司樂》，卷22，頁339～341。

〔註117〕《漢書·郊祀志》記載武帝先是春、秋兩季祭泰一於長安東南郊，每日一太牢，連續七日，作為開八通鬼道之用。其後，或建言三年用一太牢祠天、地、泰一；或建言春天時用牛祠泰一，武帝均從之。見《漢書·郊祀志》，卷25上，頁1218。

〔註118〕《漢書·郊祀志》，卷25下，頁1230。

〔註119〕考察《漢書·郊祀志》中記載漢高祖祭祀雍畤禮儀承自秦朝，而秦朝祭雍四時之禮為：每時用四匹駒，春秋異色；又有車具、四隻羔羊、圭幣等，每三年的十月（歲首）前往祭祀。因此，高祖大體上使用相同的禮儀。其後，文帝增雍五畤「路車各一乘，駕被具」。見《漢書·郊祀志》卷25上，頁1209～1210、1212。

於祭泰一的物品未有詳述，可能是祭品相仿，故行文不再重複。

至於祀后土的祭品，元鼎四年（B.C.113）武帝前往汾陰，採用寬舒、司馬談的建議：以五壇祭后土，每壇「一黃犢牢具」，以牛角如繭栗般大小的五隻黃色小牛作牢牲，及其相關禮器作為祭祀之用。〔註120〕元封五年（B.C.106），武帝在剛落成的明堂上行封禪禮，「祠后土於下房，以二十太牢」〔註121〕，此應為行封禪大禮時的隆重祭祀；平常祭后土時，應以元鼎四年（B.C.113）「一黃犢牢具」為慣例。

其後，昭帝年少，未嘗親自巡祭；宣帝「修武帝故事」；元帝「遵舊儀」，大致遵從武帝時的祭祀。〔註122〕成帝、哀帝時則著重於討論郊祀天地的地點，似乎未見對於祭品的更改。因此，以武帝時期作為與王莽改革的比較標準。

元始五年（A.D.5），王莽說：

> 牲用繭栗，玄酒陶匏。《禮記》曰天子籍田千畮以事天墬，繇是言之，宜有黍稷。天地用牲一，燔燎瘞薶用牲一，高帝高后用牲一。
>
> 天用牲左，及黍稷燔燎南郊；墬用牲右，及黍稷瘞於北郊。〔註123〕

明確規範祭品內容：一，「牲用繭栗，玄酒陶匏」，引自《禮記》〈王制〉、〈郊特牲〉所記載的祭天地之物〔註124〕。二，據《禮記‧祭義》，〔註125〕王莽認為供品應加入黍稷。三，王莽將犧牲劃分為三：天地、燔燎瘞薶、高祖高后；而且天用牲左、地用牲右，對於犧牲的使用相當明確。

與武帝相較之下，有三點不同。首先，武帝祭天、地之物相差懸殊，王莽所用的祭品具有一致性，而且十分對稱。再者，王莽參考《禮記》加入黍、稷，前所未有，但卻蘊含天子以耕種所得，祭祀天地的深刻意義。最後，與武帝耗費財力的祭品相較，王莽所建議的祭品相當簡約，且於經書有據。對於國力已有所不足的漢朝而言，易於施行又不失禮。

〔註120〕《漢書‧郊祀志》，卷25下，頁1222。

〔註121〕《漢書‧郊祀志》，卷25下，頁1243。

〔註122〕見《漢書‧郊祀志》，卷25下，頁1248、1249、1253。

〔註123〕《漢書‧郊祀志》，卷25下，頁1266。

〔註124〕《禮記‧王制》說：「祭天地之牛，角繭栗。」（卷12，頁245）《禮記‧郊特牲》說：「器用陶匏，以象天地之性也。」（卷26，頁497）

〔註125〕《禮記‧祭義》說：「是故昔者天子為籍千畝，冕而朱紘，躬秉耒；……以事天地、山川、社稷、先古，以為醴酪齊盛，於是乎取之，敬之至也。」卷48，頁819。

（3）祭儀

祭儀方面，元鼎五年（B.C.112）十一月，武帝始郊拜泰一，《漢書・郊祀志》記載：「（武帝）朝朝日，夕夕月，則揖；而見泰一，如雍郊禮。」〔註126〕王莽的奏議說：

> 其旦，東鄉再拜朝日；其夕，西鄉再拜夕月。〔註127〕

和武帝一樣都是早、晚拜日、月，然而有「揖」、「再拜」之別。

另外，《逸周書・作雒》說：「（周公）乃設丘兆于南郊，以祀上帝，配以后稷，日、月、星辰、先王皆與食。」〔註128〕周公郊祀上帝，以日月配享。《通典》說：

> 漢武帝立二十八年，始郊泰一，朝日夕月，改周法，其後常以郊泰時，
>
> 質明出行竹宮，東向揖日；其夕，西向揖月，即為郊日月。〔註129〕

「改周法」的「周」應從《逸周書》所載之事而來。秦蕙田說：「古者無旦夕拜日月之禮也，旦夕常於殿下拜日月乃漢氏之禮。」〔註130〕因此，王莽只是遵武帝旦夕拜日月的故事，同時具有仿周公郊祀的意味。

（4）祭祀時間

《漢書・郊祀志》記載武帝時「甘泉泰一、汾陰后土，三年親郊祠」〔註131〕，每三年由皇帝親自前往祭祀。不過，後來的君王並不一定完全遵照三年一祭的慣例。〔註132〕

〔註126〕《漢書・郊祀志》，卷25下，頁1231。

〔註127〕《漢書・郊祀志》，卷25下，頁1266。

〔註128〕《逸周書》（臺北：臺灣中華書局，1966年，四部備要據抱經堂本校刊），卷5，頁七下至八上。

〔註129〕唐・杜佑：《通典》（臺北：臺灣商務印書館，1994年），卷44，頁254。

〔註130〕清・秦蕙田：《五禮通考》（桃園：聖環圖書股份有限公司，1994年），卷33，頁4上。

〔註131〕《漢書・郊祀志》，卷25下，頁1248。

〔註132〕如宣帝在神爵元年正月（B.C.61）、五鳳元年正月（B.C.57）、甘露元年正月（B.C.53）、甘露三年正月（B.C.51）、黃龍元年正月（B.C.49）郊泰時，神爵元年、五鳳元年、甘露元年之間各間隔四年，甘露元年、甘露三年、黃龍元年則相間三年。又如元帝在初元二年正月（B.C.42）、初元四年正月（B.C.45）、永光元年正月（B.C.43）、永光五年正月（B.C.39）、建昭二年正月郊泰時（B.C.37）郊泰時，間隔三年、二年、四年、二年等不固定的年數。見《漢書・宣帝紀》，卷8，頁259、264、268、271、273。見《漢書・元帝紀》，卷9，頁281、285、287、293、294。

　　根據《周禮・春官・大司樂》將音樂分成別、合兩種，〔註133〕以及《易經・說卦傳》說：「分陰分陽，迭用剛柔。」〔註134〕王莽因而推論祭祀也應當有合祭、別祭。〔註135〕每年正月時，天子親自在長安南郊合祭天地，以高祖、高后配饗，此爲合祭。據《易・復卦》「后不省方」之說，二至時，天子不前往祭祀，改由官員前往。冬至時，命官員前往南郊祭祀，以高祖配饗；夏至時，命官員到南郊祭祀，以高后配饗，此爲別祭兩次。〔註136〕因此，祭祀次數改爲一年三次。

（二）雍五畤的改革

　　五畤，是指秦文公祀白帝的鄜畤，秦宣公祀青帝的密畤，秦靈公祀黃帝、炎帝的吳陽畤（分上畤祀黃帝，下畤祀炎帝），以及漢高祖祀黑帝的北畤。成帝建始二年（B.C.31），因匡衡奏請勿沿用秦制的四畤、高祖未定禮儀時的北畤，而罷五畤。永始三年（B.C.14），成帝爲求後嗣，恢復五畤。元始五年（A.D.5），王莽也對雍五畤進行改革。

　　1.「六宗」的新定義

　　《尚書大傳》說：「萬物非天不生、非地不載、非春不動、非夏不長、非秋不收、非冬不藏，故《書》曰：『禋於六宗』，此之謂也。」〔註137〕以天、地、四時爲六宗。王莽認爲：

　　　　《書》曰：「類於上帝，禋于六宗」。歐陽、大小夏侯三家說六宗，

〔註133〕《周禮・春官・大司樂》說：「凡六樂者，一變而致羽物及川澤之示，再變而致臝物及山林之示，三變而致鱗物及丘陵之示，四變而致毛物及墳衍之示，五變而致介物及土示，六變而致象物及天神。」（卷22，頁341）、「冬日至，於地上之圜丘奏之，若樂六變，則天神皆降，可得而禮矣。」（卷22，頁342）、「夏日至，於澤中之方丘奏之，若樂八變，則地示皆出可得而禮矣。」（卷22，頁342）。

〔註134〕《易・說卦傳》，卷9，頁183。

〔註135〕華友根也提到：「他（王莽）根據《周禮》天地之祀，樂有別有合。故應有合祀與別祀。祀當然有儀式，有祭品，有奏樂，有舞蹈，所以也稱之爲合樂和別樂。」見氏著：《西漢禮學新論》（上海：上海社會科學院出版社，1998年），頁208。

〔註136〕《漢書・郊祀志》：「陰陽之別於日冬夏至，其會也以孟春正月上辛若丁。天子親合祀天墬於南郊，以高帝、高后配。……以日冬至使有司奉祠南郊，高帝配而望群陽，日夏至使有司奉祭北郊，高后配而望群陰，……。」卷25下，頁1266。

〔註137〕《尚書大傳輯校》，輯校1，頁4114。

> 皆曰上不及天，下不及墜，旁不及四方，在六者之間，助陰陽變化。
>
> 實一而名六，名實不相應。〔註138〕

歐陽、大小夏侯以爲六宗在天地四方之「中」，與《尚書大傳》的說法並不相同。因此，王莽認爲三家說「名實不副」。

否定三家對六宗的看法後，王莽提出一套說法，以求下上於天地，兼及四方。王莽說：

> 《易》有八卦，〈乾〉〈坤〉六子，水火不相逮，靁風不相誖，山澤通氣，然後能變化，既成萬物也。……又日、月、靁、風、山、澤，《易》卦六子之尊氣，所謂六宗也。星辰、水、火、溝、瀆，皆六宗之屬也。〔註139〕

以天上最明顯的日、月，與地面、四方的雷、風、山、澤共爲六宗。所謂「《易》卦六子」出自《易·說卦傳》，指〈震〉、〈巽〉、〈坎〉、〈離〉、〈艮〉、〈兌〉。〔註140〕其中〈震〉、〈巽〉、〈艮〉、〈兌〉可與靁、風、山、澤、相對應。爲「水」的〈坎〉卦，或許是因爲可以和「月」比附，而〈兌〉卦卻除了「澤」以外，沒有其他自然物可加以比附，因此〈兌〉卦保留「澤」的比喻，爲水的〈坎〉卦則採取「月」之喻。〈離〉卦可能是爲了和〈坎〉卦相應，因此以「日」爲喻。而原本屬於〈坎〉卦、〈離〉卦的「水」、「火」則列入六宗之屬，而非六宗。可見王莽對「六宗」的看法，異於當時的《尚書》博士和《尚書大傳》。〔註141〕

許慎《五經異義》說：

> 古《尚書》說，六宗，天地神之尊者。謂天宗三、地宗三。天宗，日、月、星辰。地宗，岱山、河、海。日月屬陰陽宗，北辰爲星宗，岱爲山宗，河爲水宗，海爲澤宗。祀天則天文從祀，祀地則地理從

〔註138〕《漢書·郊祀志》，卷25下，頁1267～1268。標點略有更動。

〔註139〕《漢書·郊祀志》，卷25下，頁1268。

〔註140〕《周易·說卦傳》說：「乾，天也，故稱乎父；坤，地也，故稱乎母；震，一索而得男，故謂之長男；巽，一索而得女，故謂之長女；坎，再索而得男，故謂之中男；離，再索而得女，故謂之中女；艮，三索而得男，故謂之少男；兌，三索而得女，故謂之少女。」以乾、坤爲父、母，而震、巽、坎、離、艮、兌爲六子。引文見《周易·說卦傳》，卷9，頁185。

〔註141〕傅佩琍認爲王莽「自創六宗說以『月』『日』代替乾坤六子之『水』『火』，……。」在無法考察學說流傳的情況下，王莽所定義的「六宗」是否屬於「自創」，不得而知，但可作爲參考。見氏著：《王莽之尚書學與行政》，頁79。

祀。〔註 142〕

許慎與王莽所說的六宗內容或有同異。首先，王莽提出的六宗以天、地、四方為主，許慎則是二分為天宗、地宗。其次，王莽以日、月、靁、風、山、澤為六宗，許慎則以日、月、星辰、岱山、河、海為六宗，略有同異。第三，許慎分為天宗、地宗二者與王莽「天文日月星辰，所昭仰也；地理山川海澤，所生殖也」〔註 143〕的觀念十分類似。許慎或許是受到王莽的影響；也可能這種說法從王莽以前便存在，一直到許慎時仍流傳不輟。從《尚書大傳》、三家博士、王莽、許慎等不同的說法，可見漢代對六宗的看法並不一致。王莽重新定義六宗、六宗之屬，為改革雍五時奠定基礎。

2.五時的地點與屬神的區分

雍五時的改革步驟有二：首先，據《周禮·春官·小宗伯》說「兆五帝於四郊」〔註 144〕，王莽奏請「分群神以類相從為五部，兆天墜之別神」〔註 145〕，將雍五時遷到長安，重新規劃。其次，據《易·繫辭上》：「方以類聚，物以群分」，王莽認為「六宗」、「六宗之屬」（星、辰、水、火、溝、瀆）也應有兆居。於是，五帝與六宗的系統相結合，如下表：〔註 146〕

帝　號	時　稱	屬　神	兆　地
中央帝	黃靈后土時	日廟、北辰、北斗、塡星、中宿中宮	長安城之未墜兆
東方帝太昊	青靈勾芒時	靁公、風伯廟、歲星、東宿東宮	東郊兆
南方炎帝	赤靈祝融時	熒惑星、南宿南宮	南郊兆
西方帝少皞	白靈蓐收時	太白星、西宿西宮	西郊兆
北方帝顓頊	黑靈玄冥時	月廟、雨師廟、辰星、北宿北宮	北郊兆

后土、句芒、祝融、蓐收、玄冥等五神的名稱從《左傳》一路沿襲下來，〔註147〕在《呂氏春秋》、《禮記·月令》中，已產生五神配合陰陽五行之說的現

〔註 142〕見《周禮·春官·大宗伯疏》，卷 18，頁 272。
〔註 143〕《漢書·郊祀志》，卷 25 下，頁 1268。
〔註 144〕《周禮·春官·小宗伯》，卷 19，頁 290。
〔註 145〕《漢書·郊祀志》，卷 25 下，頁 1268。
〔註 146〕本表徵引自沈展如：《新莽全史》（臺北：正中書局，1977 年），頁 157。
〔註 147〕《左傳·昭公二十九年》載：「（蔡墨）對曰：『夫物，物有其官，官修其方，朝夕思之。……故有五行之官，是謂五官，實列受氏姓，封為上公，祀為貴

象。王莽擷取之，使五時之神與方位相結合，又加以系統化，使諸神各得其所。

（三）社稷的改革

1. 立官稷

元始三年（A.D.3），王莽引《詩‧大雅‧緜》、《詩‧小雅‧甫田》、《禮記‧王制》為據，奏立官稷。《詩經》說：「乃立冢土」、「以御田祖」，有太社和稷神。〔註148〕《禮記‧王制》則說：「唯祭天地社稷，為越紼而行事。」〔註149〕都顯示社稷的重要性，因此王莽認為應立官稷。據顏師古說：「初立官稷於官社之後，是為一處。今更創置建於別所，不相從也。」〔註150〕所以王莽建議立官稷，只是將官稷從官社獨立出來，而非新設官稷之祀。〔註151〕

2. 配享

漢高祖建立官社，以夏禹配食；〔註152〕立靈星祠祀后稷，每年以牛作為犧牲。王莽沿襲漢高祖以夏禹配食官社，至於從官社獨立出來的官稷，則以后稷配食。

《尚書正義‧湯誓》說：

> 漢世儒者說社稷有二，《左傳》說：「社祭句龍，稷祭柱、棄。」惟祭人神而已。《孝經》說：「社為土神，稷為穀神。」句龍、柱、棄是配食者也。孔無明說，而此經云遷社，孔《傳》云無及句龍，即同賈逵、馬融等說以社為句龍也。〔註153〕

可見漢儒對社稷的神祇有兩派意見：一派以為句龍、柱、棄（后稷）是人神；另一派則認為是配食者。王莽的意見屬於後者，從《孝經》之說。〔註154〕

神，社稷五祀，是尊是奉。木正曰句芒，火正曰祝融，金正曰蓐收，水正曰玄冥，土正曰后土。』」卷53，頁923。

〔註148〕顏師古《注》以為冢土指的是太社，田祖則是稷神。見《漢書‧郊祀志》，卷25下，頁1269。

〔註149〕《禮記‧王制》，卷12，頁238。

〔註150〕《漢書‧平帝紀》，卷12，頁355。**按**：《晉書‧禮志》也說：「前漢但置官社而無官稷，王莽置官稷，後復省。故漢至魏但太社有稷，而官社無稷，故常二社一稷也。」見唐‧房玄齡等撰：《晉書》（臺北：鼎文書局，1976年），卷19，頁591。

〔註151〕據1956年西安出土遺址（曹家堡村西南的影山樓），學者以為第十三號遺址為漢初社稷。中國社會科學院考古研究所編：《西漢禮制建遺址》，頁222～224。

〔註152〕參考顏師古《注》引臣瓚的話。見《漢書‧郊祀志》，卷25下，頁1269。

〔註153〕《尚書正義‧湯誓》，卷8，頁110。

〔註154〕《後漢書‧祭祀志》說：「大司農鄭玄說，古者官有大功，則配食其神。故句龍

3. 五色土

王莽效法《尚書‧禹貢》：「海岱及淮惟徐州，……厥貢惟土五色。」命令徐州每年進貢五色土各一斗。〔註155〕至於五色土的作用，據《逸周書》〔註156〕、《韓詩外傳》〔註157〕等周朝史事的記載，五色土具有天子建社、分封諸侯的作用。王莽區分官社、社稷之後，命令徐州貢五色土，當仿周朝大社的典故而來。

二、廟制改革

關於王莽對廟制的改革，主要分為四項討論。一，為尊宣帝為中宗、元帝為高宗。二，私親廟，包含建議史皇孫的皇考廟毀勿修、廢共皇廟。三，后妃廟，涉及罷孝文太后的南陵、孝昭太后的雲陵為縣，及改葬傅太后、丁太后。四，實行祫祭之禮。就王莽所改革的后妃廟而言，實可列入私親廟討論。但是它們並不像皇考廟、共皇廟一樣，以親親之統（親親）影響到天子傳承之序（尊尊），故別立后妃廟一項討論。以下分別論之。

（一）尊宣帝為中宗、元帝為高宗

哀帝建平元年（B.C.6），劉歆與王舜提出的奏議說：〔註158〕

配食於社，棄配食於稷。」（志9，頁3200）按照鄭玄的意思，周的始祖棄因為擔任農業官，有大功，所以得以配食稷神。《漢舊儀》說：「社者，古司空主平水土，共工氏之子勾龍氏能平水土，植百穀；祭于社，以報其功。稷者，司馬官長助后稷耕種；祭于稷，以報其功。」（見《五禮通考》，卷43，頁一下）指出有功的農官得以在稷中祭祀。而它也指出勾龍氏平治水土、種植百穀有功，所以能夠在社中受祭。從這點看來，漢高祖、王莽以夏禹配食官社，有可能是因為禹曾經擔任司空，平治水土有功的緣故，而非秦蕙田所批評的：「但古者大社、王社，皆以勾龍配，而莽又以夏禹配之，妄矣。」（見《五禮通考》，卷43，頁二下）

〔註155〕《尚書‧禹貢》，卷6，頁81。
〔註156〕《逸周書‧作雒》說：「諸侯受命於周，乃建大社于國中。其壝：東青土、南赤土、西白土、北驪土、中央釁以黃土。將建諸侯，鑿取其方一面之土，燾以黃土，苴以白茅，以為土之封，故曰受列土於周室。」卷5，頁八上～八下。
〔註157〕《尚書正義‧禹貢》載：「《韓詩外傳》云：『天子社廣五丈，東方青，南方赤，西方白，北方黑，上冒以黃土。將封諸侯，各取方色土，苴以白茅，以為社，明有土謹敬絜清也。』」卷6，頁82。按：武帝元狩六年（B.C.117）封其子劉閎為齊王時說：「烏呼！小子閎，受茲青社。」、劉旦為燕王時說：「嗚呼！小子旦，受茲玄社，建爾國家，封于北土，世為漢藩輔。」即是使用五色土分封的典故。引文見《漢書‧武五子傳》，卷63，頁2749、2750。
〔註158〕《漢書》〈哀帝紀〉、〈韋玄成傳〉中均未記載劉歆提出此議的時間，本文依據《五禮通考》的說法，定為哀帝建平元年（B.C.6）。見《五禮通考》，卷78，

《春秋左氏傳》曰：「名位不同，禮亦異數。」自上以下，降殺以兩，禮也。七者，其正法數，可常數者也。宗不在此數中。宗，變也。苟有功德則宗之，不可預爲設數。〔註159〕

二人認爲被立爲「宗」的過世君王，可以不受七廟迭毀的限制，長存其廟。因此元始四年（A.D.4），王莽提出：「尊孝宣廟爲中宗，孝元廟爲高宗，天子世世獻祭。」〔註160〕往後的君王將世世祭祀宣帝、元帝之廟。

（二）私親廟

1. 史皇孫的皇考廟毀勿修

皇考廟本名悼園，祭宣帝之父史皇孫。宣帝元康元年（B.C.65），魏相引《禮記・喪服小記》：「父爲士，子爲天子、諸侯，則祭以天子、諸侯，其尸服以士服。」〔註161〕建議改名爲「皇考廟」，並增益奉明園之戶爲縣。將「悼『園』」改名「皇考『廟』」，具有將史皇孫列入帝王世系的意味。〔註162〕

元始中，王莽上奏說：

謹與大司徒晏等百四十七人議，皆曰孝宣皇帝以兄孫繼統爲孝昭皇帝後，以數，故孝元世以孝景皇帝及皇考廟親未盡，不毀。此兩統貳父，違於禮制。……（魏）相奏悼園稱「皇考」，立廟，益民爲縣，違離祖統，乖繆本義。〔註163〕

其要點有二。首先，就天子的傳承次序來看，史皇孫未曾登基爲天子，並不屬於天子尊尊的繼承統序，而是親親之統。宣帝在魏相的建議下，將悼園改名皇考廟。如此一來，父子的親親之統混入了政治上的天子之統，尊尊與親親之統雜糅爲一，所以王莽說：「違於禮制」。其次，王莽認爲《禮記・喪服小記》所說「父爲士，子爲天子諸侯」的情況適用於像虞舜、夏禹等開國之君，不同於漢宣帝。因此，王莽採用釜底抽薪之計，以對經文的不同詮釋，否決當初魏相請立史皇孫的理由（〈喪服小記〉），奏請史皇孫之廟毀勿修。王莽認爲天子傳承統序比親親之統重要的觀點，近似於《春秋穀梁傳・文公二年》所說：「君子不

頁十三上。

〔註159〕《漢書・韋玄成傳》，卷73，頁3127。

〔註160〕《漢書・平帝紀》，卷12，頁357。

〔註161〕《禮記・喪服小記》，卷32，頁594。

〔註162〕秦蕙田亦說：「至因園爲寢而曰皇考廟，則疑上與昭帝相承無別，雖在廟制之外，然非禮矣。」見《五禮通考》，卷105，頁六上至六下。

〔註163〕《漢書・韋玄成傳》，卷73，頁3130。

以親親害尊尊，此《春秋》之義也。」〔註164〕

2. 廢共皇廟

漢哀帝本爲定陶共王之子，建平二年（B.C.5）時，下詔立共皇廟於京師。據〈定陶共王傳〉說：

> 即位二年，追尊共王爲共皇，置寢廟京師，序昭穆，儀如孝元帝。徙
> 定陶王景爲信都王云。〔註165〕

哀帝爲定陶共王在京師立廟，並以「共皇」爲名。同時，哀帝爲共皇列昭穆之次，有如元帝（天子）之儀。師丹上奏反對說：

> 定陶共皇號諡已前定，義不得復改。《禮》：「父爲士，子爲天子，祭以
> 天子，其尸服以士服。」子亡爵父之義，尊父母也。爲人後者爲之子，
> 故爲所後服斬衰三年，而降其父母朞，明尊本祖而重正統也。〔註166〕

師丹認爲哀帝承繼成帝爲一國之尊，當奉成帝之後，不能暗以定陶共王的後嗣自處。〔註167〕然而，哀帝並未採用此議。

平帝元始五年（A.D.5），王莽奏請廢共皇廟。其理由爲《禮記・喪服小記》：「父爲士，子爲天子」適用於開國之君，〔註168〕而非後代繼位的君王。換句話說，王莽請廢共皇廟是不贊成父以子貴。可見王莽在反對史皇孫、共皇廟的立場上是一致的。

（三）后妃廟

1. 罷孝文太后的南陵、孝昭太后的雲陵爲縣

景帝二年（B.C.155），孝文太后（高祖薄姬，文帝之母）崩。因爲呂后已和高祖合葬於長陵，景帝便將祖母孝文太后別葬於霸陵之南。〔註169〕孝昭太后（武帝趙倢伃，昭帝之母）本葬於雲陽，昭帝始元元年（B.C.86），追尊爲皇太后，築雲陵。孝文太后、孝昭太后二者皆因其子孫而貴，源於《春秋公羊傳》

〔註164〕《春秋穀梁傳・文公二年》，卷10，頁100。
〔註165〕《漢書・定陶共王傳》，卷80，頁3327。
〔註166〕《漢書・師丹傳》，卷86，頁3505～3506。
〔註167〕參考顏師古《注》引如淳的話。見《漢書・定陶共王傳》，卷80，頁3327。
〔註168〕孔穎達引許愼的話說：「舜爲天子，瞽瞍爲士，起於士庶者，子不得爵父母也。」可見「父爲士，子爲天子，子不可爲其父母加封爵位」的思想到東漢仍持續流傳。只是許愼認爲舜不得爲瞽瞍加封爵位，與王莽認爲舜、禹等開國之君可以爲其父母加封爵位的看法不同。見《禮記正義・服問》，卷57，頁954。
〔註169〕《漢書・外戚傳》載：「太后後文帝二歲，孝景前二年崩，葬南陵。用呂后不合葬長陵，故特自起陵，近文帝。」卷97上，頁3942。

「母以子貴」〔註170〕的觀念。由於「母以子貴」，本不應稱「陵」的姬妾也稱「陵」，故王莽上奏請求廢除。

2. 改葬傅太后、丁太后

同樣地，傅太后（哀帝祖母）、丁姬（哀帝之母）在生前因哀帝以「《春秋》母以子貴」〔註171〕、「漢家之制，推親親以顯尊尊」〔註172〕的觀念下，在建平二年（B.C.5）被封爲帝太太后、帝太后。當時師丹上奏說：

> 尊卑者，所以正天地之位，不可亂也。今定陶共皇太后、共皇后以定陶共爲號者，母從子、妻從夫之義也。欲立官置吏，車服與太皇太后並，非所以明尊卑、亡二上之義也。〔註173〕

此說同樣不爲哀帝所採納。

《漢書》記載平帝元始五年（A.D.5）時：

> 新都侯王莽白太皇太后發掘傅太后、丁太后冢，奪其璽綬，更以民葬之，定陶隳廢共皇廟。〔註174〕

王莽請求變更傅太后、丁姬梓宮珠玉衣，掘其墳改葬，一方面是出於與廢南陵、雲陵相同的理由：反對母以子貴。另一方面，傅太后、丁姬也有不合於禮之處。王莽上奏說：

> 共王母、丁姬前不臣妾，至葬渭陵，冢高與元帝山齊，懷帝太后、皇太太后璽綬以葬，不應禮。禮有改葬，請發共王母及丁姬冢，取其璽綬消滅，徙共王母及丁姬歸定陶，葬共王冢次，而葬丁姬復其故。〔註175〕

傅太后、丁姬亡故時以帝太太后、帝太后的身分下葬，所以有合於身分的璽綬陪葬。但王莽反對「母以子貴」之說，從根本上否定了二人的太后身分，遂認爲二人懷帝太太后、帝太后的璽綬下葬，不合於禮，因此請求發冢、改葬，使之合於禮。《漢舊儀》載漢帝墳高十二丈，〔註176〕《水經・渭水下》說：「（傅

〔註170〕《春秋公羊傳・隱公元年》：「桓何以貴？母貴也。母貴則子何以貴？子以母貴，母以子貴。」卷1，頁11。

〔註171〕哀帝於綏和二年（B.C.7）五月，尊定陶太后爲恭皇太后，丁姬爲恭皇后。見《漢書・哀帝紀》，卷11，頁335。

〔註172〕哀帝建平二年（B.C.5），尊恭皇太后爲帝太太后，恭皇后爲帝太后。見《漢書・哀帝紀》，卷11，頁339。

〔註173〕《漢書・師丹傳》，卷86，頁3505。

〔註174〕《漢書・師丹傳》，卷86，頁3510。

〔註175〕《漢書・外戚傳》，卷97下，頁4003。

〔註176〕《後漢書・禮儀志・大喪》劉昭補注引《漢舊儀》所載前漢諸帝壽陵：「天子

太后）陵與元帝齊者，謂同十二丈也。」〔註177〕可見傅太后冢確實與帝王同高。依據王莽否認傅氏太后身分的思惟，王莽認為傅太后冢高十二丈「不合禮法」，當是就傅氏的「共王母」身分來判定。

（四）祫祭

元始五年（A.D.5），王莽祫祭明堂，封宣帝曾孫三十六人為列侯。這次的祫祭，最重要的意義在改昭穆合食之禮於室中。〔註178〕近代學者謝謙說：

> 禘祫之禮也意味著毀廟古制的實行，即根據『祖有功，宗有德』的原則，確立廟主及昭穆之序。元帝時韋玄成即已建言恢復西周廟制，然而至王莽執政時才付諸實施。〔註179〕

可見這次祫祭，具體落實元帝以來的廟制改革。毀廟的施行，使得周代「天子七廟」的制度落實於漢朝。〔註180〕

三、其他

（一）分封諸侯

《史記・周本紀》記載周公平定管蔡之亂後，封微子開、康叔等。〔註181〕王莽以翟義起事比附管蔡之亂，平定亂事後廣封有功者，亦是相同樣的道理。

即位明年，將作大匠營陵地，……深十三丈，堂壇高三丈，墳高十二丈。」（志6，頁3144）**按**：熊會貞在《水經注疏》說：「《漢書・武帝紀》，後元二年，葬茂陵。《書鈔》九十四引潘岳《關中記》，漢諸陵皆高十二丈，方百二十步。惟茂陵高十四丈，方百四十步。」因此，漢諸陵中只有茂陵高十四丈，其餘都是十二丈。引文見北魏・酈道元注，民國・楊守敬、熊會貞疏：《水經注疏》（南京：江蘇古籍出版社，1999年），卷19，頁1619。

〔註177〕《水經注疏》，卷19，頁1627。

〔註178〕萬斯同說：「漢元帝永光以前無昭穆合食之禮，《舊儀》所載當韋元（玄）成建議之後，……元始中改祀室中，尤為合禮。」見氏著：《廟制圖考》（臺北：臺灣商務，1976年，四庫全書珍本.六集，史部，第369冊），頁五十五下。

〔註179〕謝謙：〈漢代儒學復古運動與郊廟禮樂的正統化〉，《四川師範大學學報（社會科學版）》第23卷第2期（1996年4月），頁51。**按**：章景明先生說：「……然西周之末，康王之廟尚存，凡此皆可證西周時代天子之廟數尚無定制。」因此，漢人所說的「西周」古制多為漢人詮釋，並不一定完全符合周代的真實情況。引文見氏著：《殷周廟制論稿》（臺北：學海出版社，1979年），頁42。

〔註180〕《禮記・王制》說：「天子七廟，三昭三穆與大祖之廟而七。」鄭玄注說：「此周制。七者，大祖及文王武王之祧，與親廟四，大祖后稷。」鄭玄即以此為周代制度。引文見《禮記》，卷12，頁241。

〔註181〕《史記・周本紀》，卷4，頁132。

居攝三年（A.D.8），王莽請封諸將上奏說：

> 今制禮作樂，實考周爵五等，地四等，有明文；殷爵三等，有其說，
> 無其文。孔子曰：「周監於二代，郁郁乎文哉！吾從周。」臣請諸將
> 帥當受爵邑者，爵五等，地四等。〔註182〕

這裡很清楚地指出「制禮作樂」和封爵有關。實行封賞後，群臣上奏稱美：「攝
皇帝遂開祕府，會群儒，制禮作樂，卒定庶官，茂成天功。」〔註183〕也將制
禮作樂與卒定庶官等同視之。所謂「爵五等」可見於：

> 《禮記・王制》：「王者之制祿爵：公、侯、伯、子、男，凡五等。
> 諸侯之上大夫卿、下大夫、上士、中士、下士，凡五等。天子之田
> 方千里，公侯田方百里，伯七十里，子男五十里。不能五十里者，
> 不合於天子，附於諸侯，曰附庸。天子之三公之田視公、侯，天子
> 之卿視伯，天子之大夫視子男，天子之元士視附庸。」〔註184〕

> 《周禮・地官・大司徒》：「凡建邦國，以土圭土其地而制其域。諸
> 公之地，封疆方五百里，其食者半；諸侯之地，封疆方四百里，其
> 食者參之一；諸伯之地，封疆方三百里，其食者參之一；諸子之地，
> 封疆方二百里，其食者四之一；諸男之地，封疆方百里，其食者四
> 之一。」〔註185〕

就爵制而言，《禮記》、《周禮》皆以公、侯、伯、子、男為五等。從爵制與
「地四等」看來，因為「溥天之下，莫非王土」，天子並非「爵位」的一種，
不能列入四等之一，所以《禮記・王制》分為公侯、伯、子男、附庸四等，《周
禮》則仍是公、侯、伯、子、男五等。因此，王莽所說的「爵五等，地四等」
應是出於《禮記》。〔註186〕

〔註182〕《漢書・王莽傳》，卷99上，頁4089。**按**：據《禮記・王制》注說：「殷爵
　　　　三等者，公、侯、伯也。」卷11，頁213。
〔註183〕《漢書・王莽傳》，卷99上，頁4091。
〔註184〕《禮記・王制》，卷11，頁212～213。
〔註185〕《周禮・地官・大司徒》，卷10，頁155。
〔註186〕根據《漢書・地理志》記載：「周爵五等，而土三等：公、侯百里，伯七十里，
　　　　子、男五十里。不滿為附庸，蓋千八百國。」即在五等爵之中，有三種土地
　　　　分封法：公侯、伯、子男，此亦出於《禮記・王制》。從〈地理志〉看來，部
　　　　分漢代學者認為附庸的屬地太小，不成一國，也不為天子所知，所以不列入
　　　　爵位，亦不列入分封土地的計算。因此，班固〈地理志〉只說三種土地分法。
　　　　反觀王莽的說法，與班固讀法不同。班固讀作「周爵五等，而土三等」上下

（二）立《樂經》與學術改革

除了在祭祀、政治上有所變更，王莽也對學術做了些許變動，主要有二。首先，元始四年（A.D.4），王莽上奏：

> 起明堂、辟雍、靈臺，爲學者築舍萬區，作市、常滿倉，制度甚盛。立《樂經》，益博士員，經各五人。徵天下通一藝教授十一人以上，及有逸《禮》、古《書》、《毛詩》、《周官》、《爾雅》、天文、圖讖、鍾律、月令、兵法、《史篇》文字，通知其意者，皆詣公車。
> 〔註 187〕

《禮記‧明堂位》記載周公朝諸侯於明堂，王莽修築明堂即暗以周公自喻。〔註188〕立《樂經》，讓王莽與周公制禮作「樂」的形象更接近一步。同時，這項措施還有其他附加作用。徵天下通一藝和其他學術者，擴大學術範疇，也有助於提升王莽在儒生、朝臣心目中的地位。

其次，王莽明確規劃博士弟子晉升政壇之途。原本博士弟子通一藝，考試合格後即可補文學掌故或爲郎中。後來，因弟子人數與官位供需不平衡，通過考試不一定能做官，需視補缺的名額而定。王莽將歲試分爲爲甲、乙、丙三科，甲科四十人爲郎中，乙科二十人爲太子舍人，丙科四十人補文學掌故。〔註 189〕這項措施確定補缺的選拔制度與名額，同時也讓儒生晉升政壇之途更爲明確。

另外，《說文解字‧敍》說：「及亡新居攝，使大司空甄豐等校文書之部，自以爲應制作，頗改定古文。」〔註190〕顯示王莽在文字方面也有所校改。值得注意的是甄豐等人「自以爲應制作」，足見當時瀰漫著制作之風。

文連讀。王莽說：「周爵五等，地四等」則可能有兩種讀法：其一，上下文連讀，爵位與土地分封合在一起，即「周朝爵位所分的五個等級之中，土地有四種等級的分封法」；其二，將封爵與土地制度各分開來看，即「周朝的爵位分作五個等級，而土地則另分作四個等級來分封」。如果是第一種讀法，由於附庸並不是五等爵中的一種，便有自相矛盾的嫌疑。因此，王莽可能採取的是第二個讀法。但這個讀法則與班固不同。引文見《漢書‧地理志》，卷 28 上，頁 1542。

〔註 187〕《漢書‧王莽傳》，卷 99 上，頁 4069。

〔註 188〕《禮記正義‧明堂位》說：「昔者周公朝諸侯於明堂之位，……明堂也者，明諸侯之尊卑也。」卷 31，頁 575～576。

〔註 189〕《漢書‧儒林傳》，卷 88，頁 3596。

〔註 190〕漢‧許慎著，清‧段玉裁注：《說文解字注》（臺北：天工書局，1996 年），卷 15 上，頁 761。

第四節　王莽的舜形象

王莽在即位前，大體以周公形出現。然而，即位後，王莽卻致力於建構舜形象。主要是爲了解釋周公攝政最後將政權交還成王，而王莽攝政最後卻即位爲天子的差異。〔註191〕

必需事先聲明的是，王莽建構舜後裔的形象部分，雖然在血緣上，王莽以舜後裔自居，但在模仿舜的政治措施時，卻往往直接將自己與舜等同，因此除了需特別標明王莽爲舜「後裔」的情況外，簡稱爲「舜形象」。以下將討論王莽以《三統曆‧世經》作爲基礎，並以具體作爲建構舜形象。

一、舜形象的建構基礎：《三統曆‧世經》〔註192〕

元始五年（A.D.5），劉歆獻《三統曆》於朝廷。《漢書‧律曆志》雖引用《三統曆》，然而，班固說：

〔註191〕 雷家驥也說：「只是王莽非常巧妙的將周公形象轉化爲大舜形象──借舜不迷於大麓而攝假君位之事實，俾其可以不還政。」見氏著：《中古史學觀念史》，頁 194。

〔註192〕 《三統曆》中的五行相生說主要見於「世經」這一部份。顧頡剛認爲《三統曆》中的「世經」可能是劉歆所引的一部古書，也可能是出於劉歆本人或其學派所僞作，他說：「《世經》是西漢末年的一部書，劉歆《三統曆》引用之。」又說：「《世經》這部書，在別的地方從沒有引用過，只見於劉歆的《三統曆》。以那時的學風而論，僞書是大批地出現，劉歆又是造僞書的宗師（自注：俱見康長素先生《新學僞經考》），則此書頗有亦出於劉歆的可能。話說得寬一點，此書也有出於劉歆的學派的可能。」見氏著：〈五德終始說下的政治和歷史〉，《古史辨》第 5 冊，頁 450～451。顧氏又在《中國上古史研究講義》中說：「於是，他們（筆者按：劉歆、王莽等人）宣布他們所作的《世經》（顧氏自注：原書已亡，《漢書‧律曆志》錄之，當是轉錄《三統曆》的）……。」見顧頡剛：《中國上古史研究講義》（臺北：文史哲出版社，1989 年），頁 209。

按：筆者以爲「世經」是《三統曆》中的一部分，理由如下，首先，《漢書‧藝文志》中並未記載「世經」是一部書。倘「世經」是一本書而爲劉歆所引用，則劉歆作《七略》時應當有所記載，而承襲《七略》的〈藝文志〉也就會有這項記載，但「世經」的記載在《漢書‧藝文志》中並未見到。其次，就撰作目的而言，劉歆並未聲稱「世經」是一本古書而在政治、學術上加以引用，以增加其學說的份量。第三，從《三統曆》的內文考察，由《三統曆》中的「歲術」（一年爲歲）、「紀術」（十二年爲一紀）排序下來，「世經」（三十年爲一世）的出現合乎原文的理序。因此，筆者以爲「世經」應該是《三統曆》內容的一部份，爲劉歆所撰作。

至元始中，王莽秉政，欲燿名譽，徵天下通知鐘律者百餘人，使義
和劉歆等典領奏，言之最詳。故刪其僞辭，取正義，著于篇。〔註193〕

因此，現今所見的《三統曆》，是班固篩選後的結果。在班固以漢家爲正統的
思惟下，從漢平帝到光武帝之間的記載，可能已失劉歆原意。至於〈律曆志〉
裡，光武帝的記載則顯然出自班固之手。

就《三統曆》的撰作目的而言，班固說：

（劉歆）作《三統曆》及《譜》以說《春秋》，推法密要，故述焉。

〔註194〕

可見劉歆作《三統曆》旨在詮釋《春秋》，並不一定是爲王莽代漢提出合理的
解釋。〔註195〕

（一）〈世經〉的架構與根據

1.〈世經〉的架構

〈世經〉以五德相生的運行模式爲架構，貫串歷代政權，如下表：〔註196〕

五行運序及閏位	與五行運序及閏位相應的人間政權		
木	1.太皞伏羲氏	6.帝嚳高辛氏	11.周
閏餘	共工氏	帝摯	秦
火	2.炎帝神農氏	7.帝堯陶唐氏	12.漢
土	3.黃帝軒轅氏	8.帝舜有虞氏	
金	4.少皞金天氏	9.伯禹夏后氏	
水	5.顓頊高陽氏	10.商	

〔註193〕《漢書・律曆志》，卷21上，頁955。**按**：如《漢書補注》引用齊召南的話說：
「若《隋書・牛弘傳》引劉歆《鐘律書》『春宮秋律，百卉必凋；秋宮春律，
萬物必榮』云云，今〈志〉所無，是則班氏所刪去者也。」卷21上，頁393。
〔註194〕《漢書・律曆志》，卷25上，頁979。
〔註195〕顧頡剛認爲劉向不可能創立〈世經〉的歷史系統時，說：「劉向對於王鳳等的
擅權已經痛哭流涕了，如何肯幫助王莽去取得代漢的符應！何況成帝末年，
向已死了（自注：見《漢書・禮樂志》），他又怎能豫爲王莽留下這代漢的符
應！所以用了相生的五德終始說作成〈世經〉的歷史系統，這是劉向所不知
道的，想不到的。劉向既不能作，（劉）伋和（劉）賜在政治上和學術上也都
不占地位，賜又早卒，然則只有爲王莽典文章的劉歆是有著作的資格了。」
可見顧氏認爲〈世經〉是爲了王莽篡漢而作。見氏著：〈五德終始說下的政治
和歷史〉，《古史辨》第5冊，頁596。
〔註196〕參考雷家驥：《中古史學觀念史》，頁91。略有更動。

此架構的要點，如下：首先，以國家政權爲主的文化形式，始於伏羲氏的木德。其次，各政權的遞嬗以五德質性爲依歸，按照木、火、土、金、水相生的方式運行。其三，在木、火之間，有「伯而不王」的政權，如共工氏、秦；也有缺乏記載不知世數的政權，如帝摯。這些政權不屬於任何一德，不能列入正式的五德運行，有如一年的閏月般，是一種非常態性的存在。其四，劉歆《三統曆》說：「三代各據一統，明三統常合，而迭爲首，登降三統之首，周還五行之道也。」〔註197〕以三統結合五行的模式運行。

　　2.〈世經〉的根據

　　〈世經〉架構的帝王次序，主要根據有二。其一，以經書主要依據，如以伏羲爲首，出於《易·繫辭傳》。《漢書·郊祀志贊》說：「劉向父子以爲帝出於〈震〉，故包羲氏始受木德，其後以母傳子，終而復始，自神農、黃帝下歷唐虞三代而漢得火焉。」〔註198〕荀悅《漢紀·高祖紀》也說：

　　　　及至劉向父子，乃推五行之運，以子承母，始自伏羲，以迄于漢，
　　　　宜爲火德。其序之也，以爲《易》稱「帝出乎震」，故太皥始出于〈震〉，
　　　　爲木德，號曰伏羲氏。〔註199〕

「以母傳子」、「以子承母」均指五德相生的運行模式。這兩項記載同時也指出「帝出乎震」源於《易·說卦傳》。〔註200〕伏羲受木德，木德屬東方，東方具有萬物初出的特質，如四季之始的春天、生長收藏的「生」〔註201〕，連人世間的帝王也不例外。

　　同時，帝王的順序基本上也是依據經書而來。〈世經〉全文開始先引《左傳·昭公十七年》「郯子來朝」的記載，然後說：

　　　　言郯子據少昊受黃帝，黃帝受炎帝，炎帝受共工，共工受太昊，故
　　　　先言黃帝，上及太昊。稽之於《易》，炮犧、神農、黃帝相繼之世可
　　　　知。〔註202〕

〔註197〕《漢書·律曆志》，卷21上，頁984。
〔註198〕《漢書·郊祀志》，卷25下，頁1270～1271。
〔註199〕漢·荀悅：《漢紀》，收入《漢紀西漢年紀合刊》（臺北：鼎文書局，1977年），卷1，頁4。
〔註200〕根據屈萬里先生的考察，〈說卦傳〉中有終始五德之說、以五行配數字，因此「〈說卦傳〉之作，更當在二者之後矣。」見氏著：《先秦漢魏易例述評》，《屈萬里先生全集》（臺北：聯經出版事業公司，1984年），第8冊，卷上，頁58。
〔註201〕見《史記·自敘》司馬談論陰陽家，卷130，頁3290。
〔註202〕《漢書·律曆志》，卷21下，頁1011。**按**：《易·繫辭下》說：「**古者包犧氏**

點明從伏羲到少昊這段帝王順序的出處主要是《左傳》、《易・繫辭下》。由顓頊以下到周，則主要根據《春秋外傳》（《國語》）、《易》、《大戴禮記・帝繫》、《書經》、《春秋》、《禮記》等。

其次，除了經學方面的記載外，則多為曆法一類的書，如《四分》、《殷曆》、《春秋曆》、《三統》等。〈世經〉以經書上的記載為主要憑藉，此仍屬於漢人習以經典為據的特質。

（二）〈世經〉的「漢為堯後」說

伴隨〈世經〉將五德相生應用於政治而來的影響之一，是將「漢為堯後」說具體呈現。〈世經〉中的「漢為堯後」說，有三個來源。其一，經典根據，可見於《左傳・襄公二十四年》記載范宣子說：

> 昔匄之祖，自虞以上為陶唐氏，在夏為御龍氏，在商為豕韋氏，在周為唐杜氏，晉主夏盟為范氏，其是之謂乎！〔註203〕

〈昭公・二十九年〉記載：

> 有陶唐氏既衰，其後有劉累，學擾龍于豢龍氏，以事孔甲，能飲食之。夏后嘉之，賜氏曰御龍，以更豕韋之後。龍一雌死，潛醢以食夏后。夏后饗之，既而使求之。懼而遷于魯縣，范氏其後也。〔註204〕

對照這二段記載，可知劉累是陶唐氏（堯）的後代，到夏朝因服侍孔甲有功，受氏為御龍。其後，世代繁衍，御龍氏在商朝改為豕韋氏，周朝為唐杜氏。東周春秋時期的范氏也是其後代之一。〔註205〕

其二，前人說法。漢昭帝時，眭孟早已提出：「漢家堯後，有傳國之運。」〔註206〕不過，眭孟的說法只是一個論點，並非系統性的敘述。

其三，從西漢時流傳的讖緯來看，「漢為堯後」也是相當普遍的觀念。如《尚書中侯》說：

之王天下也，……包犧氏沒，神農氏作，……神農氏沒，黃帝、堯、舜氏作……。」所以「炮犧、神農、黃帝相繼之世」一語當出自《易・繫辭下》。引文見《易・繫辭下》，卷8，頁166～167。

〔註203〕《左傳・襄公二十四年》，卷35，頁608～609

〔註204〕《左傳・昭公二十九年》，卷53，頁922～923。

〔註205〕《左傳・襄公二十四年》的「晉主夏盟為范氏」意思是晉雖然是眾多諸侯國之一，但實為華夏中原的盟主，因此得與虞、夏、商、周並列。然而，《左傳・昭公二十九年》的「范氏其後也」意思則有所不同：范氏是劉累的後代。

〔註206〕《漢書・眭孟傳》，卷75，頁3154。

堯之長子監明早死，不得立，監明之子封於劉。朱又不肖而弗獲嗣。
〔註207〕

卯金刀帝出，復堯之常。〔註208〕

因此〈世經〉的「漢爲堯後」說，只是將經籍的記載、前代學者與當時普遍思惟形諸於文字，加以系統化，而非個人創見。〔註209〕

「漢爲堯後」說的影響力，可以從《漢書‧高帝紀贊》略知一二。〈高帝紀贊〉詳細描述漢高祖的世譜，整理如下：〔註210〕

時代	虞以上	夏	商	周	晉	魯文公六年
姓氏	陶唐氏（堯）	御龍氏（劉累）	豕韋氏	唐杜氏	范氏（士會，其後奔秦）	（士會歸晉）處於秦者，復姓劉

對照《史記》中並無類似的說法，《漢書》的記載顯然是受到西漢末年「漢爲堯後」說的影響，而對劉氏宗譜大加舖敘。易言之，〈世經〉的漢爲堯後說，深刻地影響了西漢末年以後的思惟。

二、舜形象的建構策略

〈世經〉的「漢爲堯後」說，在王莽即位後獲得進一步的推擴。王莽以「漢爲堯後」說爲基礎，闡發「新爲舜後」，並建構自己的舜形象。

（一）述祖德

〈世經〉除了明確建立「漢爲堯後」說之外，以五德相生所排出來的帝王序列，儼然有一種「述祖德」的態勢。〈世經〉引用各種記載，在帝王名號後，寫

〔註207〕《尚書中侯‧雜篇》，見安居香山、中村璋八編：《重修緯書集成》（東京：明德出版社，1957～1971年），卷2，頁111。

〔註208〕《尚書中侯》，見安居香山、中村璋八編：《重修緯書集成》，卷2，頁89。

〔註209〕徐興无說：「學界大都認爲讖緯興盛於哀平之際。因此，〈世經〉與讖緯差不多是同一時期內出現的，其體系之相近，是因爲它們都利用了當時普遍流傳的政治信仰，而不是一個抄襲另一個。……我們只能說：〈世經〉、讖緯文獻、《天官曆》、《包元太平經》，都是對當時流行的政治信仰所作的闡發，否則就不可能產生實際的號召力量。」見氏著：《讖緯文獻與漢代文化構建》，頁174。

〔註210〕參《漢書‧高帝紀》，卷1下，頁81。按：《漢書‧高帝紀》引劉向稱頌高祖的話說：「漢帝本系，出自唐帝。降及于周，在秦作劉。涉魏而東，遂爲豐公。」也是漢爲堯後的説法，而且較劉歆更早。見《漢書‧高帝紀》，卷1下，頁81。

出他們的祖先，顯示帝王都是其來有自。西漢末年以後，漢人普遍認為漢家的祖宗譜系始於堯。而堯的祖先，據劉歆說：「〈帝系〉曰，帝嚳四妃，陳豐生帝堯，封於唐。」〔註211〕認為堯是帝嚳的後代。依照〈世經〉，黃帝與帝嚳，中間產生斷層，即黃帝與帝嚳似乎沒有關係。然而，根據漢人可見的文獻：《大戴禮記》〔註212〕、《史記》〔註213〕、《漢書》〔註214〕，卻可以推出帝嚳為黃帝的後代。

《漢書·元后傳》記載王莽自述其本系說：

> 黃帝姓姚氏，八世生虞舜。舜起媯汭，以媯為姓。至周武王封舜後媯滿於陳，是為胡公，十三世生完。完字敬仲，犇齊，齊桓公以為卿，姓田氏。十一世，田和有齊國，二世稱王，至王建為秦所滅。項羽起，封建孫安為濟北王。至漢興，安失國，齊人謂之「王家」，因以為氏。〔註215〕

從黃帝開始，到舜，到齊國田氏，最後為王氏。由此可知，王氏不僅是舜的後人，更是黃帝的後代。〔註216〕那麼，漢代和新朝的關係，即如下所示：〔註217〕

黃帝→……→帝嚳→堯→……→漢代（……號表中間部份予以省略，下同）

黃帝→……→舜→……→新

〔註211〕《漢書·律曆志》，卷21下，頁1013。
〔註212〕《大戴禮記·帝繫》說：「黃帝產玄囂，玄囂產蟜極，蟜極產高辛，是為帝嚳。」文見王聘珍撰，王文錦點校：《大戴禮記解詁》（北京：中華書局，1983年），卷7，頁126。
〔註213〕《史記·五帝本紀》說：「自黃帝至舜、禹，皆同姓而異其國號，以章明德。故黃帝為有熊，帝顓頊為高陽，帝嚳為高辛，帝堯為陶唐，帝舜為有虞。帝禹為夏后而別氏，姓姒氏。契為商，姓子氏。弃為周，姓姬氏。」可見黃帝、顓頊、帝嚳、堯、舜、禹均具有血緣關係。引文見《史記·五帝本紀》，卷1，頁45。
〔註214〕如見前文所引《漢書·高帝紀贊》說：「漢承堯運。」卷1下，頁82。
〔註215〕《漢書·元后傳》，卷98，頁4013。
〔註216〕《漢書·王莽傳》則有一段更為簡明的記載：「黃帝二十五子，分賜厥姓十有二氏。虞帝之先，受姓曰姚，其在陶唐曰媯，在周曰陳，在齊曰田，在濟南曰王。」卷99中，頁4106。
〔註217〕參考顧頡剛：《漢代學術史略》，頁148。雷家驥：《中古史學觀念史》，頁192～196。按：顧氏文中著重於火德讓於土德的運行模式，而本文加入親屬支系的討論。顧氏表如下：
火　炎帝—帝堯—漢高帝
土　黃帝—帝舜—王莽

若遵從〈世經〉，將黃帝爲共同始祖的部份予以省略，即黃帝和帝嚳無關，則得出堯、舜禪讓與他們的後代漢、新禪讓相對應。這有助於王莽解釋政權的取得，如始建國元年（A.D.9），王莽效法《尚書·堯典》「（舜）受終于文祖」。以漢高祖廟爲文祖廟時說：「予之皇始祖考虞受嬗于唐，漢氏初祖唐帝，世有傳國之象，予復親受金策於漢高皇帝之靈。」〔註218〕這些論述顯然是有所爲而發的。

然而，若考慮到黃帝是漢、新的共同始祖，則漢朝與新朝便具有血緣關係，那麼政權的交替也只是在相同的血統中進行而已。而且在堯、舜禪讓的投射下，「漢、新禪讓」就不是那麼令人難以接受了。〔註219〕此禪讓模式一旦開展，不啻是漢人復古思惟的實踐；且「復古」也就不再只是理想，更是可以在現實世界中獲得熱烈的回響。

（二）以舜作爲施政的仿效對象

王莽在登基前，引用舜的典故而落實於政治措施並不多見。較爲顯著的例子，只有居攝三年（A.D.8），平帝喪服期滿，王莽下令說：

> 遏密之義，訖于季冬，正月郊祀，八音當奏。王公卿士，樂凡幾等？
>
> 五聲八音，條各云何？其與所部儒生各盡精思，悉陳其義。〔註220〕

平帝崩於元始五年（A.D.5），到居攝三年季冬（A.D.8）已滿三年。居喪期間，漢朝仿照《尚書·堯典》記載堯過世後：「百姓如喪考妣，三載，四海遏密八音。」〔註221〕如今平帝喪期已過，則可舉樂。〈堯典〉中，堯去世的這段時間裡，由舜掌權；平帝駕崩後，則是王莽主掌政務。此時，王莽是否有意引用舜的典故，爲自己後來所建構的舜形象鋪路；抑或是純粹使用《尚書》的典故，則需進一步討論。羲和劉歆在元始五年（A.D.5）上奏《三統曆》，至此已三年，掌權的王莽對《三統曆》即使不熟稔，也應該曾閱讀過。而居攝三年（A.D.8）十二月，王莽登基，便引用〈世經〉漢爲堯後、漢屬火德的學說。

〔註218〕《漢書·王莽傳》，卷99中，頁4108。

〔註219〕後來曹丕受禪時也是運用相同的思惟，如《三國志·文帝紀》注引蘇林、董巴上表說：「魏之氏族，出自顓頊，與舜同祖，見于春秋世家。舜以土德承堯之火，今魏亦以土德承漢之火，於行運，會于堯舜授受之次。」引文見晉·陳壽撰，劉宋·裴松之注：《三國志》（臺北：鼎文書局，1976年），卷2，頁70。

〔註220〕《漢書·王莽傳》，卷99上，頁4093。

〔註221〕《尚書·堯典》，卷3，頁42。

可見王莽確實熟悉〈世經〉的內容。因此，王莽在居攝三年（A.D.8）「有意」引用舜的典故，爲即位後的舜形象作準備，應可列入考慮。

　　居攝三年（A.D.8），王莽到漢高祖廟受拜金匱神禪後，回到未央宮前殿，下詔說：「予以不德，託于皇初祖考黃帝之後，皇始祖考虞帝之苗裔，而太皇太后之末屬。」〔註222〕將自己列爲舜的子孫。《漢書·元后傳》載王莽《自本》有更爲詳盡的敘述，上文已引過，此處不擬重複。此後，王莽有如周公的形象幾乎不再出現。

　　始建國元年（A.D.9），王莽即位大典上對孺子嬰說：

　　　咨爾嬰，昔皇天右乃太祖，歷世十二，享國二百一十載，曆數在于
　　　予躬。〔註223〕

此語仿照《論語》記載堯禪讓舜時所說的話：

　　　堯曰：「咨！爾舜！天之曆數在爾躬。允執其中，四海困窮，天祿永
　　　終。」〔註224〕

王莽主動說出這段應該由孺子嬰說的話，使漢朝禪讓給新朝與堯禪讓給舜的場景更爲相似。即位後的王莽，嘗試從各方面建構舜形象，以下試述之。

　1. 以舜後裔作爲名義

　　始建國元年（A.D.9），王莽說：

　　　予前在大麓，至于攝假，深惟漢氏三七之阨，赤德氣盡，思索廣求，
　　　所以輔劉延期之術，靡所不用。〔註225〕

顏師古《注》以「大麓」指王莽爲大司馬、宰衡時；「攝假」則是說王莽初爲攝皇帝，後爲假皇帝。〔註226〕王莽使用「大麓」典故所傳達的意義，在於表示自己由輔政、攝位到登基的過程有如虞舜一般順理成章。同年，王莽下令進行井田制說：「予前在大麓，始令天下公田口井，……」〔註227〕同樣用「大

〔註222〕《漢書·王莽傳》，卷99上，頁4095。
〔註223〕《漢書·王莽傳》，卷99中，頁4099。
〔註224〕《論語·堯曰》，卷20，頁178。
〔註225〕《漢書·王莽傳》，卷99中，頁4108～4109。
〔註226〕《漢書·王莽傳》，卷99中，頁4109。
〔註227〕《漢書·王莽傳》，卷99中，頁4111。**按：**據錢穆考證，王莽曾經兩次提出公田之制。一次是在綏和二年（B.C.7）六月，一次是在元始二年（A.D.2）。筆者以爲王莽所說的這段話當指元始二年（A.D.2），理由有二。其一，綏和二年（B.C.7）六月，王莽爲大司馬，當時哀帝即位親政，王莽所掌有的權力有限，不如元始時期。而元始二年（A.D.2），王莽有安漢公之號，擔任太傅

麓」作為輔政的代稱。

2. 祭祀

既然王莽自認是舜的後裔，透過祭祀更能彰顯祖先、後代子孫之間的傳承關係。王莽在祭祀方面，與舜形象有關的，主要有三。首先，始建國元年（A.D.9）王莽下令營求歷代古帝王、聖人的後嗣，使他們祭祀先祖。由於王莽認為「黃帝——舜——王氏」一脈相承，所以選擇和舜同姓的姚恂作為初睦侯，〔註228〕奉黃帝後；嬀昌為始睦侯，奉虞帝後。並且將四代古宗：漢後安定公劉嬰、周後衛公姬黨、殷後宋公孔弘、夏後遼西姒豐，宗祀於明堂，配饗皇始祖考虞帝，每年祭祀。

其次，王莽立「祖廟五，親廟四」，以其后夫人配食。據〈王莽傳〉的記載，五祖廟分別是：黃帝太初祖廟、帝虞始祖昭廟、陳胡王統祖穆廟、齊敬王世祖昭廟、濟北愍王王祖穆廟；四親廟是：濟南伯王尊禰昭廟、元城孺王尊禰穆廟、陽平頃王戚禰昭廟（祖父王禁）、新都顯王戚禰穆廟（父王曼）。另外，王莽引《尚書》「惇序九族」為據，〔註229〕封同族姚、嬀、陳、田、王五姓為宗室。〔註230〕從以上二點可以看到王莽嘗試以祭祀、立廟、確認親族等方式架構出血緣系譜。

最後，始建國元年（A.D.9），王莽仿照《尚書‧堯典》記載舜在即位後：「舜格于文祖」，以漢高祖廟為文祖廟，於該年秋九月時進入行禮。此祭祀主要是為了表明漢、新政權交替的形式與堯、舜相同。

兼大司馬。《漢書》記載當時「政自莽出」，與王莽所説「始令天下」的「令」相呼應。其次，《漢書補注》引蘇輿的話：「莽〈傳〉云：『予前在大麓，始令天下公田口井』，即此時事。」也認為是元始二年（A.D.2）。所以「予前在大麓，始令天下公田口井」係指元始二年（A.D.2）。見錢穆：《兩漢經學今古文平議》，頁70、71、94。《漢書‧平帝紀贊》，卷12，頁360。《漢書補注‧平帝紀》，卷12，頁143。

〔註228〕《漢書‧王莽傳》載王莽説：「黃帝二十五子，分賜厥姓十有二氏。虞帝之先，受姓曰姚，其在陶唐曰嬀，在周曰陳，在齊曰田，在濟南曰王。」卷99中，頁4106。

〔註229〕參考屈萬里先生以「帝」為帝舜的意見。見氏著：《尚書集釋》，《屈萬里全集》（臺北：聯經出版事業公司，1999年），第2冊，頁38，注40。**按**：《尚書‧皋陶謨》：「惇序九族」出自皋陶和禹在帝舜面前的對話，此為皋陶之語。或許也是舜的作為之一，因此王莽做效實行。

〔註230〕王莽以為「虞帝之先，受姓曰姚，其在陶唐曰嬀，在周曰陳，在齊曰田，在濟南曰王。」所以都是黃帝、虞帝的後代，也就是王莽的同族。見《漢書‧王莽傳》，卷99中，頁4106。

3. 任官

據《尚書・堯典》記載，舜即位後重新任命官員。王莽爲建構舜形象，在任官方面亦多依〈堯典〉更動官制：

漢　官　名	新　官　名
大司農	羲和（後改名爲「納言」）
大理	作士
太常	秩宗
大鴻臚	典樂
少府	共工
水衡都尉	予虞
（漢無此官）	太師羲仲
（漢無此官）	太傅羲叔
（漢無此官）	國師和仲
（漢無此官）	國將和叔
刺史	州牧

王莽更改官名並未從職務考量，而是以再現《尚書・堯典》的官名爲主要努力的方向，如羲、和在《尚書・堯典》中爲二氏之名，掌天文星象；而納言則掌出納王命，王莽卻在不同時期將二者都作爲掌貨穀之官的名稱。又如大理、太常改名作士、秩宗，則符合經義。可見王莽在更動官名時，不論該官名與現實職務適合與否，大體都被改爲《尚書・堯典》中官名。當滿朝文武的官名多變更爲虞舜的官名時，王莽爲舜後裔的意涵也就不言而喻。

4. 刑罰

始建國元年（A.D.9），王莽下令進行王田制。違反者的處罰是「投諸四裔，以禦魑魅」，[註231] 應出自《左傳・文公十八年》：

> 舜臣堯，賓于四門，流四凶族，渾敦、窮奇、檮杌、饕餮，投諸四裔，以禦螭魅。[註232]

因此，這項處罰是仿照舜而來。

〔註231〕王莽說：「予前在大麓，始令天下公田口井，……今更名天下田曰「王田」，……敢有非井田聖制、無法惑眾者，投諸四裔，以禦魑魅，如皇始祖考虞帝故事。」見《漢書・王莽傳》，卷99中，頁4111。

〔註232〕《左傳・文公十八年》，卷20，頁355。

始建國二年（A.D.10），甄尋偽造符命事件，王莽仿照〈堯典〉加以懲處：「（王莽）乃流（劉）棻于幽州，放（甄）尋于三危，殛（丁）隆于羽山。」〔註233〕而這也是以相同的行為，使人認定二者之間具有血緣關係的嘗試。

5. 度量衡

《隋書・律曆志》記載，後魏時王顯達獻上一枚新朝的銅權，銘文說：

> 黃帝初祖，德帀于虞。虞帝始祖，德帀于新。歲在大梁，龍集戊辰。戊辰直定，天命有人。據土德，受正號即眞。……同律度量衡，稽當前人。龍在己巳，歲次實沈，初班天下，萬國永遵。〔註234〕

己巳年為始建國元年（A.D.9）。所以王莽在始建國元年（A.D.9）即效法「前人」，施行統一度量衡。〔註235〕據銘文的內容與經書相對照，「前人」當指〈堯典〉所記載舜齊一法度、度量衡之事。那麼，王莽的這項措施也是仿效舜的行事而來。

6. 其他

（1）巡狩

始建國四年（A.D.12），王莽欲效法舜，行巡狩之事。王莽說：

> 伏念予之皇始祖考虞帝，受終文祖，在璿璣玉衡，以齊七政，遂類于上帝，禋于六宗，望秩于山川，徧于群神，巡狩五嶽，群后四朝，敷奏以言，明試以功。予之受命即眞，到于建國五年，已五載矣。……其以此年二月建寅之節東巡狩，具禮儀調度。〔註236〕

這段話從「受終于文祖」到「明試以功」，除了文字略有出入，大體上源自《尚書・堯典》。〔註237〕據〈堯典〉舜「五載一巡守」的記載，王莽亦擇始建國五

〔註233〕《漢書・王莽傳》，卷99中，頁4123。**按**：〈堯典〉記載舜「流共工于幽洲，放驩兜于崇山，竄三苗於三危，殛鯀于羽山：四罪而天下咸服。」見《尚書・堯典》，卷3，頁40。

〔註234〕唐・魏徵等撰：《隋書・律曆志》（臺北：鼎文書局，1975年），卷16，頁411。

〔註235〕據目前所掌握到的資料來看，有關王莽統一度量衡的詳情並不清楚。根據丘光明考察出土文物的結果，發現新朝時度量衡的單位量值與西漢相去不遠。因此筆者以為王莽統一度量衡的措施應當不是單位量值等數據上的變革，而是屬於具體的應用層面。參丘光明編著：《中國歷代度量衡考》（北京：科學出版社，1992年），頁54～57、244～253、428～433。

〔註236〕《漢書・王莽傳》，卷99中，頁4131。

〔註237〕《尚書・堯典》說：「正月上日，受終于文祖。在璿璣玉衡，以齊七政。肆類

年（A.D.13）爲出巡時間。後來，此事因元后生病作罷。天鳳元年（A.D.14），
王莽再次提出實行巡狩之禮說：

> 予之東巡，必躬載耒，每縣則耕，以勸東作。

> 予之南巡，必躬載耨，每縣則薅，以勸南僞。

> 予之西巡，必躬載銍，每縣則穫，以勸西成。

> 予之北巡，必躬載拂，每縣則粟，以勸蓋藏。〔註238〕

此承襲《尚書・堯典》羲和觀天象、授農時的記載。〔註239〕

（2）招攬賢者

天鳳三年（A.D.16）十月，王路朱鳥門晝夜不停地發出聲音，崔發等上
書說：「虞帝闢四門，通四聰。門鳴者，明當修先聖之禮，招四方之士也。」
〔註240〕引用《尚書・堯典》說：「（舜）詢于四岳，闢四門，明四目，達四聰。」
舜廣求四方賢士，好讓自己得知民情。崔發等人引用這個典故，請求招攬各
地賢才，無異是表示接受王莽爲舜後裔的說法。王莽遂命令招來的人才，從
朱鳥門進入對策，使這個典故落實。

直到地皇四年（A.D.23）十月，漢兵攻進城中時，王莽猶持虞帝匕首。

第五節　王莽受經籍影響下的聖賢形象建構

漢人認爲經籍的記載可以指導現實人生，並藉此再現古代聖人之治。〔註
241〕這是慕古學風中所蘊涵的理想。王莽的引經改制，便是以經籍作爲政治社

于上帝，禋于六宗，望于山川，徧于群神。輯五瑞，既月乃日，覲四岳群牧，
班瑞于群后。……五載一巡守，群后四朝；敷奏以言，明試以功，車服以庸。」
卷3，頁35〜38。

〔註238〕《漢書・王莽傳》，卷99中，頁4133。

〔註239〕據傅佩琍考察，王莽引用的文字出自《尚書大傳》。「南僞」一詞異於今本的
「南訛」；「蓋藏」一詞則是王莽取《尚書大傳》「北方乃萬物伏藏之方」的解
說，再配合漢人「冬藏」的觀念自創而成。見氏著：《王莽之尚書學與行政》，
頁23〜28。

〔註240〕《漢書・王莽傳》，卷99中，頁4144〜4145。

〔註241〕如居攝三年（A.D.8）少阿、羲和劉端與博士諸儒七十八人上奏說：「遭孺子
幼子少，未能共上下，……是以太皇太后則天明命，詔安漢公居攝踐阼，將
以成聖漢之業，與唐虞三代比隆也。」便認爲若王莽仿效周公居攝踐阼，將
爲漢朝帶來盛世的功業，與三代比美。引文見《漢書・王莽傳》，卷99上，
頁4091。

會的改革標準。而王莽模仿周公制禮作樂的種種措施，對漢人而言，不啻是再現西周盛世的周公之治。對於期待王莽像周公一樣爲漢朝帶來盛世的大臣，王莽的改革既可解決漢代政治上的問題，又符合經書中周公形象的記載，讓他們更加深信王莽即漢代的周公。

但王莽建構周公形象並非一路平順，其間也發生過不少次的反對事件。最早在元始元年（A.D.1），太師孔光、大司徒馬宮等讚美王莽的功德可比周公，當告於宗廟。大司農孫寶便提出反對意見：

> 周公上聖，召公大賢，尚猶有不相說，著於經典，兩不相損。今風
> 雨未時，百姓不足，每有一事，群臣同聲，得無非其美者。〔註242〕

孫寶引用經籍的典故，認爲即使是像周公、召公那樣的聖賢，彼此之間雖有磨擦產生，卻無損於他們的偉大；而今漢朝的實際情形是風雨不調、百姓匱乏，大臣們卻眾口同聲掩蓋實情。群臣因孫寶的奏議而失色，於是告宗廟之事就此停頓。又如居攝二年（A.D.7），翟義詢問陳豐是否跟隨舉事時，說：

> 新都侯攝天子位，號令天下，故擇宗室幼稚者以爲孺子，依託周公
> 輔成王之義，且以觀望，必代漢家，其漸可見。方今宗室衰弱，外
> 無彊蕃，天下傾首服從，莫能亢扞國難。……欲舉兵西誅不當攝者，
> 選宗室子孫輔而立之。……〔註243〕

翟義認爲王莽依託周公攝政的名義以爲觀望，但取代漢家的跡象已逐漸萌發；在宗室、諸侯衰弱無法仰賴的情況下，〔註244〕只好自己舉兵，並且選立劉姓子孫爲天子。翟義起事不到一年，隨即被平定，並且被視爲管蔡之亂，反而助成王莽的周公形象。從這兩次的事件，可以看出兩點意義：首先，根據這兩次事件的不同結果，可以得知王莽周公形象的建立是從一開始的動搖，節節攀昇到後來的牢固不移。其次，對當時享有周公之譽的王莽，孫寶、翟義所採取的策略是以子之矛攻子之盾——同樣引用經籍中關於周公的典故——加以反對，顯示經書對西漢政治的重要性。

綜觀王莽周公形象的營造受經籍記載的影響，表現在幾個方面：

〔註242〕《漢書·孫寶傳》，卷77，頁3263。標點符號略有更動。

〔註243〕《漢書·翟義傳》，卷84，頁3426。

〔註244〕漢初劉邦、呂后翦除異姓諸侯，景、武對同姓諸侯採取眾建諸侯的政策，並
除去他們參與政事的權力，使得諸侯到了哀、平年間，「皆繼體苗裔，親屬疏
遠，生於帷牆之中，不爲士民所尊，勢與富室亡異。」因此王莽改朝換代之
際，朝廷實際上是孤立無援的。引文見《漢書·諸侯王表》，卷14，頁396。

　　首先，在客觀條件上，君王年齡少幼、王莽輔政的情勢，符合《尚書大傳》、《禮記・明堂位》、《禮記・文王世子》、《韓詩外傳》等經書記載成王年幼即位，周公輔政之事。哀帝駕崩後，即位的平帝年僅九歲。當時朝廷為了與周公比附，元始元年（A.D.1），任王莽為大司馬，並封他為安漢公。元始四年（A.D.4），擷取伊尹、周公的官名，封王莽為宰衡。元始五年（A.D.5），讓王莽享有居攝之權。這一步一步的晉升，可以說都是追隨著周公名號與權力的步伐。

　　得吉卜而即位的孺子嬰，只有二歲，同樣坐實了西周初年成王、周公的史事，因此改元為「居攝」、「周公故事」也不斷地被搬上政治舞臺。在期望「重現周公盛世」的思惟下，年幼的君王讓王莽、朝臣有了想像的空間。

　　其次，王莽輔政期間，發生許多可與周公典故相比附的事件。一方面《尚書》、《尚書大傳》記載周公掌政時所出現的祥瑞，再現於漢朝，即所謂的「異世同符」〔註245〕，的確讓人不由得聯想到周公與王莽的相似點。例如元始元年（A.D.1），發生《尚書大傳》所記載的越裳氏重譯獻白雉、《尚書》的朱草、嘉禾、風雨合時等。

　　同時，王莽依據《尚書》〈金縢〉、〈大誥〉等篇，將亂事比作管蔡之亂，讓重現周公故事更加明朗化。如元始三年（A.D.3），王莽之子王宇派呂寬嚇阻王莽進行隔絕外戚衛氏之事。王莽率先將王宇比附為管蔡之亂。甄邯等人跟著上書，讓元后下詔：「公居周公之位，輔成王之主，而行管蔡之誅。」〔註246〕於是，王宇事件使成為朝廷所承認的管蔡之亂。又如居攝二年（A.D.7），翟義起事，立嚴鄉侯劉信為天子。王莽亦視此事為管蔡之亂，並倣照周公的《尚書・大誥》作策。

　　實際上，周朝的管蔡之亂是成王的叔叔管叔、蔡叔、霍叔（或者說是攝政者周公的兄弟）與前朝太子武庚的叛亂。王宇之事，則是身為安漢公的王莽的兒子與外戚，此時的王莽只是被視為周公般安定國家，尚未具備周公攝政的地位。而翟義事件，起事者的身分是劉姓宗親與漢朝大臣，與周朝的管蔡同為姬姓、臣服於周的武庚，在身分上勉強相符。仔細區分則又有不同，如王莽雖為攝政大臣，但是並非劉姓，與周公為成王叔叔的身分不同。又如武庚參與其中，最主要的因素是為了重建商朝，而翟義、劉信則是維持漢家

〔註245〕《漢書・王莽傳》，卷99上，頁4079。
〔註246〕《漢書・王莽傳》，卷99上，頁4065。

天下的局面，目的不同。然而，王宇、翟義事件與管蔡之亂之所以被類比，是為了符合王莽建構周公形象的需要。在「王莽為周公」這個不可變更的前提下，任何亂事也就成了管蔡之亂。

第三，王莽運用經書中周公制禮作樂的典故，對漢朝制度加以改革。大權在握的王莽，承襲漢人以學術作為政治指導原則的風氣，政治措施也多引用經書，〔註247〕尤其是《孝經》、《尚書大傳》所記載的周公事跡。但經書的記載只舉其大要，並無更進一步的詳述。於是針對這個問題，王莽以漢朝本身所需要的改革填補，然而都不脫離周公制禮作樂的範圍。如周公郊祀，王莽則大舉改革漢代的郊祀，從地點、禮儀、五帝時到社稷，兼而有之，解決爭議許久的郊祀問題。又如周公宗祀，王莽則改革漢朝的廟制，廢除不合禮的宗廟，並實施祫祭，落實元帝以來的廟制改革。這些填補經書空白的作為，大體引經書為據，或直引經書上的記載，或引申其觀念。而周朝與漢朝之間的時間裂縫，便藉由經典的落實而縫補起來。王莽等同周公的形象便因此建立。

但王莽既依據經書建構周公的形象，施政也遵循周公的作為，那麼在新朝建立之後，王莽勢必得解答周公所未做，而王莽卻有的舉動──「登基」。〔註248〕因此，王莽配合當時相當流行的「漢為堯後」說，並憑藉「期待聖人」的更命論述，以舜的形象解決了這個問題。始建國元年（A.D.9），王莽說：

> 予前在大麓，至于攝假，深惟漢氏三七之阸，赤德氣盡，思索廣求，所以輔劉延期之術，靡所不用。……然自孔子作《春秋》以為後王法，至于哀之十四而一代畢，協之於今，亦哀之十四也。赤世計盡，終不可強濟。〔註249〕

王莽以舜亦代行天子事的典故，取代周公攝政故事。同時，以《春秋》結束於魯哀公十四年，比附自己從哀帝就任大司馬大將軍以來，哀帝六年、平帝

〔註247〕元始五年（A.D.5）元后加王莽九命之錫時說：「孝哀皇帝即位，驕妾窺欲，姦臣萌亂，公手劾高昌侯董宏，改正故定陶共王母之僭坐。自是之後，朝臣論議，靡不據經。」即王莽為朝廷眾臣開創了據經言事的典範。引文見《漢書‧王莽傳》，卷99上，頁4073。

〔註248〕藉由周公形象到舜形象的過程看來，王莽無異是承認周公未嘗稱王。如果王莽認為周公曾經稱王，他就不需要將居攝的三年定義為：舜在堯時代行天子之事。就是因為與漢人認為周公不曾稱王的觀念相牴牾，因此王莽才會在哀章上金匱之策後改稱自己是舜的後裔。

〔註249〕《漢書‧王莽傳》，卷99中，頁4108～4109。

五年、居攝三年，也總計十四年，〔註250〕表明漢家的終結，實爲天命。於是，王莽將在西漢時期的十四年解讀爲舜輔佐堯，以另一個聖人——舜——的形象取代了周公形象。但不變的是，王莽仍以聖人形象出現。這顯示當時對聖人的強烈渴望，因此王莽即使即位也不得不以聖人作爲名義。

王莽建構舜形象，大多根據《尚書‧堯典》行事，不同於塑造周公形象時，參酌《尚書》、《詩經》、《孝經》、《尚書大傳》等諸多經籍。如始建國元年（A.D.6），王莽策命孺子嬰爲定安公時說：「於戲！敬天之休，往踐乃位，毋廢予命。」〔註251〕與〈堯典〉中舜即位任命群臣的話「俞。往哉，汝諧。」、「俞。往，欽哉！」風格、語意上都十分類似。又如始建國元年（A.D.6），王莽甫登基，便祭祀文祖廟、任命群臣，也同於〈堯典〉中舜即位時所行之事。

同樣是引經建構形象，與周公形象相較，王莽的舜形象則以個人主動、積極地營造成份居多，大臣較少參與其中。這或許和他在即位之後，有意識地以舜形象取代之前周公的形象有關。因爲藉由轉換形象，新朝的建立便有堂而皇之的名義——「堯舜禪讓」——可以稱說，同時也可將王莽承繼漢代、建立新朝解讀作順承天命的行爲。

據上所述，王莽建構形象的過程，都顯示出王莽憑藉落實經書的記載，證明自己和周公、舜的關係。可見經書對於形象建構的重要性。同時，此舉也蘊涵重新示現古代聖人的行爲、言語，可以表明彼此具有身分、血緣關係的思惟。這與慕古學風下，漢人認爲透過施行經書記載的措施，可以使現實社會與古代治世相同的作法並無二致。再者，更命論述主要觀點之一便是「聖人將興」，王莽逢此時機，得以建構周公、舜等聖人形象。因此，王莽運用經書營造周公、舜的聖人形象，其實是慕古學風與更命論述應用於政治的極致表現。

〔註250〕參顏師古《注》引張晏之語，見《漢書‧王莽傳》，卷99中，頁4109。另外，雷家驥亦有相同說法，見氏著：《中古史學觀念史》，頁194。

〔註251〕《漢書‧王莽傳》，卷99中，頁4099～4100。

第參章　新朝的改制及其對經籍讖緯符命的應用

　　上一章提到，受西漢末年慕古學風影響，王莽藉著仿效經書中關於周公制禮作樂的記載，建立自己的周公形象，同時解決漢朝政治問題，也因此博得眾人愛戴。

　　王莽即位後同樣重視制禮作樂，然「制禮作樂」一語所指涉的「周公輔政」，不同於新朝的政治局勢，因此改稱爲「制度」。王莽常標舉出「制度」一詞，如始建國元年（A.D.9）施行井田制時說：「故無田，今當受田者，如制度。」〔註1〕天鳳三年（A.D.16），頒布吏祿章程時說：「其以六月朔庚寅始，賦吏祿皆如制度。」〔註2〕顯示王莽對「制度」重要性的自覺。班固說：

　　　　（王）莽意以爲制定則天下自平，故銳思於地里，制禮作樂，講合
　　　　《六經》之說。〔註3〕

班固指出王莽以《六經》爲圭臬的制作，廣及各方面，如地理、禮制（包含官制）、音樂等。同時「莽意以爲制定則天下自平」一語，正反映王莽認爲制度本身能爲國家帶來良好影響。而王莽即位後，何以對制度如此重視，這是本章討論的起點。

〔註 1〕　《漢書・王莽傳》，卷 99 中，頁 4111。
〔註 2〕　《漢書・王莽傳》，卷 99 中，頁 4142。
〔註 3〕　《漢書・王莽傳》，卷 99 中，頁 4140。按：班固說：「（王莽）又好改變制度，
　　　　政令煩多，當奉行者，輒質問乃以從事，前後相乘，憒眊不渫。」可作爲王
　　　　莽重視制度、政令的反證。引文見《漢書・王莽傳》，卷 99 中，頁 4140。

　　新朝的政治措施，學者的觀察角度互有同異，如呂思勉先生從先秦諸子期望改善社會的歷史觀點切入，認爲新朝的措施乃承繼「先秦以來志士仁人之公意」。〔註4〕錢穆、閻步克等學者則從漢代慕古學風來看王莽結合經籍記載與政治措施的舉動，認爲王莽的措施正是受慕古學風影響的表現。〔註5〕而林劍鳴先生討論王莽的王田、私屬制度；畢漢斯先生討論王莽的外交政策，則以新朝社會的需要爲考量。〔註6〕實際上，這三種角度多爲學者交互應用，只是各有偏重。

　　以上所述的觀點，對於討論新朝的政治措施確實有所助益。然而，就「完整」考察新朝的政治措施而言，卻稍嫌不足，如符讖往往被排除在外，即便提及，也常被視爲迷信。再者，王莽個人的「自主性」也受到忽略。「承繼」先秦、受西漢「影響」並不代表全盤接受，其中也牽涉到個人吸收程度、外在環境等因素。當王莽身爲漢臣時，藉由一己的經學修養改變政治，或因政治需要而應用經義。雖是權傾一朝的輔政大臣、宰衡居攝，但名義上或多或少仍受「爲人臣子」的身分制約，無法任意改革。即位爲天子後，王莽的身分不同了，他在政治領域上多了一份「自主性/選擇權」。經籍上的制度何其繁多，王莽何以捨此取彼，甚至融鑄經典，推展出自己計設的政治制度，這是值得加以探究的。以新朝的外交政策爲例，王莽至少可有兩個選擇。其一，沿襲漢制，將四夷之長的稱號由「漢」改爲「新」。此意味著改朝換代，新朝成立。其二，除了改「漢」爲「新」之外，將四夷之長與漢天子平起平坐的地位，降爲公、侯。此舉既表示新朝建立，又有天子獨尊的意涵。而王莽選擇後者，則顯示其對於天子地位的標舉。一個人的所作所爲，必須從動機、結果兩方面加以考量。筆者擬從新的政治環境作爲觀照點，討論王莽即位後多項措施，以及重視「制度」的態度，旨在於建立新朝的「正當性」，穩固新朝的政權。

〔註4〕呂思勉：《秦漢史》（香港：太平書局，1962年，據開明書店1947年版重印），頁197。

〔註5〕錢穆：〈劉向歆父子年譜〉，《兩漢經學今古文平議》。閻步克：《士大夫政治演生史稿》，第九章「『奉天法古』的王莽『新政』」。按：或有學者以儒家理想主義的發展來看待西漢末年到新朝這段時期，如陳啓雲認爲西漢末年儒家學說盛行，使得理想主義壓倒了現實主義，王莽王朝的建立「標誌著漢代儒家理想主義的頂峰」。見英人崔瑞德、魯惟一編：《劍橋中國秦漢史》，頁830。

〔註6〕林劍鳴：《秦漢史》，頁61～67。英國崔瑞德、魯惟一編：《劍橋中國秦漢史》，頁250～254。

所謂的「正當性」〔註7〕係指一個朝代、國家的建立，除了武力，還必須獲得多數國家成員的認同，其政權才能安然穩固。傳統「正統性」一詞的意義，即如同梁啓超先生所說：

> 言正統者，以爲天下不可一日無君也，於是乎有統。又以爲「天無二日，民無二王」也，於是乎有正統。統之云者，殆謂天所立而民所宗也。正之云者，殆謂一爲眞而餘爲僞也。〔註8〕

「正統」意涵立足於君王一人（一姓），表明君王是上天所立、萬民所尊崇；而且只有君王一家一姓爲眞命天子，其餘則「僞」。梁氏反對此說，並重新詮釋說：

> 然則正統當於何求之，曰統也者，在國非在君也、在眾非在一人也。舍國而求諸君，舍眾人而求諸一人，必無統之可言，更無正之可言。
> 〔註9〕

梁氏認爲「正統」應當是一國全體人民的認知。近代學者王健文先生承梁氏之說，提出「正當性」是一價值中立的形式，以特定時空下的多數人的認識爲依歸。〔註10〕易言之，即一個國家中大多數的人民對於新政權的認可，便可稱作「正當性」。梁氏雖賦予「正統」新的詮釋，然而「正統」的舊義沿用甚久、廣爲接受；爲避免混淆，本文不用「正統」，而用「正當性」一詞來討論王莽與新朝。

王莽建立新朝「正當性」的原因，可從兩方面探求。第一，新朝開國之初，有小型而積極的反抗事件，如劉快（始建國元年，A.D.9）、劉都（始建國元年，A.D.9）、陳良、終帶（始建國二年，A.D.10）等；也有消極不仕新朝者，如龔勝、郭憲、許楊、戴良等。當時，這些反抗行爲，對新朝的存在並未構成威脅性，但對於王莽卻形成一種不被承認的隱憂。〔註11〕第二，王莽曾經身爲漢臣，如今即位爲天子，其中的落差必須得到解釋，才能說服人心，使

〔註7〕 王健文：《奉天承運——古代中國的「國家」概念及其「正當性」基礎》，頁8。
〔註8〕 梁啓超：〈論正統〉，《飲冰室全集》（臺北：文化圖書公司，1969年），頁617。
〔註9〕 梁啓超：〈論正統〉，《飲冰室全集》，頁622。
〔註10〕 王健文：《奉天承運——古代中國的「國家」概念及其「正當性」基礎》，頁14。
〔註11〕 據目前《漢書》的記載，王莽即位之初，朝臣的反對聲音並不多見。這可能是反對的聲音被壓制下來，也可能是朝臣衷心擁戴王莽，或者是朝臣爲利祿之途而噤聲。然而貴爲天子的王莽面對昔日同僚，亦應有心理壓力，而必須對新朝政權的合法性有所表述。

政權穩固。因此對於王莽而言，建構新朝的「正當性」，其迫切程度更甚於漢朝開國之初。而在新朝「正當性」建構的同時，王莽的君王地位不但確立，且更爲崇高、穩固。

本章討論王莽建構新朝「正當性」，先從新朝對「漢爲火德」說、經籍、符命讖緯的應用等三方面，探討王莽對新朝「正當性」的建構。其次，王莽改制失敗的結果及其政治措施失當之處，歷來學者已經著墨不少。〔註 12〕本文則擬從王莽建構「正當性」的角度，討論新朝滅亡的原因。

第一節　〈世經〉「漢爲火德」說的應用

劉歆〈世經〉中，對王莽即位較爲有利的論點，除了第貳章討論的「漢爲堯後」說以外，便是以下討論的「漢爲火德」說。

一、漢朝「正當性」的建立

漢朝開國以後，不僅劉邦對於何以建國猶有所疑惑，臣下對於漢朝應屬於哪一德亦有所爭論。據《漢書・郊祀志》，整理如下：〔註 13〕

在位君王	提出者	漢朝所屬之德	相對應的顏色
文帝（前元 14～15 年，B.C.166～165）	公孫臣、賈誼	土德	黃色
	張蒼	水德	黑色
武帝（太初元年，B.C.104）	兒寬、司馬遷	土德	黃色

漢朝最後定爲土德的原因，一方面是因爲秦朝自定爲水德，〔註 14〕依照

〔註 12〕討論王莽改革失敗原因的研究，如韓養民、葛承雍：〈王莽改制簡論〉，《中國古代史論叢》（福建：人民出版社，1983 年），第 7 輯，頁 298～309。周桂鈿：《秦漢思想史》，第十三章「純任儒術，復古改制——王莽興衰的思想根源」。林劍鳴：《秦漢史》，第十三章第一節「自掘墳墓的王莽」。

〔註 13〕《漢書・郊祀志》，卷 25 上，頁 1212～1213；卷 25 下，頁 1245。

〔註 14〕《史記・秦始皇本紀》：「始皇推終始五德之傳，以爲周得火德，秦代周德，從所不勝。方今水德之始，改年始，朝賀皆自十月朔，衣服旄旌節旗皆上黑。……以爲水德之始。」（卷 6，頁 237～238）另外，按《史記・封禪書》記載：「自齊威、宣之時，騶子之徒，論著終始五德之運，及秦帝而齊人奏之，故始皇采用之。」可知眞正徹底將五行相勝說應用於朝代更替者，始於秦。引文見卷 28，頁 1368。

五行相勝的學說，接下來的漢朝理當爲土德。另一方面，出現黃龍符瑞也是主要原因。

　　成帝時，漢朝應屬何德，又產生不同說法。元延元年（B.C.12），谷永上奏：

> 彗星，極異也，土精所生，流隕之應出於飢變之後，兵亂作矣。〔註15〕

據錢穆先生解釋：

> 五行相生，火生土；彗星土精，正是代漢而起之象，故谷永推爲兵
> 亂作；可證谷永推五行也主相生說。〔註16〕

谷永以五行相生陳說漢德屬火，顯示在〈世經〉前已有「漢爲火德」說；此非劉歆一家的主張。〔註17〕同時，也反映漢朝對於自身屬於何德，仍有疑義。當疑義持續存在，便顯示漢朝的定位，並不是十分確定。

　　哀帝建平二年（B.C.5），「待詔夏賀良等言赤精子之讖，漢家曆運中衰，當再受命，宜改元易號。」〔註18〕《漢書補注》引齊召南說認爲「赤精子之說亦起於此」。〔註19〕漢高祖爲赤帝子之說，在哀帝時再次受到重視，便預示著繼谷永之後，「漢爲火德」說將以更明確的形式出現。此即劉歆〈世經〉。

　　劉歆在〈世經〉中將漢定爲火德，無疑是嘗試解答漢朝開國以來長久的困惑。他認爲漢朝是繼承堯的後代，同屬於火德。在木、火、土、金、水系統化的歷史順序裡，漢代也占有一席之地。此說爲漢朝本身尋找歷史上的定位與連繫，並增加漢朝之所以有天下的信心。〔註20〕

二、新朝取代漢朝的論述

　　若〈世經〉五行相生說爲漢朝建構歷史定位，那麼它同時也建構了漢朝被取代的理由。王莽運用五德相生說「火生土」的論述，從「漢爲火德」說，推闡出「新朝爲土德」，作爲取代漢家的理由。五德相生與更命論述相應，爲

〔註15〕《漢書‧谷永傳》，卷85，頁3468。

〔註16〕錢穆：《中國學術思想史論叢》（三），頁58。

〔註17〕錢穆：《中國學術思想史論叢》（三），頁58。

〔註18〕《漢書‧哀帝紀》，卷11，頁340。

〔註19〕《漢書補注‧哀帝紀》，卷11，頁139。

〔註20〕不過，據《漢書‧郊祀志》顏師古注引鄧展的話說：「向父子雖有此議，時不施行，至光武建武二年，乃用火德，色尚赤耳。」可見西漢時，一般人仍以土德自居，經過王莽、光武帝以政治力認可與宣揚而廣爲流傳、接受。

王莽以和平的「禪讓」形式取代漢朝，作好準備。

王莽為了建構新朝的「正當性」，明確地使用「火生土」作為論述。其例甚多，僅舉其中較為明顯的一例作為說明。始建國元年（A.D.9）秋天，王莽派遣五威將頒布四十二篇〈符命〉：

> 其文爾雅依託，皆為作說，大歸言莽當代漢有天下云。總而說之曰：「……故新室之興也，德祥發於漢三七九世之後。……武功丹石出於漢氏平帝末年，火德銷盡，土德當代，皇天眷然，去漢與新，以丹石始命於皇帝。……受命之日，丁卯也。丁，火，漢氏之德也。卯，劉姓所以為字也。明漢劉火德盡，而傳於新室也。」〔註21〕

朝廷裡和平地轉移政權，窮鄉僻壤、山巔水涯的百姓可能完全不知情。因此王莽頒布符命於天下，便具有宣告新朝建立的意味。其主旨在於「大歸言莽代漢有天下」，為自身的政權尋求合理性。王莽論述的方法，先是指出新朝承漢之三七之阨、陽九之會而起，即漢朝中衰，新室起而代之。此承繼更命論述而來。其次，王莽指出火德衰亡，土德當興，天命如此。五行相生說，遂構成新朝的「正當性」。第三，王莽以符命作為天命立新的證據，此見下文討論。另外，從王莽擇受命之日為丁卯，便可知王莽在漢、新政權交替的當下，是有意運用五德相生「火生土」之說，作為新朝建立的合理說法。

王莽除了透過政治力宣傳土德外，許多措施也具有表明土德的意味。新朝以土德自居，土德配黃，於是開國時「服色配德上黃」、「使節之旄旛皆純黃」都是使用黃色。據《呂氏春秋·十二紀》、《淮南子·天文》的五德相生說，「戊」屬於土德，〔註22〕因此王莽選在居攝三年（A.D.8）十二月戊辰至漢高祖廟拜受金匱神禪。在設官方面也受到影響，如太傅屬官的「戊曹士」。〔註23〕

至於新為舜後、土德的綜合論述，如始建國四年（A.D.12），王莽欲傚效舜，巡守四方，下詔說：

> 歲在壽星，填在明堂，倉龍癸酉，德在中宮。觀晉掌歲，龜策告從，

〔註21〕 《漢書·王莽傳》，卷99中，4112～4113。
〔註22〕 《呂氏春秋》，卷6，頁315。《淮南子》，卷3，頁88。
〔註23〕 《漢書·王莽傳》載：「公卿入宮，吏有常數，太傅平晏從吏過例，掖門僕射苛問不遜，戊曹士收繫僕射。」顏師古引應劭的話說：「莽自以土行，故使太傅置戊曹士。」可見官設「戊曹士」乃是因新朝屬土德而來。引文俱見《漢書·王莽傳》，卷99中，頁4135。

其以此年二月建寅之節東巡狩，具禮儀調度。〔註24〕

王莽結合《尚書》舜巡守四方、《國語》晉文公在五鹿得土的兩段史事，同時配合土德的天象，下令群臣準備始建國五年（A.D.13）巡狩所需物品。只是此事後來因元后身體不適作罷。

　　透過政治力的運作，新朝為土德、為舜後裔的觀念，逐漸深植人心。〔註25〕始建國五年（A.D.13），元后（文母皇太后）崩，揚雄受命作誄說：

> 惟我有新室文母聖明皇太后，姓出黃帝，……純德虞帝，……博選
> 大智，新都宰衡。明聖作佐，與圖國艱，以度阨運。……群祥眾瑞，
> 正我黃來；火德將滅，惟后于斯！……皇天眷命黃、虞之孫，歷世
> 運移，屬在聖新，代于漢劉，受祚于天。漢祖受命，赤傳于黃；攝
> 帝受禪，立為真皇。〔註26〕

揚雄認為元母（文母皇太后）出自黃帝、虞帝，顯然是接受王氏為舜後的說法。而且，誄文中以漢為火德，新朝土德當受天命取而代之；以及運用堯舜禪讓的典故來說漢、新的交替，皆受五行相生說的影響。易言之，新朝以五行相生說來建構「正當性」是相當成功的。

第二節　新朝對經籍的應用

一、「王者改制」的思想背景與意涵

　　對剛建立的新朝代而言，宣示其政權的「正當性」是相當迫切的需求，最具體可行的辦法即更改前朝之制。漢朝初興，受限於經濟、禮文缺載等諸多條件，未能立即進行大規模改革。武帝時，由於國力昌盛、君王性格、政

〔註24〕《漢書·王莽傳》，卷99中，頁4131。

〔註25〕另外，如天鳳三年（A.D.16），王路朱鳥門鳴，晝夜不絕，崔發等上奏說：「虞帝闢四門，通四聰。」請招四方之士（卷99中，頁4144～4145）。天鳳五年（A.D.18）王宗刻印，印文為「肅聖寶繼」，指王莽「自謂承聖舜後，能肅敬，得天寶龜以立。（王）宗欲繼其緒。」（卷99下，頁4153）皆是新為舜後的說法。以新為土德之例，如天鳳三年（A.D.16），「長平館西岸崩，邕涇水不流，毀而北行。（王莽）遣大司空王邑行視，還奏狀，群臣上壽，以為《河圖》所謂『以土填水』，匈奴滅亡之祥也。」（卷99中，頁4144）因新朝為土德，匈奴在北方為水，所以涇水被崩塌土塊堵塞的災異，即是新朝剋匈奴的表徵。

〔註26〕嚴可均輯：《全漢文》，卷54，頁421。

治局勢等因素均異於漢初，於是有改制的建議。建元元年（B.C.140），董仲舒對策時，提出「更化」的建議。至太初元年（B.C.104），太中大夫公孫卿、壺遂、太史令司馬遷等向武帝奏請改正朔。武帝命兒寬與博士討論，其結論為：

> 帝王必改正朔，易服色，所以明受命於天也。創業變改，制不相復，
> 推傳序文，則今夏時也。〔註27〕

眾臣指出改正朔、易服色是為了表明受天命，因此採用三統說，請改行夏之時。此即「王者改制」之意。《春秋繁露·楚莊王》載：

> 今所謂新王必改制者，非改其道，非變其理，受命於天，易姓更王，
> 非繼前王而王也。若一因前制，修故業，而無有所改，是與繼前王
> 而王者無以別。……故必徙居處、更稱號、改正朔、易服色者，無
> 他焉，不敢不順天志而明自顯也。〔註28〕

《史記·曆書》說：

> 王者易姓受命，必慎始初，改正朔，易服色，推本天元，順承厥意。
>
> 〔註29〕

據《春秋繁露》、《史記》的記載，可知「王者改制」主要意涵，至少有二。最值得重視的，是「王者改制」是為了表明一個「新」朝代的建立，宣示此新政權並非承繼前王、前朝而來。即透過政治措施的改革，具有區隔前朝、本朝的作用。其次，這種區隔性其實是順承上天「易姓更王」的旨意，因此，改革前朝的政治措施也是彰明天意的表現。

從漢人的認知與實踐，顯示出「王者改制」象徵政權成立的重要性。《漢書》記載王莽即位後：

> 其改正朔，易服色，變犧牲，殊徽幟，異器制。以十二月朔癸酉為
> 建國元年正月之朔，以雞鳴為時。服色配德上黃，犧牲應正用白，
> 使節之旄旛皆純黃，……。〔註30〕

〔註27〕《漢書·律曆志》，卷21上，頁975。

〔註28〕《春秋繁露義證》，卷1，頁17～18。按：饒宗頤、李均明兩位學者也提出王莽改制和《春秋繁露》的關係，「他（筆者按：指王莽）喜歡改易名目，是出於對『改制』的誤解。董仲舒提出三代改制質文（自注：《春秋繁露》第二十三），莽意以為制定則天下自平，能夠改制則可坐致太平，這是他的狂妄想法。」見饒宗頤、李均明：《新莽簡輯證》（臺北：新文豐出版公司，1995 年），頁11。

〔註29〕《史記·曆書》，卷26，頁1256。

〔註30〕《漢書·王莽傳》，卷99上，頁4095～4096。

這一連串改變漢制的舉動，旨在表明新時代的來臨。王莽改正朔、易服制的措施，即沿續漢人「王者改制」、三統說而來。《漢書》記載始建國元年（A.D.9），前去匈奴更改漢印的將率，椎破單于漢舊印後說：

　　新室順天制作，故印隨將率所自爲破壞。單于宜承天命，奉新室之制。〔註31〕

「順天制作」和「宜承天命」、「奉新室之制」同義，只是一個主動制作（新朝），一個是被動遵守制作（匈奴）。這段話充份顯示出新朝的制作與天命息息相關，亦可代表時人普遍認爲王者改制是彰明天意的表現。

　　另外，王莽命名爲「新」朝，其實也和「王者改制」有關。〔註32〕胡適、楊聯陞兩位先生討論新朝的「新」的意義時，胡氏持「新爲美號」的看法；楊先生先是以「新」爲地名，後遵胡氏之說。對王莽而言，以美號「新」作爲國號，可以結合符讖、傳達「聖人受命」的思想與口號。〔註33〕胡氏說：「故他（王莽）『定有天下之號曰新』，與他改元『元始』、『初始』、『始建國』，同一心理，……。」〔註34〕指出王莽意欲革新，以別漢朝的心理。《漢書》記載王莽派王舜向元后取漢家的傳國璽，元后怒罵說：

　　且若自以金匱符命爲新皇帝，變更正朔服制，亦當自更作璽，傳之萬世，何用此亡國不祥璽爲，而欲求之？〔註35〕

胡氏認爲這段話明白說出「新皇帝改了新正朔、新服制，也應該作新璽了」。〔註36〕因此新朝名號爲「新」，是爲了與「過去的」漢朝區別。

　　東漢的《白虎通》說：

　　所以有夏、殷、周號何？以爲王者受命，必立天下之美號以表功自克，明易姓爲子孫制也。夏、殷、周者，有天下之大號也。百王同天下，無以相別。改制天子之大禮，號以自別于前，所以表著己之

〔註31〕《漢書·匈奴傳》，卷94下，頁3821。
〔註32〕王啓發則以國號爲「新」和經典有關，王氏說：「應該說，王莽改制之倚重《周禮》既有經典政治延續的意味，又體現出其發掘經典以求其新的意旨，其立國號爲『新』也許就有此深意吧。」亦可作爲參考。見姜廣輝主編：《中國經學思想史》，卷2，頁262。
〔註33〕胡適、楊聯陞：《論學談詩二十年：胡適楊聯陞往來書札》（臺北：聯經出版事業公司，1998年），頁278。
〔註34〕胡適、楊聯陞：《論學談詩二十年：胡適楊聯陞往來書札》，頁272。
〔註35〕《漢書·元后傳》，卷98，頁4032。
〔註36〕胡適、楊聯陞：《論學談詩二十年：胡適楊聯陞往來書札》，頁272。

功業也。必改號者，所以明天命已著，欲顯揚己於天下也。己復襲
先王之號，與繼體守文之君無以異也。不顯不明，非天意也。故受
命王者，必擇天下美號，表著己之功業。〔註37〕

可見西漢初年到東漢前期「王者改制」的觀念相當盛行。東漢末年，何休注
《春秋公羊傳・隱公元年》「大一統也」時說：

夫王者始受命改制，布政施教於天下。〔註38〕

從西漢董仲舒到東漢何休，可知「王者改制」是《公羊》學派流傳不輟的主
要學說之一。因此王莽引經改制可以說是承繼漢朝《公羊》學的學術脈絡。

二、「王者改制」下的經籍應用

如果僅止於改變朝廷上的正朔、服制，並不足以深入人心，建立起百姓
心中新朝的存在、王莽的君王身分。因此王莽必須透過更爲「具體」、貼近百
姓的政治措施，以彰顯王者改制的「意識」，與劉氏區隔，進而引發共鳴，對
眾人的意識產生影響。筆者以爲在王莽看似繁雜、略無系統的改革下，實有
一主要觀念貫穿其中，即：運用經書，強調「王」/政府的位置與觀念，並且
標示新朝與漢朝的不同。以下試申述此意：

（一）官制與爵祿

依據經書記載，王莽更動、新設中央與地方的官制。茲表列如下：

時　間	官　名	相關的經籍記載	備　註
始建國元年（A.D.9） （三公）	大司馬	《尚書大傳》、《韓詩外傳》	沿襲西漢官名
	大司徒	《尚書大傳》、《韓詩外傳》	沿襲西漢官名
	大司空	《尚書大傳》、《韓詩外傳》	沿襲西漢官名
始建國元年（A.D.9） （九卿）〔註39〕	三孤卿（大司馬司允、大司徒司直、大司空司若）	《周禮・天官、掌次》	新設大司馬司允、大司空司若。司直爲西漢舊有。

〔註37〕漢・班固編，清・陳立疏證，吳則虞點校：《白虎通疏證》（北京：中華書局，
　　　　1997年），上冊，卷2，頁56。
〔註38〕《春秋公羊傳・隱公元年》，卷1，頁9。
〔註39〕漢代九卿數目的問題，受到學者廣泛地討論。如卜憲群參照劉熙《釋名》、韋
　　　　昭〈辨釋名〉的記載，又引史書中被稱爲「九卿」的官職爲據，認爲西漢時
　　　　有「十二」種官職可稱作九卿。徐復觀認爲西漢九卿的「九」是虛數用法，

	羲和、納言	《尚書·堯典》	原名大司農
	作士	《尚書·堯典》	原名大理
	秩宗	《尚書·堯典》	原名太常
	典樂	《尚書·堯典》	原名大鴻臚
	共工	《尚書·堯典》	原名少府
	予虞	《尚書·堯典》	原名水衡都尉
始建國元年（A.D.9）（四輔〔註40〕）	太師	《大戴禮記·保傅》、《禮記·文王世子》	沿襲西漢官名
	太傅	《大戴禮記·保傅》、《禮記·文王世子》	沿襲西漢官名
	國師		新設
	國將		新設
始建國元年（A.D.9）（五司大夫）	司恭大夫	《尚書·洪範》	新設
	司從大夫	《尚書·洪範》	新設
	司明大夫	《尚書·洪範》	新設
	司聰大夫	《尚書·洪範》	新設
	司中大夫〔註41〕	《尚書·洪範》	新設

到王莽新朝時將虛數的官制——九卿，加以坐實成真正的「九」卿。勞榦則認為「九卿」之名承襲自秦朝，因為各官職在不同時期有所因革、增減，所以其官職不拘於固定數目。由於卜憲群、徐復觀兩位學者的意見，與史書記載各職官在不同時期有所增減、更名的情形，略有不符，故本文於此承勞榦先生的見解。卜憲群：〈秦漢九卿源流及其性質問題〉，《南都學壇（人文社會科學學報）》第22卷第6期（200年11月）。徐復觀：《兩漢思想史》，頁215～216。勞榦：〈秦漢九卿考〉，《勞榦學術論文集》，甲編下冊，頁864～865。

〔註40〕西漢元始元年（A.D.1）設太師、太保、少傅、太傅為四輔。居攝元年（A.D.6），王莽根據《尚書大傳》，以太傅左輔、太阿右拂、太保後承為四輔。然《漢書》未記載何以只有三種職官卻稱「四輔」的原因。

〔註41〕司中大夫的名稱，顯然與經書不符。清人李慈銘認為光祿勳的名稱已經改作司中，五司大夫不應該同名，又作「司中」，當改為「司容」。按：李慈銘的意見，其實還需考慮幾個前提。其一，《尚書·洪範》中「思曰睿」的「睿」字是否作「容」。李慈銘顯然認為當作「容」，所以才說當作「司容大夫」。其次，司中與司中大夫的名稱相近似乎不足以作為理由，因為王莽在地方制度上有徒丞、馬丞、空丞與中央官員大司徒、大司馬、大司空的名稱恰好相似，而且是有意使地方和中央官名相呼應，所以名稱類似無法成為有力證據。第三，光祿勳改名為司中與這裡的司中大夫，二者的官秩（祿）是否相同。光祿勳在西漢為九卿之一，但王莽時則改為六監。如果官秩相同、同屬一個行政部門下，則不應作「司中大夫」的可能性較高。但司中大夫一職的官秩，據目前的資料無法斷定。因此參酌李偉泰師據《漢書·五行志》說：「思心者，

始建國元年（A.D.9）	大贅官	《尚書·堯典》	新設
始建國元年（A.D.9）	誦詩工	《大戴禮記·保傳》	新設
始建國元年（A.D.9）	徹膳宰	《大戴禮記·保傳》	新設
始建國元年（A.D.9）	州牧〔註42〕	《尚書·堯典》	沿襲西漢官名
始建國二年（A.D.10）	左右伯	《書序》、《春秋公羊傳·隱公五年》	新設
始建國二年（A.D.10）	五均司市	《周禮·春官·司市》	新設
始建國三年（A.D.11）（太子四師）	師疑	《尚書大傳》、《禮記·文王世子》	新設
	傅丞	《尚書大傳》、《禮記·文王世子》	新設
	阿輔	《尚書大傳》、《禮記·文王世子》	新設
	保拂	《尚書大傳》、《禮記·文王世子》	新設
始建國三年（A.D.11）（太子四友）	胥附	《詩·大雅·緜》	新設
	犇走	《詩·大雅·緜》	新設
	先後	《詩·大雅·緜》	新設
	禦侮	《詩·大雅·緜》	新設

心思慮也。……貌言視聽，以心爲主。」、「人君貌、言、視、聽、思心五事，皆失不得其中，則不能立萬事。」認爲貌、言、視、聽，以心爲主，君王貴能得中，所以不說「司睿大夫」或「司容大夫」，而用「司中」。同時，筆者以爲「司中大夫」一名也符合王莽策命：「予聞上聖欲昭厥德，罔不愼修厥身，用綏于遠，是用建爾司于五事。毋隱尤，毋將虛，好惡不愆，立于厥中。」文中「用建爾司于五事」指的是五司大夫，「立于厥中」則是藉由五司大夫的設置，讓王莽這位君王能夠得行中道。李慈銘語見楊樹達：《漢書窺管》（上海：上海古籍出版社，1984年），卷10，頁817。地方制度的「徒丞、馬丞、空丞」與朝廷三公配合的意見，參瞿中溶：《集古官印考》（上海：上海古籍，1995年，續修四庫全書·子部·譜錄類·1109），「東平陸馬丞」條，卷8頁360。李偉泰師語，見氏著：《兩漢尚書學及其對當時政治的影響》，頁160～161。《漢書·王莽傳》，卷99中，頁4104。

〔註42〕據《漢書·王莽傳》王莽在天鳳元年（A.D.14）四月才設置州牧。但他在天鳳元年（A.D.14）正月大赦天下時說：「群公、群牧、群司……」這裡的「群牧」顯然是指州牧，因此筆者認爲新朝始建國元年（A.D.9）以來其實州牧一職一直存在。只是在天鳳元年（A.D.14）時，王莽改革地方行政制度，重新確認州牧爲地方首長，並且明白規定州牧的爵位等級、禮遇。

始建國四年（A.D.12）	部監（牧）〔註43〕	《周禮・天官・冢宰》、《周禮・夏官・大司馬》	新設
天鳳元年（A.D.14）（四輔屬官）	太師羲仲	《尚書・堯典》	新設
	太傅羲叔	《尚書・堯典》	新設
	國師和仲	《尚書・堯典》	新設
	國將和叔	《尚書・堯典》	新設
天鳳元年（A.D.14）	卒正	《禮記・王制》	新設
天鳳元年（A.D.14）	連率	《禮記・王制》	新設
天鳳元年（A.D.14）	屬長	《禮記・王制》	新設

　　以上所列引用經籍而來的官名或職務，確實是西漢末年慕古風氣的沿續。然而，經書中的官制甚多，王莽爲何選擇上述官名加以更動，而非其他？首先，筆者以爲更動官制本身，便具有突顯該政治體運作的意味。若王莽沿用漢制，則無法突出新朝的成立。以時間點來看，王莽在始建國元年（A.D.9）即位時，便至少設置、更改了二十五個官位制度，因此這項舉動當與「更化」、強調王者的觀念有關。而且，當朝廷百官的官名煥然一新後，同時也就表現出新朝與漢朝的不同。第二，以上的官制或多或少都與「王者」、「中心」的觀念有關。除了引用〈堯典〉的官名，突顯新朝爲舜後的意義之外，三公、九卿、大夫、元士等，均是爲了輔弼君王而層層分級。四輔亦是爲了輔佐君王。五司大夫、誦詩工、徹膳宰是爲了使君王處「中」道、沒有偏差。太子四師、四友是屬於皇家教育。五均司市是爲強調政府對經濟的掌控（詳見下文）。地方上的州牧、卒正、連率、屬長、部監（牧）等層層分級的官制，則

〔註43〕王國維據出土竹簡說：「牧、監皆莽官，莽〈傳〉天鳳元年七月置州牧部監二十五人，今始建國四年詔書已有牧、監，莽〈傳〉繫之天鳳殆失之矣。」指出始建國四年時（A.D.12）已有牧、監。另外，王人聰根據官印「魏部牧」與史書上記載的庸部牧相印證，認爲王莽在「部」這個行政層級所設立的官，除部監外尚有部牧。王氏也提出部監、部牧的不同，反映王莽更改州郡官名之頻繁，「並非有置牧之部與置監之部之區分。」見羅振玉、王國維編：《流沙墜簡》（北京：中華書局，1993年），頁105。王人聰、葉其峰：《秦漢魏晉南北朝官印研究》（香港：香港中文大學文物館，1990年），頁113。按：王念孫引《漢紀》校今本《漢書・王莽傳》所說：「（天鳳元年，A.D.14）置州牧、部監二十五人，見禮如三公」當作「置州牧，其禮如三公，郡監二十五人，位上大夫，各主五郡。」認爲「郡監」爲「部監」之誤。王念孫之語見《漢書補注》，卷99中，頁1740。

讓地方與朝廷分明有序的官制相呼應，從而突出朝廷的中心地位。第三，不論官名是新設還是沿襲，身爲天子的王莽，居於政治的中心點，不受影響，頗有眾星拱北辰之意。

吏祿方面，天鳳三年（A.D.16）五月，王莽頒布吏祿制度，運用經書的部分有二。一，引《詩・小雅・北山》說：「溥天之下，莫非王土。率土之濱，莫非王臣。」文中指出君權、疆域無所不及，王莽則詮釋爲以天下之資奉養君王。二，王莽又引申《周禮・天官・膳夫》中君王享用（來自天下的）一百二十品膳羞的記載，讓「諸侯各食其同、國、則；辟、任、附城食其邑；公、卿、大夫、元士食其采。」〔註44〕而這些奉養依豐年或歉歲，有所增減。王莽運用經籍記載詮釋天子、百官的高下之別，天子享有天下的奉養，百官則視情形有所增減，突出了君王所具有的優越性。

爵位方面，首先，王莽將地位與漢朝平起平坐的各外族，降爲新朝的公、侯等爵位，強烈地表達君王大一統的思惟。始建國元年（A.D.9），王莽說：

> 天無二日，土無二王，百王不易之道也。漢氏諸侯或稱王，至于四夷亦如之，違於古典，繆於一統。其定諸侯王之號皆稱公，及四夷僭號稱王者皆更爲侯。〔註45〕

他認爲諸侯、四夷稱王，有違古制，且不合「大一統」的觀念。於是王莽命令五威將到天下四方，南出者將句町王邯貶爲侯，西出到西域者盡改「王」爲「侯」，北至匈奴者則改單于印文上的「璽」爲「章」，〔註46〕如改「匈奴單于璽」爲「新匈奴單于章」，降低了匈奴單于的地位。如此一來，在名號上，四方皆爲新朝的臣屬，歸於新朝統轄，符合「溥天之下，莫非王土。率土之濱，莫非王臣」的意涵。

其次，始建國四年（A.D.12）王莽沿用居攝時期的改革：爵五等、地四等，分配爵土。五爵仍是公、侯、伯、子、男，而四等地則是：公、侯伯、子男、附城（庸）。〔註47〕以下依照《漢書・王莽傳》的記載，參考沈展如先

〔註44〕《漢書・王莽傳》，卷99中，頁4142。

〔註45〕《漢書・王莽傳》，卷99中，頁4105。

〔註46〕《漢書・王莽傳》，卷99中，頁4115。

〔註47〕在居攝三年時（A.D.8），王莽已改附庸爲附城，即位後仍沿用。如《漢書・樓護傳》亦載：「至王莽簒位，以舊恩召見護，封爲樓舊里附城。」顏師古注說：「莽爲此爵名，效古之附庸也。」引文俱見《漢書・樓護傳》，卷92，頁3708。

生的意見，以表格呈現爵土的關係：〔註48〕

等爵	土地	戶數	方里	備　　註
公	一同	一萬	一百	《周禮・地官・小司徒》註說：「同，方百里。」（卷11，頁171）〈考工記・匠人〉：「方百里爲同。」（卷42，頁651）《春秋左氏傳・襄公二十五年》：「列國一同。」（卷36，頁623）
侯伯	一國	五千	七十	《孟子》：「大國地方百里……。次國地方七十里……。小國地方五十里……。」（卷10上，頁178）《禮記・王制》同。
子男	一則	二千五百	五十	《周禮・春官・大宗伯》：「五命賜則。」（卷18，頁279）

附城爵土表

第級	食邑	戶數	方里	備　　註
一	九成	九百	三十	附城分五等，合共戶數等於子男一則之數。《周禮・春官・大宗伯》「五命賜則」鄭玄注說：「王莽時以二十五成爲則，方五十里，合今俗說子男之地。」（卷18，頁279）一成十里，十成爲總，十總爲同，附城五等，地方百里也。
二	七成	七百	二十五	
三	五成	五百	二十	
四	三成	三百	十五	
五	一成	一百	十	

　　名稱上仿照《周禮》，如公爵的「同」、子男爵的「則」。但質實的分封面積則大體採用《禮記・王制》所說：

> 王者之制祿爵，公侯伯子男，凡五等。……天子之田方千里，公侯田方百里，伯七十里，子男五十里。不能五十里者，不合於天子，
> 附於諸侯曰附庸。〔註49〕

可見百里、七十里、五十里之數沿用〈王制〉而來。至於新朝地四等：公、侯伯、子男、附庸的分配與〈王制〉的天子、公侯、伯、子男不同，乃因王莽深信「溥天之下，莫非王土」的緣故。

　　（二）行政區域的規劃

　　在行政區域的規劃方面，主要有三項改革。首先，始建國四年（A.D.12），改十二州爲九州。王莽在元始四年（A.D.4）已仿〈堯典〉改漢朝十三部爲十

〔註48〕　參考沈展如：《新莽全史》，頁169～170。略有更動。
〔註49〕　《禮記・王制》，卷11，頁212。

二州，何以至新朝又改十二州爲九州？〔註50〕王莽說：

> 予以不德，襲于聖祖，爲萬國主。思安黎元，在于建侯，分州正域，
> 以美風俗。追監前代，爰綱爰紀。惟在〈堯典〉，十有二州，衛有五
> 服。《詩》國十五，抪徧九州。〈殷頌〉有「奄有九有」之言。〈禹貢〉
> 之九州無幷、幽，《周禮·司馬》則無徐、梁。帝王相改，各有云爲。
> 或昭其事，或大其本，厥義著明，其務一矣。〔註51〕

文中先點出自己身爲君王的身分，希望透過建侯、正域來改善風俗。然後，以〈堯典〉、〈禹貢〉、《詩經·商頌》、《周禮》等經書上參差的記載爲例，認爲「帝王相改，各有云爲」，以此作爲將十二州改爲九州的理由。王莽明白地指出自己如今也是君王身分，進行改制以利教化，當然也是合宜的。

其次，天鳳元年（A.D.14），王莽仿效《周禮》設六尉六隊、六鄉六州之制。〔註52〕六尉、六隊是三輔、長安地區所規劃出來的；六鄉、六州則是以長（常）安、河南郡爲主。〔註53〕王莽未沿用漢制或採用其他經籍關於行政區域的規劃，而單單採用《周禮》的原因，乃是因爲六尉六隊、六鄉六州能特別突出「王都」所在，有別於其他郡縣。

第三，天鳳元年（A.D.14），王莽設六服。王莽以《尚書·禹貢》爲藍本，同時融合《周禮》、《禮記》，設六服：甸服、侯服、采任諸侯、賓服、揆文教奮武衛、九州之外。〔註54〕六服的判定主要以王都爲中心，隨距離遠近而給

〔註50〕據揚雄〈十二州箴〉，十二州分別是：冀州、青州、兗州、徐州、揚州、荊州、豫州、益州、雍州、幽州、幷州、交州。此當爲元始四年（A.D.4），王莽引〈堯典〉的典故，改漢十三部爲十二州。王莽即位後，改十二州爲九州，沈展如先生以爲王莽九州爲：兗州、青州、徐州、荊州、揚州、豫州、梁州、雍州、幷州。據筆者察對，王莽九州和〈禹貢〉並不同，可見王莽雖然在詔書中說：「州從〈禹貢〉爲九」，但實際上名稱並不一致。所以這句話的解讀，當偏重在同爲「九」州，而不是引用〈禹貢〉的九州名稱。見嚴可均輯：《全漢文》，卷54，頁417～418。沈展如：《新莽全史》，頁182。

〔註51〕《漢書·王莽傳》，卷99中，頁4128。

〔註52〕《周禮》記載大司徒掌六鄉，五家爲比，五比爲閭，四閭爲族，五族爲黨，五黨爲州，五州爲鄉。見《周禮》，卷10，頁159。

〔註53〕王莽分三輔爲六尉：列尉郡、扶尉郡、師尉郡、京尉郡、翊尉郡、光尉郡；將長安一帶分爲六鄉。設六隊郡：兆隊（原河東）、祈隊（原滎陽）、前隊（原南陽）、後隊（原河內）、左隊（原潁川）、右隊（原弘農）。東都（洛陽，又稱宜陽、義陽）則將屬縣增至三十後分爲六州。詳見《漢書·王莽傳》，卷99中，頁4136～4137。

〔註54〕茲將〈禹貢〉的內容表列如下：

予不同的名稱。可見此亦有強調王都中心地位的意涵。

（三）經濟制度

1. 王田

始建國元年（A.D.9），王莽下詔說：

> 今更名天下田曰「王田」，奴婢曰「私屬」，皆不得賣買。其男口不
> 盈八，而田過一井者，分餘田予九族鄰里鄉黨。故無田，今當受田
> 者，如制度。〔註55〕

這是企圖解決土地和奴婢制度的辦法。首先，將天下的田地收歸國有。其次，
一井九百畝給予八人從事耕作，其中百畝爲公田。第三，田畝數量超過或不
足，依規定分田或受田。古書記載井田制度，較明確的如：

> 古者三百步爲里，名曰井田，井田者九百畝，公田居一。〔註56〕

> 方里而井，井九百畝。其中爲公田，八家皆私百畝，同養公田。公
> 事畢然後敢治私事，所以別野人也。〔註57〕

從王莽的詔書看來，新朝的王田制與這兩部書的記載大致相同。然而史書對
於新朝時具體施行細節的記載，並不十分詳盡，因而無法進一步討論。〔註58〕

里數	甸服	侯服	綏服	要服	荒服
一百里	賦納總	采			
二百里	納銍	男邦	揆文教	夷	蠻
三百里	納秸服				
四百里	粟	諸侯	奮武衛	蔡	流
五百里	米				

　　首先，王莽在「甸服」之後，接著「侯服」的順序與〈禹貢〉相同。但〈禹貢〉
中，侯服包含采、男邦、諸侯等三部分，王莽則將采、男邦（按：顏師古注「任」
爲男服之意）、諸侯獨立成爲另一服：采任諸侯。其次，王莽不用「綏服」之名，
直接採用綏服中的揆文教、奮武衛爲名稱。要服、荒服，王莽則統稱作「九州之
外」，不另作分別。用「九州之外」指稱蠻夷之地，可能是來自於《周禮·秋官·
大行人》中「九州之外，謂之蕃國」（卷37，頁565）。第三，「賓服」則採用《禮
記·樂記》中「諸侯賓服」（卷37，頁668）一語轉換詞性而來。

〔註55〕《漢書·王莽傳》，卷99中，頁4111。
〔註56〕《春秋穀梁傳·宣公十五年》，卷12，頁122。
〔註57〕《孟子·滕文公上》，卷5上，頁92。
〔註58〕另外，還有兩點需一併探討。首先是新朝的王田制與《周禮》的描述並不相
　　　　同。《周禮·地官·小司徒》說：「九夫爲井，四井爲邑。」（卷11，頁170）

古代至少有貢、助、徹等稅法名稱，王莽何以沿用「井田」制的內容卻又改名爲「王田」？筆者以爲王莽不稱「井田」，而命名爲「王田」，在名目上便具有宣示「王者田制」的意味。「王田」，當是延伸「溥天之下，莫非王土」之意。

2.改幣制

始建國二年（A.D.10），王莽造寶貨五品。王莽以金、銀、龜、貝、錢、布造寶貨五品的原因，至少有二。其一，承襲西漢的慕古風氣。元帝初元五年（B.C.44），貢禹上奏請求使用布帛、穀作爲交易的媒介，以追遵古制。〔註59〕哀帝時，師丹也贊成仿效古代以龜、貝爲貨幣的意見，與公卿商議改幣之事。〔註60〕王莽此舉，可說承慕古風氣而來。其二，爲了與漢朝區別。據《漢書‧食貨志》記載：

> 莽即真，以爲書「劉」字有金刀，乃罷錯刀、契刀及五銖錢，而更
> 作金、銀、龜、貝、錢、布之品，名曰「寶貨」。〔註61〕

可見王莽造寶貨五品的原因之一，是爲了與劉氏區隔，建立新朝本身所擁有的貨幣。換句話說，也是爲了強調新朝的建立。

《漢書》載：

> 是時（筆者按：始建國元年）百姓便安漢五銖錢，以莽錢大小兩行
> 難知，又數變改不信，皆私以五銖錢市買。譌言大錢當罷，莫肯
> 挾。……及坐賣買田宅奴婢，鑄錢，自諸侯卿大夫至于庶民，抵罪
> 者不可勝數。〔註63〕

一井九夫，則一人百畝，其中並無公田。新朝則有公田。因此王莽行王田制，和《周禮》沒有太大的關聯。第二，陳直先生認爲：「王莽王田制度，從〈莽傳〉來看，是未實行，從古物材料（按：指「間田印」）來研究，是已實行一部份。」但《漢書‧王莽傳》記載始建國四年（A.D.12）王莽下令王田可進行買賣，與地皇二年（A.D.21）公孫祿說：「明學男張邯、地理侯孫陽造井田，使民棄土業」，以及地皇三年（A.D.22）王莽命司國憲等人頒布除王田、奴婢、山澤六筦之禁等等，可見王田制的確曾經實施過一段期間，才會有大臣協助進行，和後來廢除王田的命令。所以不論是從〈王莽傳〉，還是從出土材料看來，王莽都曾經施行王田制。見陳直：《漢書新証》（天津：天津人民出版社，1979年），頁477。《漢書‧王莽傳》，卷99下，頁4170、4179。

〔註59〕《漢書‧貢禹傳》，卷72，頁3076。

〔註60〕《漢書‧師丹傳》，卷86，頁3506。

〔註61〕《漢書‧食貨志》，卷24下，頁1177。

〔註63〕《漢書‧王莽傳》，卷99中，頁4112。

可見王莽在始建國二年（A.D.10）造寶貨五品的潛藏原因，是大、小錢不被百姓所接受、因私鑄五銖錢而抵罪者又不勝其數。

　　然而，回顧王莽始建國元年（A.D.9）甫即位時，下詔說：

> 予前在大麓，至于攝假，深惟漢氏三七之阸，赤德氣盡，思索廣求，所以輔劉延期之術，靡所不用。以故作金刀之利，幾以濟之。……今百姓咸言皇天革漢而立新，廢劉而興王。夫「劉」之爲字「卯、金、刀」也，正月剛卯，金刀之利，皆不得行。博謀卿士，僉曰天人同應，昭然著明。其去剛卯莫以爲佩，除刀錢勿以爲利，承順天心，快百姓意。〔註62〕

引文指出兩點重要意義。第一，一國國勢衰微時，可改制使用某些與君王之姓相關的有形物品，在無形中接濟國力。因此王莽在居攝時期，爲了延長劉氏的國祚，因此和「劉」字「金」、「刀」相關的大錢、契刀、錯刀，與五銖錢並行。第二，當一國滅亡，則爲延長其國祚之物，以及與君王之姓相關的物品也應同時廢除。因此新朝建國，劉氏已廢，則去剛卯、五銖錢、契刀、錯刀等與「劉」字相關之物，採用小錢、大錢二品爲貨幣。既然漢朝的幣制與其國祚息息相關，那麼王莽始建國元年（A.D.9）廢除漢幣制，採用大、小錢，便已證明了新朝的成立。

　　因此，根據上文的討論，王莽在始建國元年（A.D.9）改革幣制，採行大、小錢，是爲了彰明新朝的建立，以配合天命、人心。始建國二年（A.D.10）造寶貨五品的原因則有現實、慕古兩種原因。《漢書·食貨志》略去王莽始建國元年（A.D.9）改幣制的記載，而將「罷錯刀、契刀及五銖錢」的措施與始建國二年（A.D.10）造寶貨五品相結合，遂使人難以明瞭王莽這兩次改幣制之意。

　　3.五均

　　始建國二年（A.D.10），王莽下詔施行五均。五均制度的用意，在天鳳四年（A.D.17）王莽重申六筦〔註64〕之令時，可以明見：

> 此六者，非編戶齊民所能家作，必卬於市，雖貴數倍，不得不買。
> 豪民富賈，即要貧弱，先聖知其然也，故幹之。〔註65〕

王莽認爲六筦是百姓日常生活的必須品，規定其價格，便能減少兼併，進而

〔註62〕《漢書·王莽傳》，卷99中，頁4108～4109。
〔註64〕「六筦」分別是：鹽、酒、鐵、名山大澤、五均賒貸、鐵布銅冶。
〔註65〕《漢書·食貨志》，卷24下，頁1183。

保護貧弱者的權益。然而，引文這段話是王莽因百姓苦於五均制度而發，若要探求當初實行的眞正意涵，當從《漢書》所說：

> 國師公劉歆言周有泉府之官，收不讐，與欲得，即《易》所謂「理
> 財正辭，禁民爲非」者也。〔註66〕

可見劉歆建議的出發點，在於讓財政有良好的法令、規劃，以禁止人民爲非作歹。再者，就制度的實質內容而言，五均制度具有加強政府掌控經濟的作用。因此，筆者將五均制度納入建立「正當性」的作爲。

　　五均的實施步驟爲：首先，在長安、洛陽、邯鄲、臨菑、宛、成都設立五均官，長安東西市及洛陽等五都的市長爲五均司市師〔註67〕，皆置交易丞五人、錢府丞一人。

　　其次，各司市在每一季的第二個月，根據市場的供需情況規定物價，分成上、中、下三種，作該市該物的基本價格，不受其他地區影響，即物價由政府負責訂定。當物價超過平均價，政府則照平均價出售，低於平均價時則讓百姓自相買賣。這點和《周禮·地官·司市》中所說的「以陳肆辨物而平市，以政令禁物靡而均市」〔註68〕十分類似。當物價波動時，政府必須採取行動加以平衡。此舉在於保障百姓（尤其是消費的一方），減少商人屯貨、壟斷物價，但同時也展現政治力深入到經濟層面。

　　第三，五均徵收除了農耕以外，〔註69〕其他事業的所得稅，如採礦、畜牧、坐肆列里區謁舍，工商之就地生利，五均皆得而徵貢。〔註70〕從事各種職業的百姓，向當地縣官繳交所得利潤的十分之一。如有逃、漏稅者則沒收所得、在縣官官府工作一年。王莽據《周禮》開創徵收所得稅之法，顯示人民對政府的責任。

　　王莽列舉出各種職業，然後提出它們所應繳的稅，與《周禮·地官·閭師》中舉出每一個行業應該呈交給政府的物品，二者描述的情形十分接近，〔註

〔註66〕《漢書·食貨志》，卷24下，頁1179。

〔註67〕《周禮·春官·司市》說：「以陳肆辨物而平市，以政令禁物靡而均市。」平均物價也是司市的職務之一，王莽爲五都的市長命名爲司市師當含有此意。引文見《周禮·春官·司市》，卷14，頁218。

〔註68〕《周禮·春官·司市》，卷14，頁218。

〔註69〕農耕者遵行王田制，八家共耕公田百畝，公田的收穫即可視爲農耕者的所得稅。

〔註70〕錢穆：〈劉向歆父子年譜〉，《兩漢經學今古文平議》，頁134。

〔註71〕《周禮·地官·閭師》載：「凡任民任農以耕事，貢九穀。任圃以樹事，貢草

71〕而《漢書》又記載新朝的稅制大抵遵照《周禮》實行，故此措施很可能便是出自〈地官‧閭師〉，只是王莽將《周禮》以實物為稅收的制度，轉換成貨幣。

　　然而，王莽按照《周禮》的記載向人民徵稅，還有不殖者、不毛者、無職者三項。據《周禮‧地官‧載師》〔註72〕，所謂「不殖者」即有田而不從事耕種者，王莽下令這些人必須出三夫之稅。如以一夫受田百畝來看，〔註73〕「一夫」實際上包含一個家庭，那麼「三夫之稅」便是將不從事耕種者的稅提高到三倍，即藉由高稅制促使百姓進行耕作。至於「不毛者」，據《周禮‧地官‧載師》〔註74〕，王莽認為「不毛者」指城郭中不種樹、菜蔬的人，這些人應罰三夫之布。〔註75〕同樣也是將稅收提高到三倍。而無職者的部分，王莽則是結合〈地官‧載師〉、〈地官‧閭師〉的記載，令無職事者出夫布一匹。〔註76〕不毛者、不耕田者、無職者同樣也要交所得稅，表現政府對百姓必須從事生產的要求。

　　第四，五均所收的貢稅，可作為百姓賒貸之用。這項賒貸的措施同樣取法於《周禮》。王莽實施放款，提升政府在經濟層面的功能。放款、收取利息，是變民間經濟活動為政府措施，政府可藉此充盈國庫，人民向政府貸款則可避免剝削。就出發點而言，此舉不失為良法。

　　　　木。任工以飭材事，貢器物。任商以市事，貢貨賄。任牧以畜事，貢鳥獸。任嬪以女事，貢布帛。任衡以山事，貢其物。任虞以澤事，貢其物。」（卷13，頁203）《漢書‧食貨志下》記述新朝的制度說：「諸取眾物鳥獸魚鼈百蟲於山林水澤及畜牧者，嬪婦桑蠶織紝紡績補縫，工匠醫巫卜祝及它方技商販賈人坐肆列里區謁舍，皆各自占所為於其在所之縣官，除其本，計其利，十一分之，而以其一為貢。」（卷24下，頁1180～1181）

〔註72〕《周禮‧地官‧載師》說：「凡田不耕者，出屋粟。」（卷13，頁202）鄭玄解「屋粟」為「三家之稅粟」，亦是三倍的刑罰，與王莽的處罰倍率相同。但王莽的「三夫之稅」的內容為何，則史書未載。鄭玄注見《周禮注疏‧地官‧載師》，卷13，頁202。

〔註73〕始建國元年（A.D.9），王莽施行王田制，一井九百畝由八人從事耕作，其中百畝為公田。

〔註74〕《周禮‧地官‧載師》說：「凡宅不毛者，有里布。」（卷13，頁202）

〔註75〕鄭眾對「不毛者」的解釋與王莽相同。「里布」，即居住地的稅，王莽認為是三夫之布，鄭玄則解釋為「一里二十五家之泉」，二者之間的同異，據目前《漢書》的記載無法論斷。鄭眾、鄭玄的看法，見《周禮注疏》，卷13，頁202。

〔註76〕《周禮‧地官‧載師》說：「凡民無職事者，出夫家之征。」〈地官‧閭師〉說：「凡無職者，出夫布。」見《周禮》，卷13，頁202、203。

因此王莽引用《周禮》大舉地改革經濟，將政府對經濟所掌握的層面擴大、力道加深，有突出國家/政府的角色的意義。〔註77〕只是在實施層面上有種種的問題，人民未蒙其利先受其害，故而不得不在地皇三年（A.D.22）廢除六筦。

（四）祭祀

漢初，高祖曾下詔說：「今吾以天之靈，賢士大夫定有天下，以為一家，欲其長久，世世奉宗廟亡絕也。」〔註78〕以奉祀宗廟代表政權長久存在。元帝永光四年（B.C.40），下詔：

> 往者天下初定，遠方未賓，因嘗所親以立宗廟，蓋建威銷萌，一民
> 之至權也。〔註79〕

可見漢世將統治者一姓的宗廟視為政權的表徵。〔註80〕易言之，帝王宗廟本身便象徵了一個政權的存在。始建國元年（A.D.9），天下初定，王莽暫時在明堂太廟祭祀祖先。地皇元年（A.D.20），才下詔建築九廟。〔註81〕王莽建九廟也是出於「欲視為自安能建萬世之基」〔註82〕的心態。當時，崔發、張邯上奏說：「德盛者文縟，宜崇其制度，宣視海內，且令萬世之後無以復加也。」

〔註77〕 如林劍鳴說：「『六筦』的總目標就是由封建政府對經濟實行有效的控制。」見氏著：《秦漢史》，頁70。

〔註78〕 《漢書‧高帝紀》，卷1下，頁71。

〔註79〕 《漢書‧韋玄成傳》，卷73，頁3116。

〔註80〕 王健文指出宗廟原本是「親緣性的結合」，卻同樣也是統治者的表徵，以「作為一個支配宗族的聖地而出現」。見氏著：《奉天承運──古代中國的「國家」概念及其「正當性」基礎》，頁167。按：王氏同時以地皇二年（A.D.21）王莽夢到五枚長樂宮銅人起立後，「遣虎賁武士入高廟，拔劍四面提擊，斧壞戶牖，桃湯赭鞭鞭灑屋壁，令輕車校尉居其中，又令中軍北壘居高寢」為例，說明宗廟具有豐富的意義，「革命者毀前代之宗廟，受禪者敬前代之祖廟。卻又只是在形式上的尊崇，必要時又須袚除其神力以保衛己之政權。」見王健文：《奉天承運──古代中國的「國家」概念及其「正當性」基礎》，頁172。

〔註81〕 本段關於王莽「九廟」遺址的期刊論文、專書，蒙貝克定先生惠示與提點，謹此致謝。據1956年7月西安市郊閻莊和棗園村一帶的出土遺址，王莽「九」廟卻有「十二」座遺址的原因，學者之間看法不同，至今未有共識。詳參黃展岳：〈關於王莽九廟的問題──漢長安城南郊一組建築遺址的定名〉，《考古》1989年3期，頁263～264。王恩田：〈「王莽九廟」再議〉，《考古與文物》1992年4期，頁97～98。中國社會科學院考古研究所編：《西漢禮制建遺址》。

〔註82〕 《漢書‧王莽傳》，卷99下，頁4161。

〔註83〕以建築物的堂皇壯麗宣揚天子威望，則與漢高祖建未央宮時，蕭何所說的話如出一轍。〔註84〕

　　綜上所述，不論王莽是直接引用，還是融鑄數種經書制度，經籍記載都已然成為王莽政治措施的根據。這些措施的背後，皆具有突顯「王者改制」、政府地位的意涵。當運用經書是為了政治目的時，便使經書成為政治的附庸。就這點來說，經書或許是在政治上發揮了最大的效用，然而卻也形成失去「學術領導政治」此一精神的隱憂。

第三節　新朝對讖緯符命的應用

　　研究西漢經學時，讖緯是一項不可忽略的課題。讖緯的起源時間，學者間有許多不同的看法，如周予同先生認為「發源於古代陰陽家，起於嬴秦」，陳槃先生則以為需上溯至古代史官。〔註85〕儘管如此，讖緯盛於西漢末年卻是相當一致的意見。〔註86〕

　　關於讖緯的名義，大致有兩種意見：其一，讖、緯有別，如《四庫全書總目提要》認為「讖者詭為隱語，預決吉凶」、「緯者經之支流，衍及旁義」，讖為近似占卜預測之言，緯則是衍說經義；其後有無名氏的緯書雜入術數之言、妖妄之詞，於是讖與緯逐漸合一，因而合稱為讖緯。〔註87〕其二，讖、緯大體無別，如陳槃先生在考察漢代文獻後說：

> 今按讖、緯、圖、候、符、書、錄，雖稱謂不同，其實止是讖緯；
> 而緯復出於讖。故讖、緯、圖、候、符、書、錄，七名者，其於漢
> 人，通稱互文，不嫌也。蓋從其占驗言之則曰讖；從其附經言之則

〔註83〕《漢書‧王莽傳》，卷99下，頁4161。

〔註84〕高祖七年（B.C.200），蕭何治未央宮，高祖批評過於壯麗，蕭何回答說：「……且夫天子以四海為家，非令壯麗亡以重威，且亡令後世有以加也。」見《漢書‧高帝紀》，卷1下，頁64。

〔註85〕周予同：〈緯書與經今古文學〉，《周予同經學史論著選集》，頁47。陳槃：〈秦漢間之所謂「符應」論略〉，《古讖緯研討及其書錄解題》，頁6。

〔註86〕王令樾採用《古微書》、《四庫全書總目提要》、徐養原、汪繼培、金鶚、李富孫、劉師培、皮錫瑞、陳槃等諸家意見，提出「……大要謂讖緯源於周秦，成於西漢，盛於哀、平之際，這是讖緯的源流概況。」見氏著：《緯學探原》（臺北：幼獅文化事業公司，1984年），頁66。

〔註87〕清‧永瑢、紀昀等撰：《四庫全書總目提要》（臺北：臺灣商務印書館股份有限公司，1983年），卷6，頁166。

曰緯；從《河圖》及諸書之有文有圖言之則曰圖，曰緯，曰錄；從
其占候之術言之則曰候，從其為瑞應言之則曰符：同實異名，何拘
之有？〔註88〕

陳氏認為：對漢人而言，讖、緯、圖、候、符、書等本質上是一樣的，只是
偏重各有不同，所以有不同的名稱。又如周予同先生認為讖、緯分別有廣狹
兩義：廣義的緯、讖同樣泛指漢代一切講術數占驗的書；狹義的緯專指「七
緯」，狹義的讖則專指《河圖》、《洛書》而言。周氏並認為符命不限於文字的
表達形式，其意義又比讖、緯來得廣。〔註89〕因此從周氏最寬泛的定義看來，
讖、緯、符命是很接近的。

據《漢書·王莽傳》，圖、符命、書等在應用上亦無太大差別。居攝三年
（A.D.8）出現新井、石牛、雍石三異象。王莽上奏說：

臣與太保安陽侯（王）舜等視（雍石、石牛），天風起，塵冥，風止，
得銅符帛圖於石前，文曰：「天告帝符，獻者封侯。承天命，用神令。」
〔註90〕

王莽的奏書用「銅符帛圖」一詞，而《漢書》的記載則說：「眾庶知其奉符命，
指意群臣博議別奏，以視即眞之漸矣。」〔註91〕可見「符命」可包含帛「圖」。
又如始建國元年（A.D.9）王莽頒四十二篇〈符命〉於天下，所謂「四十二篇」
分別是德祥五事、符命二十五、福應十二：

其德祥言文、宣之世黃龍見於成紀、新都，高祖考王伯墓門梓柱生
枝葉之屬。符命言井石、金匱之屬。福應言雌雞化為雄之屬。〔註92〕

此處亦使用「符命」一詞，概括德祥、符命、福應三類異象。〔註93〕「符命
言井石、金匱之屬」的「井石」即上文居攝三年（A.D.8）的新井、石牛、雍
石，「金匱」是指哀章上金匱「圖」、金策「書」之事，可知「符命」與「圖」、
「書」也相互指稱。因此本文採陳槃先生之見：讖、緯、符命、圖錄等在漢

〔註88〕陳槃：〈讖緯命名及其相關之諸問題〉，頁148。標點符號略有更動。
〔註89〕周予同：〈緯書與經今古文學〉，《周予同經學史論著選集》，頁42～45。
〔註90〕《漢書·王莽傳》，卷99上，頁4093～4094。
〔註91〕《漢書·王莽傳》，卷99上，頁4094。
〔註92〕《漢書·王莽傳》，卷99中，頁4112。
〔註93〕陳槃說：「『符應』，諸書或作『符命』，或『符瑞』，或『瑞應』（自注：亦作
『應瑞』）或『瑞命』，或『嘉應』，或『福應』，或『德祥』，或『禎祥』，或
『祥瑞』，或『祥異』之等，其實一也。」見氏著：〈秦漢間之所謂『符應』
論略〉，《古讖緯研討及其書錄解題》，頁1。

代「通稱互文」，作爲討論根據。

一、一體兩面的災異與符命

　　在天人相感的思惟下，大臣結合經義陳說災異，藉以匡正君王的作爲。用君王所相信的道理——天人相感——加以勸諫，無疑是最具說服力的辦法。然而，陰陽災異以「假經設誼，依託象類」〔註94〕爲立足點，和讖緯符命其實是十分接近的，因此馬宗霍、錢穆、蕭公權、勞榦等學者均以爲齊學中的災異開啓或者轉化爲讖緯。〔註95〕災異和符命的相似點，較明顯的顯示在二者都被用來解釋當時出現的異象，如漢武帝問董仲舒說：「三代受命，其符安在？災異之變，何緣而起？」董仲舒對策以爲三代受命出於積善累德，災異起於淫佚衰微、廢德教而任刑罰。〔註96〕易言之，以君王修德與否解釋異象出現的原因，乃至政權興亡的原因。始建國元年（A.D.9），王莽頒布四十二〈符命〉，茲表列如下：〔註97〕

1 貴女興天下	2 夢月入懷	3 黃龍見成紀	4 黃龍見新都
5 雌雞化爲雄	6 鳳凰來儀	7 祖墓梓柱生枝葉	8 井水謠
9 黃爵謠	10 西王母傳籌	11 南蠻獻雉	12 神爵降集
13 黃支獻犀牛	14 風雨時	15 甘露降	16 神芝生
17 蓂莢之瑞	18 醴泉自地出	19 朱草之瑞	20 嘉禾之瑞
21 銅璧文	22 路建輒訟	23 禾不種自生	24 繭不蠶自成

〔註94〕《漢書》，卷75，頁3195。

〔註95〕馬宗霍：《中國經學史》（臺北：臺灣商務印書館，2000年），頁48。錢穆：〈劉向歆父子年譜〉，《兩漢經學今古文平議》，頁65。蕭公權：《中國政治思想史》（臺北：聯經出版事業公司，1982年），頁325。勞榦：〈漢代政治組織的特質及其功能〉，《勞榦學術論文集》，甲編下冊，頁1246。林劍鳴：《秦漢史》，頁34。

〔註96〕《漢書‧董仲舒傳》，卷56，頁2500。按：陳槃説：「原夫符應思想，本與五帝德説互爲因果，有德者必有符，有其符，是以知德。二事似不可分。」亦可作爲參考。見氏著：〈秦漢間之所謂『符應』論略〉，《古讖緯研討及其書錄解題》，頁1。

〔註97〕徵引自沈展如：《新莽全史》，頁155。按：這四十二〈符命〉，不完全是王莽本人當政時的祥瑞。如1、2兩項，是占卜者預言元后（王政君）「貴女興天下」的典故，王莽引此作爲王家興盛的開端。3、4是文帝、宣帝時的祥瑞，王莽追述這兩個故事，意指文帝、宣帝時即有祥瑞顯明土德（新朝）將興。5則是指元后的地位從太子妃升至皇后，而後開啓王鳳專政的異變。

25 東夷王奉國珍	26 匈奴單于去二名	27 武功丹石	28 三台文馬
29 鐵契	30 石龜	31 虞符	32 文圭
33 玄印	34 茂陵石書	35 玄龍石	36 神井
37 大神石	38 銅符帛圖	39 巴郡石牛	40 扶風雍石
41 金匱圖	42 金策書		

　　王莽即位前，黃支獻犀牛、冥莢、朱草等許多異象被歸因於王莽所具有的「周公之德」，不僅感動上天，也感化外邦。而這些異象後來也被解釋爲王莽受天命的徵兆。

　　其次，災異與符讖均引經義陳說。災異緣經義以爲說，疑義較少。此處分爲三點解釋讖緯與經學的關係。第一，緯與經學的關係。《四庫全書總目提要》說：「緯者經之支流，衍及旁義」〔註98〕，因此緯可以說是相當於經的「傳」。只是它與經義不一定十分契合，內容可能摻入民間方術之說，而且作者不詳，所以後人解釋經義時較不重視緯書。第二，讖與經學的關係。據陳槃、鍾肇鵬等學者的研究，〔註99〕讖語其實亦依附經義，推闡微言，與經書並非涇渭分明。〔註100〕陳槃先生以爲「緯」名後起，到東漢初年班固編撰《白虎通》時，經、緯之間的關係尚未固定。〔註101〕《後漢書》記載郅惲上書王莽：

> （郅惲曰）「臣聞天地重其人，惜其物……，顯表紀世，圖錄豫設。
> 漢歷久長，孔爲赤制……。」莽大怒，即收繫詔獄，劾以大逆。猶
> 以惲據經讖，難即害之，……。〔註102〕

引文中稱「經讖」而非「經緯」，可知當時「緯」之名尚未顯著，故稱爲「經讖」。〔註103〕而「經讖」一語，顯示有些讖語和經文具有相關性。對於重視經

〔註98〕《四庫全書總目提要》，卷6，頁166。

〔註99〕陳槃：〈讖緯命名及其相關之諸問題〉，《古讖緯研討及其書錄解題》，頁164～167。鍾肇鵬：《讖緯論略》（瀋陽：遼寧教育出版社，1995年），頁8。

〔註100〕鍾肇鵬更指出所謂「讖駁緯純」的論斷，乃出於「尊經」思想。見氏著：《讖緯論略》，頁8。

〔註101〕陳槃：〈讖緯命名及其相關之諸問題〉，《古讖緯研討及其書錄解題》，頁163～164。

〔註102〕《後漢書·郅惲列傳》，卷29，頁1025。

〔註103〕陳槃：〈讖緯命名及其相關之諸問題〉，《古讖緯研討及其書錄解題》，頁163。
　　　按：陳氏以《白虎通》引讖說、《洛書》與《尚書》《詩經》有關、諸經並有經讖，得出讖亦附經義的結論，可供參考。見氏著：〈讖緯命名及其相關之諸問題〉，頁164～167。

書的漢人而言，讖、緯等或許提供另一個解讀經書的角度。最後，若照《四庫全書總目提要》所言，劃分讖、緯：緯與經書或相關或無關，而讖、符命、中候等則無關經書宏旨。那麼，景鸞以讖注解經書，作「《易說》、《詩解》，文句兼取《河》《洛》，以類相從，名爲《交集》。」〔註104〕鄭玄除了以緯書注經之外，又爲《洛書》（讖書）、《易緯》、《尚書中候》等作注等情形，便使人不得其解。

　　再以上文四十二〈符命〉爲例，如14、15、16、17、19、20等出自《尚書》，22源於《詩經》，26出於《春秋公羊傳·定公六年》，顯示符命與經書並非涇渭分明。另外，15「甘露降」，《孝經援神契》說：「王者德至天則甘露降」〔註105〕、16芝草，《孝經援神契》說：「王者德至於草木則芝草生」〔註106〕、17蓂莢，《尚書帝命驗》說：「舜受命，蓂莢孳」〔註107〕，甘露、芝草、蓂莢等吉兆並存於經書、緯書，那麼王莽所引用的典故，除了符合經書記載，也與緯書相應和，從而達到緯書中「王者」、「舜受命」的暗示。就目前的資料看來，無法確定這三條典故出自經書或緯書，但可以確定的，是當時「（即將有）王者受命」的觀念十分普遍。

　　第三，災異與符讖皆透過經學，以政治爲主要關懷對象。漢臣陳說災異警戒君王，此毋需再述，茲舉新朝結合經書、符命、政治三者爲例說明。地皇元年（A.D.20）七月，發生大風颴起毀壞王路堂、十圍大的榆樹被擊倒、月犯心前星等異變，王莽認爲是即位時以次子王臨爲太子，而非以長子王安所導致，於是引符讖《紫閣圖》〔註108〕以及《論語》「名不正，則言不順，至於刑罰不中，民無錯手足」之語，改立王安爲新遷王，王臨爲統義陽王。藉此事件可知王莽爲了探求產生災異的原因，從符讖、經書尋求解答，以期獲得上天降災的旨意，繼而根據推測出來的旨意，改變政治現狀。此模式與陳說災異改變政治相同。而且，王莽將經書與符讖放在同一個水平作爲政治參考，可見兩者對當時政治的影響力不相上下。

〔註104〕《後漢書·儒林列傳》，卷79下，頁2572。

〔註105〕中村璋八、安居香山：《重修緯書集成》，卷5，頁41。

〔註106〕中村璋八、安居香山：《重修緯書集成》，卷5，頁42。**按**：《太平御覽》卷873載「德」字上有「王者」二字。

〔註107〕中村璋八、安居香山：《重修緯書集成》，卷2，頁54。

〔註108〕陳槃說：「今《紫閣圖》言符瑞，張樂，求仙，及其託始太一，均與武帝世方士說同，然則《紫閣圖》，方士所託《符讖》也。」見氏著：〈秦漢間之所謂『符應』論略〉，《古讖緯研討及其書錄解題》，頁58。

然而，災異、符命主要的不同在於：

> 符應一點是帝王方面極力希求的來證明他位置的合理，而災異一點
> 卻是有思想的臣下推演出來希望限制帝王的濫作威福。〔註109〕

相異點為應用者的身分、應用的目的。帝王藉符命證明王位的「合法性」，臣下則藉災異約束君王作為。前者肯定王權、尊崇君王；後者則在承認王權、君王存在的基礎上，採取貶抑的態度。二者是一體兩面的關係。換句話說，大興於西漢末年的符讖，仍和西漢學術息息相關。

二、讖緯符命的應用

新朝應用符讖的特色，主要有以符讖作為新朝受天命的表徵、新朝應用的符讖大多符合王莽個人的主觀意願等兩項。以下試述之。

（一）表徵新朝天命的符命

一個新起的朝代要證明它取代前朝、擁有天下的「正當性」，必須有上天的旨意為據。周朝初興時，有「（天）乃眷西顧」〔註110〕，〈洛誥〉記載周公對成王說：「王如弗敢及天基命」〔註111〕、〈君奭〉載周公說：「弗弔天降喪于殷，殷既墜厥命，我有周既受。」〔註112〕均指出商朝不再受上天眷顧，天命已降臨於周朝。漢朝時，漢高祖說：「吾以布衣提三尺取天下，此非天命乎？」〔註113〕就連原為諸侯王的漢文帝，受迎即位時，屬下多有疑慮，獨有一宋昌說：「此乃天授，非人力也。」〔註114〕因此「唯有上天才能決定一朝（一人）得以擁有天下」是普遍的共識。但天意隱而不可見，只有訴諸具體的異象、符讖，才能為人所知。以符讖作為新朝有天下的證據起於民間，進而為王莽所應用，甚至影響到新朝的政治措施、王莽的個人行事，以下分三點討論。

首先，以符讖作為天命代漢立新的證據起於民間，王莽登基後便大加宣

〔註109〕勞榦：〈漢代政治組織的特質及其功能〉，《勞榦學術論文集》，甲編下冊，頁1246。按：夏長樸師說：「西漢學者談災異多依據《春秋》、《尚書》，東漢學者談災異則多本於讖緯。」也可作為比較災異、讖緯的參考。見葉國良師、夏長樸師、李隆獻師：《經學通論》（臺北：國立空中大學，2001年），頁497。

〔註110〕《毛詩・大雅・文王》，卷16～4，頁567。

〔註111〕《尚書・洛誥》，卷15，頁224。

〔註112〕《尚書・君奭》，卷16，頁244。

〔註113〕《漢書・高帝紀》，卷1下，頁79。

〔註114〕《漢書・文帝紀》，卷4，頁106。

揚。居攝三年（A.D.8），謝囂上奏武功長孟通浚井得白石，石上有丹書文：「告安漢公莽爲皇帝」。這是第一次上奏王莽當爲皇帝的符命。丹書的典故可見於：

> 《易乾元序制記》：「伐崇，作靈臺，受赤雀丹書，稱王制命，示王意。」〔註115〕

> 《春秋元命包》：「西伯既得丹書，於是稱王，改正朔、誅崇侯虎。」
〔註116〕

二者均記載文王得上天所賜的丹書後，稱王改制。可以想像得到，在更命論述的影響下，時人對於王莽從元始年間的安漢公（A.D.1～5），到居攝期間（A.D.6～8）的宰衡、攝皇帝，長期握有政權幾乎與皇帝無異的情況下，不免做更進一步的揣想。因此，文王受命的丹書或許反映出地方對於朝廷政局的想法。上天示下丹書異象，可說是新朝以符讖爲天命表徵的前奏。

其後，哀章圖書則決定了王莽代漢立新的舉動。據《漢書》記載，居攝三年（A.D.8）時：

> （哀章）見莽居攝，即作銅匱，爲兩檢，署其一曰「天帝行璽金匱圖」，其一署曰「赤帝行璽某傳予黃帝金策書」。〔註117〕

此舉實出自《春秋運斗樞》：

> 舜以太尉受號，即位爲天子。五年二月東巡狩，至于中月，與三公諸侯臨觀，黃龍五采負圖出，置舜前。圖以黃玉爲匣如櫃，長三尺廣八寸厚一寸，四合而連，有戶，白玉檢，黃金繩，芝爲泥，封兩端，章曰：「天皇帝符璽」五字。〔註118〕

舜符圖爲「天皇帝符璽」，哀章則名爲「天帝行璽金匱」，「天帝行璽金匱圖」即爲天命之意。哀章所上的圖書，運用《春秋運斗樞》中舜的典故，也具有傳達紹繼黃虞遺統的意義。〔註119〕王莽受此圖書，遂即位爲天子。

王莽憑藉符讖建國，即位後勢必得引用符命的典故，說明上天早有異象

〔註115〕中村璋八、安居香山：《重修緯書集成》，卷1下，頁86。

〔註116〕中村璋八、安居香山：《重修緯書集成》，卷4上，頁31。

〔註117〕《漢書・王莽傳》，卷99上，頁4095。

〔註118〕中村璋八、安居香山：《重修緯書集成》，卷4上，頁156。

〔註119〕陳槃：〈秦漢間之所謂「符應」論略〉，《古讖緯研討及其書錄解題》，頁50。
　　　　按：《春秋運斗樞》說：「黃帝與大司馬容光，觀鳳凰，銜圖置黃帝前。」可見漢人認爲黃帝時也有圖書的祥瑞。引文見中村璋八、安居香山：《重修緯書集成》，卷4上，頁155。

顯示新朝的成立，以證明新朝的合法性。因此，王莽以符瑞、異象爲天命的具體表徵，屢言受天命而有天下〔註 120〕。所謂的符瑞、異象如始建國元年（A.D.9），王莽下詔說：

> 予前在攝時，建郊宮，定祧廟，立社稷，神祇報況，或光自上復于下，流爲烏，或黃氣熏烝，昭燿章明，以著黃、虞之烈焉。〔註121〕

這個說辭曾分見於三處較早文獻：

> 《尚書大傳》：「（武王伐紂）觀兵于孟津，有火流于王屋，化爲赤烏三足。」〔註122〕

> 董仲舒〈對策〉：「臣聞天之所大奉使之王者，必有非人力所能致而自至者，此受命之符也。天下之人同心歸之，若歸父母，故天瑞應誠而至。《書》曰：『白魚入于王舟，有火復于王屋，流爲烏』，此蓋受命之符也。」〔註123〕

> 《史記·周本紀》：「（武王）既渡，有火自上復于下，至于王屋，流爲烏，其色赤，其聲魄云。」〔註124〕

《尚書大傳》的記載較爲簡略。董仲舒所說的「受命之符」，指出漢人認爲帝王受命時，當有符瑞作爲表徵，此爲王莽詔書中的眞正意涵。〔註125〕《漢書·五行志》載：

> 元帝初元四年，皇后曾祖父濟南東平陵王伯墓門梓柱卒生枝葉，上出屋。……後王莽篡位，自說之曰：「初元四年，莽生之歲也，當漢九世火德之厄，而有此祥興於高祖考之門。門爲開通，梓猶子也，言王氏當有賢子開通祖統，起於柱石大臣之位，受命而王之符也。」
>
> 〔註126〕

〔註120〕 如始建國元年（A.D.9）登基典禮上對孺子嬰說：「昔周公攝位，終得復子明辟，今予獨迫皇天威命，不得如意！」同年，更改幣制時也說：「皇天明威，黃德當興，隆顯大命，屬予以天下。」見《漢書·王莽傳》，卷99中，頁4109、4100。

〔註121〕 《漢書·王莽傳》，卷99中，頁4106。

〔註122〕 《尚書大傳輯校》，輯校2，頁4129。

〔註123〕 《漢書·董仲舒傳》，卷56，頁2500。

〔註124〕 《史記·周本紀》，卷4，頁120。**按**：只是無「火自上復于下」一句。

〔註125〕 如劉向也說：「漢之入秦，五星聚於東井，得天下之象也。」見《漢書·楚元王傳》，卷36，頁1964。

〔註126〕 《漢書·五行志》，卷27中之下，頁1412～1413。

可見王莽同樣有受命而王的符瑞。上引《史記・周本紀》的「有火自上復于下」一句，爲王莽所承；然王莽爲彰明新朝屬土德，所以改「火」字爲「光」字，並以「黃氣熏烝」與「黃虞之烈」相配合。〔註127〕

不過，「天命立新」的概念不應只存在於朝廷中，也必須受到天下萬民的認可。因此王莽頒布四十二篇〈符命〉於天下的舉動，便帶有宣傳新朝受天命而有天下的意味，並藉以建立百姓的共同意識、加強新朝政權的「正當性」。東漢光武帝即位作圖讖八十一篇，亦出於同樣的心態。

第二，符命是上天的旨意，有遵行的必要，因此符命的內容也就對現實政治發揮作用。從另一個角度來看，僅憑符命傳達新朝「正當性」的意識型態並不能完全進入人心，必須藉由外在的命令、作爲使人產生認同感。如始建國元年（A.D.9），王莽按照哀章的圖書封十一公，其中包含了故城門令史王興、賣餅兒王盛。此次以符命內容登用官員的事件，開啓人們作符命求封侯的風潮；此即透過政治上的認可，使人們對符命產生更爲深刻的認同感。又如始建國五年（A.D.13），王莽據符命而下令遷都時說：「玄龍石文曰『定帝德，國雒陽』符命著明，敢不欽奉！」〔註128〕也是政治措施受到符命影響的例子。

第三，就個人行事方面，王莽認爲若遵行符命，可蒙上天眷顧，達成個人登僊的願望。如地皇二年（A.D.21），陽成脩獻符命請繼立民母說：「黃帝以百二十女致神僊。」〔註129〕於是王莽遣中散大夫等人分行天下，采淑女。地皇四年（A.D.23），以杜陵史氏女爲皇后，《漢書》記載：

> 備和嬪、美御、和人三，位視公；嬪人九，視卿；美人二十七，視大
> 夫；御人八十一，視元士：凡百二十人，皆佩印韍，執弓韣。〔註130〕

和嬪、美御、和人、嬪人、美人、御人的數目與在朝廷上的三公、九卿、二十七大夫、八十一元士相同，具有天子大臣與後宮數目一致的意味。此即《禮記・昏義》所說：

> 古者天子后立六宮、三夫人、九嬪、二十七世婦、八十一御妻，以
> 聽天下之內治，以明章婦順，故天下內和而家理。天子立六官、三
> 公、九卿、二十七大夫、八十一元士，以聽天下之外治，以明章天

〔註127〕陳槃：〈秦漢間之所謂「符應」論略〉，《古讖緯研討及其書錄解題》，頁48～49。

〔註128〕《漢書・王莽傳》，卷99中，頁4132。

〔註129〕《漢書・王莽傳》，卷99下，頁4168。

〔註130〕《漢書・王莽傳》，卷99下，頁4180。

> 下之男教，故外和而國治。〔註131〕

同時，從總人數一百二十人而言，也符合陽成脩所說黃帝登仙的符命。可見就遵從天意的思惟而言，符命對於王莽個人爲了追求登儒的目的也產生影響。

另外，符命既然是用來建立新朝的天意基礎，那麼對於符命的解釋權勢必爲王莽所專，不得假手他人，因此始建國二年（A.D.10）王莽爲絕「姦臣作福之路而亂天命」〔註132〕，遂令以五威將軍所頒布的符命爲準，擅造符命者下獄。

（二）契合王莽主觀意願的符命

陳槃先生認爲在王莽以前，符應多由方士所作，呈現給君主；「而王莽之符應，則皆出於莽之指意，因而出之。」〔註133〕筆者以爲較值得注意的例子，如上文所舉地皇元年（A.D.20），發生大風颭起毀壞王路堂、榆樹被擊倒、月犯心前星等異變，王莽解讀符命、經書後，便改立王安爲新遷王，王臨爲統義陽王。但在地皇二年（A.D.21），王臨因謀殺王莽未遂，下獄自殺。於是王莽重新詮釋去年的符命說：

> 符命文立（王）臨爲統義陽王，此言新室即位三萬六千歲後，爲臨
> 之後者乃當龍陽而起。前過聽議者，以臨爲太子，有烈風之變，輒
> 順符命，立統義陽王。〔註134〕

王莽認爲符命所說的立王臨爲統義陽王，其實是指王臨的後代，而非王臨本人。同時，王莽以爲去年的詮釋是錯誤的，並把過錯推到其他人身上。可見符命的意義，可隨王莽個人的需要、意願而異。〔註135〕

又如地皇四年（A.D.23），劉伯升率領的軍隊傳言王莽鴆殺孝平帝，王莽於是開啓元始五年（A.D.5）時，爲漢平帝請命的金縢策，以示群臣。同時：

> （王莽）命明學男張邯稱說其德及符命事，因曰：「《易》言：『伏戎
> 于莽，升其高陵，三歲不興。』『莽』，皇帝之名。『升』謂劉伯升。
> 『高陵』謂高陵侯子翟義也。言劉升、翟義爲伏戎之兵於新皇帝世，

〔註131〕《禮記・昏義》，卷61，頁1002。
〔註132〕《漢書・王莽傳》，卷99中，頁4122。
〔註133〕陳槃：〈秦漢間之所謂『符應』論略〉，《古讖緯研討及其書錄解題》，頁57。
〔註134〕《漢書・王莽傳》，卷99下，頁4165。
〔註135〕王莽即位前，黃支獻犀牛、冥莢、朱草等異象被視作祥瑞，到新朝之後卻被解釋爲王莽受天命的符兆。可見異象的解釋因現實政治需要而異。

猶殄滅不興也。」群臣皆稱萬歲。〔註136〕

張邯引《易‧同人》九三爻辭，附會解釋劉伯升、翟義等人無法成事，以符合王莽的旨意。可見符命名義上雖爲天意，實際上含有人爲（尤其是王莽）的運作成份在內。藉由這段記載，亦可知當時符命形成方式之一爲牽引經義，附會時事。傳達天意的符命，藉由結合經書，擴展其在政治上的影響力，也因此成爲政治預言。

據上所述，新朝對讖緯符命的應用，其實具有雙重性質。以符命爲新朝受天命的表徵而言，王莽在施政、個人行事方面都受符命的制約或影響。以符命契合王莽的主觀意願而言，符命則爲王莽解釋現狀的利器。王莽與符命實際上互有主從關係。

然而，追根究柢，符命之所以能夠在當時的政治產生如此龐大的影響力，乃因此爲時人普遍接受的思惟模式，〔註137〕否則至少也是朝廷大臣所共有的官方思惟，從上文所引「群臣皆稱萬歲」即可得知。王汎森先生以爲造作符命、讖緯者與接受者都有一個共同認可的基礎，並說：

當然，造作者是可以在他所相信的媒介上加入對自己的權力有利的質素，使讖緯爲自己服務，但這並不意味著他們在意識深層並不相信讖緯，只是狡猾地玩弄著。〔註138〕

正因爲王莽是眞心相信符命，所以他在自知新朝即將滅亡時，還率領群臣到南郊，「陳其符命本末，仰天曰：『皇天既命授臣莽，何不殄滅眾賊？即令臣莽非是，願下雷霆誅臣莽！』」〔註139〕。但不可否認的是，王莽確實意圖使符命爲自己服務，而且他以政治舉動宣揚符命的同時，也助長了符命在人們心中的地位。

從上文可知，符命契合王莽個人主觀意願，主要的原因在於符命是君王爲證明王位的合理性而來。

另外，符命契合王莽個人意願，筆者以爲還有一個可能的原因。據漢人

〔註136〕《漢書‧王莽傳》，卷99下，頁4184。

〔註137〕葛兆光認爲讖緯與數術之學相通，而數術這一類的思想、知識，絕非某人、某派的發明，「而是當時通行的知識與技術」。見氏著：《中國思想史》，卷1，頁278。

〔註138〕王汎森：《古史辨運動的興起》（臺北：允晨文化實業股份有限公司，1987年），頁113，注1。

〔註139〕《漢書‧王莽傳》，卷99下，頁4187～4188。

的說法，孔子不僅爲漢制法，也制作讖緯。〔註140〕如：

何休引《春秋緯》：「案《春秋説》云：……又云：『丘攬史記，援引古圖，推集天變，爲漢帝制法，陳敘《圖錄》。』」〔註141〕

鄭玄：「孔子雖有聖德，不敢顯然改聖王之法，以教授於世。若其所欲改，其陰書於緯，藏之以傳後王。」〔註142〕

荀悅《申鑒・俗嫌》：「世稱緯書仲尼之作也。」〔註143〕

由此推之，王莽不用孔子爲漢朝作的讖緯而出於己意，也可能是出於排漢意識，建立新朝本身所獨有的讖緯，以示天命所歸。

據上文的討論，可知就符命與政治的關係而言，一個新朝代必須用一套世界觀與詮釋系統來概念化、合理化它的建構與事實，以說服社會中的成員。〔註144〕王莽應用符命的主要目的，即在於此。而符命與王莽個人主觀意願相合，也是出於證明王位合理性的需要，與排漢意識。再者，符命的本質與災異十分類似，在相當程度上它們都必須結合經義，以達到政治上的作用。而符命結合經義陳說，也使得它的可信度更提高一層。因此，經書可以說是符命的立論根據之一。除了同樣建立起新朝的「正當性」之外，符命與王莽引經施政之間，還有更深一層的關係。王莽即位後引經施政時，面對和即位前同樣的難題：經籍的記載有限，但現實政治卻是不斷變化。二者之間，往往產生裂縫。此時，經書所不言而又爲現實所需的部分，便可由符命根據經文發揮，而加以填補。因爲經文有限，而讖緯符命卻可無限製造。〔註145〕如經書上有周朝受天命而有

〔註140〕 不過，孔子作讖緯之說，至少在東漢初年時已經出現反對聲音，如桓譚說：「今諸巧慧小才伎數之人，增益圖書，矯稱讖記，以欺惑貪邪，詿誤人主，焉可不抑遠之哉！」認爲圖書、讖記有一部分是當時人所作的。尹敏說：「讖書非聖人所作，其中多近鄙別字，頗類世俗之辭，恐疑誤後生。」同樣也質疑讖書是時人所作。引文見《後漢書》〈桓譚列傳〉，卷28上，頁960；〈儒林列傳〉，卷79上，頁2558。

〔註141〕《春秋公羊傳・隱公元年》，卷1，頁6。

〔註142〕《禮記・王制》，卷12，頁237。

〔註143〕 漢・荀悅撰，明・吳道傳校：《申鑒》（臺北：臺灣中華書局，1966年，四部備要：子部12，中華書局影印聚珍仿宋版），卷3，頁三下。

〔註144〕 王健文：《奉天承運——古代中國的「國家」概念及其「正當性」基礎》，頁8。

〔註145〕 湯志鈞說：「經是『聖經』，只能解釋，不能更改，而『緯』卻可任意發揮，並加編造。」葛兆光認爲當經書獲得政治上的發話權時，也就不免出現希望分享其權力的讖緯，「因爲經書畢竟只有幾種，無論如何自由闡釋，總是受到

天下，史書也記載漢朝受天命，但並無任何記載顯示新朝奉天命而起。此時，符命便可彌補經書上的不足，爲新朝建構「正當性」。從這幾點也就可以看出新朝時政治「正當性」——符命——經義三者之間的關係。

從王莽建構「正當性」的整體情況來看，可以說是呈現一種近似於金字塔式的結構。在金字塔的底層，是經學和西漢當時其他盛行的學說、思惟爲組成分子，如五德相生說、災異與符瑞中的「天人相感」思惟等。藉由經學與其他盛行的學說、思惟結合，構築成新朝爲舜後與土德、引經改制以示新朝的成立、以符讖爲天命的具體表徵等理論，此爲第二層。而最上的一層，也就是王莽種種措施的最終目的，便是新朝的「正當性」。雖然王莽致力於建構新朝的「正當性」，新朝卻仍走向滅亡。對此，則有探究的必要。

第四節　新朝改制失敗的原因探析

大體而言，西漢、新朝、東漢建構「正當性」時採取的模式，十分相近。西漢、東漢的國祚均長達二百年左右，因此「正當性」的理論如血緣、改制、符命等，確實能達到其政治效益。那麼，新朝在十五年間旋起瞬滅的原因，便與「正當性」理論本身無關。理論本身既與新朝的滅亡無涉，則需進一步檢視實踐理論的方法。導致新朝滅亡最主要的原因，在於引用《公羊》學強調「王者改制」的政治措施，不切實際而且擾民。茲舉與百姓日常生活相關的三事爲例說明。

其一，王莽始建國元年（A.D.9）爲標明新朝的建立，改革幣制，廢除與漢朝相關的剛卯、五銖錢、契刀、錯刀，而採行大錢、小錢。始建國二年（A.D.10），又更改幣制，行寶貨五物、六名、二十八品。天鳳元年，（A.D.14）王莽「復申下金銀龜貝之貨，頗增減其賈直」〔註146〕，罷大、小錢，改作貨布、貨泉。短短數年間，三次更動幣制。伴隨著幣制改變而來的，是違反幣制的刑罰，如天鳳元年，（A.D.14）王莽改革幣制的同時，下令說：「敢盜鑄錢及偏行布貨，伍人知不發舉，皆沒入爲官奴婢。」〔註147〕因此，《漢書》說：

歷史與文本的制約的，而緯書卻可以無限制地製造，……。」明確地指出經書與讖緯在政治上的關係。見湯志鈞：《西漢經學與政治》，頁 347。葛兆光：《中國思想史》，卷 1，頁 290。

〔註146〕《漢書·食貨志》，卷 24 下，頁 1184。

〔註147〕《漢書·王莽傳》，卷 99 下，頁 4164。

「每壹易錢，民用破業，而大陷刑。」〔註148〕

其二，始建國元年（A.D.9），王莽下令施行王田制度，其出發點主要是為了減輕賦稅，並藉由改「井田」為「王田」，強調天下皆為君王所擁有的概念。《漢書》雖未記載其實施細節，但從始建國四年（A.D.12）區博的奏議可以略知：

> 井田雖聖王法，其廢久矣。周道既衰，而民不從。秦知順民之心，可以獲大利也，故壞盧井而置阡陌，遂王諸夏，訖今海內未厭其敝。今欲違民心，追復千載絕迹，雖堯舜復起，而無百年之漸，弗能行也。天下初定，萬民新附，誠未可施行。〔註149〕

這段奏議指出二個要點。第一，「今欲違民心，追復千載絕迹」指出王田制的施行，未順民心。第二，即使是堯舜復起，驟然實行王田制，未有良好規劃，亦無法達成實效。易言之，王莽實行王田制過於倉促，恐怕成效不彰。王莽遂開放王田的買賣。然而，王田制並未因此廢除，至地皇三年（A.D.22）王莽才準備派遣風俗大夫司國憲分行天下，詔除王田制。所以新朝十五年間，王田制一直存在。同樣地，違反制度者亦受重罰，使得天下陷刑者眾。

其三，王莽重新規劃行政區域之外，也改郡縣名稱。《漢書》載：

> 其後，歲復變更，一郡至五易名，而還復其故。吏民不能紀，每下詔書，輒繫其故名，曰：「制詔陳留大尹、太尉：其以益歲以南付新平。新平，故淮陽。以雍丘以東付陳定。陳定，故梁郡。以封丘以東付治亭。治亭，故東郡。以陳留以西付祈隧。祈隧，故滎陽。陳留已無復有郡矣。大尹、太尉，皆詣行在所。」〔註150〕

可以想見，紛繁的改名對於民生，以及政令的施行有多大的不便。當法令制度處於不斷變革時，人民無法安定的生活之餘，同時還要擔憂是否犯法，以及不知何時到來的連坐法，也因此使得民心不安。

新朝末年，因紛繁改制而導致社會失序的情形，可以從地皇二年（A.D.21），公孫述的奏議得知：

> 太史令宗宣典星曆，候氣變，以凶為吉，亂天文，誤朝廷。太傅平化侯飾虛偽以媮名位，「賊夫人之子」。國師嘉信公顛倒《五經》，毀

〔註148〕《漢書・食貨志》，卷24下，頁1184。
〔註149〕《漢書・王莽傳》，卷99中，頁4129～4130。
〔註150〕《漢書・王莽傳》，卷99中，頁4137。

師法，令學士疑惑。明學男張邯、地理侯孫陽造井田，使民棄土業。
犧和魯匡設六筦，以窮工商。說符侯崔發阿諛取容，令下情不上通。
宜誅此數子以慰天下！

又言：「匈奴不可攻，當與和親。臣恐新室憂不在匈奴，而在封域之
中也。」〔註151〕

這段話清楚指出新朝所面臨的問題。首先，在位天子（王莽）無法看清事實
真相，因此受太史令宗宣、太傅平化侯唐尊、說符侯崔發所欺騙。而王莽既
無法得知真相，連帶地，其政治措施也就無法符合百姓的需求。其次，改制
紛繁，使社會各階層失序。國師劉歆請立古文諸經，毀師法，使得士子不知
所從。施行井田制，違反者罪罰甚重，制度又不明確，〔註152〕反而讓農民不
敢耕種。雖然六筦的立意良好，但是在實施上，任用富賈，沒有利益迴避，
富賈又與郡縣勾結，工商遂蒙其害。因此士、農、工、商各階層均處於不安
定的狀態。

再加上強調「溥天之下，莫非王臣」的外交失策，四夷動亂；以及天災，
如旱災、降霜殺菽、蝗災，使得關東大饑、邊境人相食，盜賊、叛軍等反動
勢力也就紛紛出現。王莽引經改制的措施，在實踐的層次既不符百姓需求，
又極擾民，遂為新朝滅亡的導火線。

因不當的實踐方法引發一連串的內憂外患後，王莽的王者形象也就因此
動搖。再更進一層地說，新朝的「正當性」也將面臨瓦解。面對王莽意欲建
立的「正當性」，反動勢力（尤其是想取代新朝者）便必須一一解構，以合法
化自己反抗的行為，甚至作為取代新朝的準備。反動勢力主要針對三方面，
解構新朝的「正當性」。

首當其衝的，就是王莽引用經籍強調「王者改制」的政治措施。新朝末
年到東漢初年間，對「王者改制」的批評，一方面是「改制」擾民，民不聊
生，起而反抗。如隗囂移檄告郡國，以王莽妄引經傳、下三萬六千歲之曆為
逆天大罪，繼指王莽逆地、逆人大罪說：

（王莽）分裂郡國，斷截地絡。田為王田，賣買不得。規錮山澤，
奪民本業。造起九廟，窮極土作。發冢河東，攻劫丘壟。此其逆地
之大罪也。尊任殘賊，信用姦佞，誅戮忠正，覆按口語，赤車奔馳，

〔註151〕《漢書·王莽傳》，卷99下，頁4170。
〔註152〕《漢書·食貨志》，卷24上，頁1144。

法冠晨夜，冤繫無辜，妄族眾庶。行炮格之刑，除順時之法，灌以
醇醯，裂以五毒，政令日變，官名月易，貨幣歲改，吏民昏亂，不
知所從，商旅窮窘，號泣市道。設爲六管，增重賦斂，刻剝百姓，
厚自奉養，苞苴流行，財入公輔，上下貪賄，莫敢檢考。民坐挾銅
炭，沒入鍾官，徒隸殷積，數十萬人，工匠飢死，長安皆臭。既亂
諸夏，狂心益悖，北攻強胡，南擾勁越，西侵羌戎，東摘濊貊。使
四境之外，並入爲害，緣邊之郡，江海之瀕，滌地無類。故攻戰之
所敗，苛法之所陷，饑饉之所夭，疾疫之所及，以萬萬計。其死者
則露屍不掩，生者則奔亡流散，幼孤婦女，流離係虜。此其逆人之
大罪也。〔註153〕

隗囂數落王莽不當且紛繁的改制所帶來的嚴重後果，同時加強自己起事其實
是爲了安定百姓的名義。〔註154〕爲了將自己的反抗活動合理化，隗囂不無誇
大事實的可能性，但在一定的程度上，這段話仍指出王莽煩瑣的改制對百姓
所造成的傷害。另一方面，則是針對王莽的「王者」之名，許多反動勢力提
出「篡位」、「竊位」、鴆殺平帝之說。如王昌、劉秀集團、隗囂、王常等皆有
此說。〔註155〕從這些篡位、竊位、鴆殺平帝的說法看來，正是取消了王莽的
「王者」之名；將王莽從君王的崇高地位拉下，冠以篡竊者的名義。

第二，反對者認爲王莽篡竊漢家天下，應將政權歸還漢家。針對這點，
班彪說：

故王氏之貴，傾擅朝廷，能竊號位，而不根於民。是以即眞之後，
天下莫不引領而歎，十餘年間，外內騷擾，遠近俱發，假號雲合，
咸稱劉氏，不謀而同辭。〔註156〕

他認爲因王莽竊權，未獲得民間普遍的認同；百姓心目中仍以劉家爲天下的
共主，因此起事反對王莽者多以劉氏爲號。〔註157〕

〔註153〕《後漢書・隗囂列傳》，卷13，頁516～517。
〔註154〕《後漢書・隗囂列傳》，卷13，頁519。
〔註155〕更始元年（A.D.23）假託爲成帝之子的王昌說：「王莽竊位，獲罪於天。」建
　　　　武元年（A.D.25）劉秀的集團提出：「王莽篡位，（劉）秀發憤興兵。」隗囂
　　　　說：「（王莽）鴆殺孝平皇帝，篡奪其位。」王常說：「王莽篡弒。」以上依序
　　　　見其《後漢書》本傳，卷12，頁492；卷1上，頁22；卷13，頁515；卷15，
　　　　頁579。
〔註156〕《漢書・敘傳》，卷100上，頁4207。
〔註157〕如劉秀、王昌、汝臣、于匡、王扶、王孟、董喜、嚴春、嚴本、屠門少、鄧

　　隨著歸還「漢家」政權言論而來的，是瓦解王莽推闡五德相生說而得出的「新朝為舜後」、「新朝為土德」說。如蘇竟說：「且火德承堯，雖昧必亮，承積世之祚，握無窮之符，王氏雖乘閒偷篡，而終嬰大戮，⋯⋯。」〔註 158〕蘇竟認為王莽只是偷篡帝位之人，並不足以取代漢家；而承襲唐堯的漢朝，其火德只是在王莽期間短暫地晦暗，終將再度發光。班固更以「閏餘分位」〔註 159〕，批評新朝在五德相生中根本不具正式地位。

　　第三，新朝末年到東漢初年之間，反對王莽者對「新朝受天命而有天下」的說法也提出了反駁。反對意見可分作三點討論。其一，針對新朝以符命作為受天命的具體象徵，予以否認。如隗囂說：「（王莽）矯託天命，偽作符書，欺惑眾庶，震怒上帝。反戾飾文，以為祥瑞。」〔註 160〕他認為王莽的符讖是偽造天命，直接地否定了新朝受天命的說法。〔註 161〕其二，以符讖作為劉氏政權復興的象徵，間接否定了新朝所享有的天命。如地皇二年（A.D.21），卜者王況為魏成大尹李焉作讖書，申明漢家復興，李氏為輔。〔註 162〕又如《後漢書》記載李通素聞其父李守「劉氏復興，李氏為輔」的讖語，於是和從弟李軼結納光武，共圖舉事。〔註 163〕其三，承認新朝受天命而有天下，但這只是短暫擁有，終當歸還漢家，如郅惲、班彪兩人皆提出「神器有命，不可虛獲」。〔註 164〕

　　　暐等，甚至隗囂也以「漢」為名，立漢高祖、太宗、世宗廟。
〔註 158〕《後漢書・蘇竟列傳》，卷 30 上，頁 1043。
〔註 159〕《漢書・王莽傳贊》，卷 99 下，頁 4194。
〔註 160〕《後漢書・隗囂列傳》，卷 13，頁 515。
〔註 161〕班固認為新朝和秦朝都是「非命之運」，同樣地否定了新朝所受的天命。見《漢書・王莽傳贊》，卷 99 下，頁 4194。
〔註 162〕《漢書・王莽傳》，卷 99 下，頁 4166～4167。**按：**地皇四年（A.D.23），衛將軍王涉門下的道士西門君惠亦說「漢當復興」的讖語，於是王涉、大司馬董忠、國師劉歆共謀，欲劫持王莽。《漢書・王莽傳》，卷 99 下，頁 4184。
〔註 163〕《後漢書・李通列傳》，卷 15，頁 573～574。
〔註 164〕郅惲上書王莽說：「智者順以成德，愚者逆以取害，神器有命，不可虛獲。上天垂戒，欲悟陛下，令就臣位，轉禍為福。劉氏享天永命，陛下順節盛衰，取之以天，還之以天，可謂知命矣。」班彪著〈王命論〉說：「（游說之士）不知神器有命，不可以智力求也。⋯⋯況廝天子之貴，四海之富，神明之祚，可得而妄處哉？故雖遭罹阨會，竊其權柄，勇如信、布，彊如梁、籍，成如王莽，然卒潤鑊伏質，亨醢分裂，又況幺麼，尚不及數子，而欲闇奸天位者虖！」見《後漢書・郅惲列傳》，卷 29，頁 1025。《漢書・敘傳》，卷 100 上，頁 4209。

綜上所述，由於王莽建構新朝「正當性」的過程中，實踐的方法不切實際且改制紛繁，因而產生政治危機。反動勢力紛紛出現，顯示新朝失去多數國家成員的認同，與當初建構「正當性」的目標背道而馳，新朝也就因此滅亡。

如果就政治學所說的「正當性」而言，更加細緻地區分〔註165〕，新朝的「正當性」實際上涉及了統治作用、政體、朝代、統治者等四種層次。新朝所強調的天命，便是為了顯示其統治作用承受於天、新朝以「君主」形式的政體統治天下的「正當性」。這種思惟早在漢文帝時，已有徵兆；文帝前元二年（B.C.178），下詔說：「朕聞之，天生民，為之置君以養治之。人主不德，布政不均，則天示之災以戒不治。」〔註166〕可見君王的統治權力有上天在背後支持，同時也顯示人文與自然彼此密切相關的思惟。而以五行相生作為朝代更替的模式，則是新朝之所以建立的理由。統治者方面，筆者認為可以分為兩種情形討論：一種是開國的君王，另一種則是繼位的君王。前者具有建構「正當性」的必要，後者則不盡然。〔註167〕開國的君王除了強調其所擁有的天命之外（上文已提及君王強調天命的例子，此不再重複），還要彰明自己是因為具備足以成為君王的特質而有天下。以漢高祖為例，當劉邦統一天下，置酒雒陽南宮時，問群臣說：「吾所以有天下者何？項氏之所以失天下者何？」〔註168〕在認為高起、王陵只知其一，不知其二後，劉邦自己提出解答說：

〔註165〕詹康將「正當性」區分為五個層次：第一是統治作用的正當性，無政府主義否定此種正當性。第二是政體的正當性，如君主、民主各是不同的政體。第三是朝代正當性，如中國的朝代循環。第四是憲法，如中華民國憲法。第五則是統治者的正當性，如按照繼承、遵從憲法而產生的統治者，便具有正當性。見氏著：〈評《奉天承運——古代中國的「國家」概念及其正當性基礎》〉，《新史學》第10卷第1期（1999年3月），頁168～169。

〔註166〕《漢書‧文帝紀》，卷4，頁116。

〔註167〕詹康在討論「統治者」的正當性時，多著重於繼位之君。他認為繼位之君是在相關法規（如憲法）之下產生，具有行使職權的權利，但若違法施政，則可能受到彈劾、罷免的危險，「因此這接近於合法性，不像是正當性」。然而，詹氏對於開國之君所建構的正當性，則較少著墨，此甚為可惜。再者，昭帝時眭孟提出「雖有繼體守文之君」不妨礙聖人受天命而有天下，則繼位之君即使稱職，該朝代的政權也可能不保。此種情況下，所涉及的仍是正當性，而非合法性（指「繼體守文之君」的職權、地位並未受到質疑）。

〔註168〕《史記‧高帝本紀》，卷8，頁380～381。

> 此三者（筆者按：指張良、蕭何、韓信），皆人傑也，吾能用之，
> 此吾所以取天下也。項羽有一范增而不能用，此其所以為我擒也。
> 〔註169〕

他指出自己之所以得天下在於用人。司馬遷以為漢朝承秦敝、得天統，因此有天下。〔註170〕而班固則認為除了天統之外，還有血緣（漢為堯後）、五行運行（火德）等因素。〔註171〕就三個不盡相同的意見來看，顯示劉邦認為得天下在於自身的特質，司馬遷、班固則受到本身所處時代的學說影響，增添其他不同的因素。相較於劉邦，王莽則是強調血緣（舜的後代），以突出漢朝必需禪讓給新朝的理由。同時，運用「王者改制」的理論，以建構並強化自己的統治者身分。

然而，同樣地，當這四種層次不同卻又相關的「正當性」被一一解構之後，新朝的政治主體同樣也跟著瓦解。

〔註169〕《史記·高帝本紀》，卷8，頁381。
〔註170〕《史記·高帝本紀》，卷8，頁393～394。
〔註171〕《漢書·高帝紀贊》，卷1，頁81～82。

第肆章　論王莽施政兼採今古文經
　　　　　且未僞作《周禮》

　　本文第貳章探索王莽在西漢末年學風的籠罩下，如何運用或遵循經書中的記載來塑造形象，使自己聲譽日隆、權位益重，最後登基爲天子。第參章討論王莽即位後，爲因應新的政局，如何以血緣、經籍、符命等建立起新朝政治的正當性，以穩固其政權。從這段經書與政治相互作用的動態歷程而言，近代學者討論王莽時，在經學方面產生相當分歧的看法，尤其是關於今古文經和《周禮》這兩項議題。以下，即在第貳章、第參章的基礎上，進一步討論這兩個與王莽有關的議題。

第一節　論王莽施政兼採今古文經

一、近代關於王莽用今古文經的論述

　　近代學者對於王莽和今古文經的關係，主要有三種看法。第一種，認爲王莽是古文經學家〔註1〕者，如王葆玹先生，他說：

　　　　劉歆的興趣主要集中在《左傳》上，王莽的依據則主要來自《周官》；
　　　　劉歆所注重的「禮」主要是儀式，王莽所注重的「禮」卻是制度；
　　　　劉歆不支持王莽「即眞」，對那些應合王篡位要求的「符命」或圖讖
　　　　可能持冷漠態度，而王莽則熱衷於符命，使古文經學與圖讖發生了
　　　　聯繫。〔註2〕

〔註1〕除了引述學者的用語之外，本文所說的「今/古文經學家」、「今/古文經學者」
　　　　均指「學習今/古文經的人」，而不是指今文、古文兩種對立學派中的成員。
〔註2〕王葆玹：《今古文經學新論》（增訂版），頁112。

王氏以重視的經書、對禮和讖緯符命的態度作爲區別標準，認爲兩漢之交的古文經學家可分成劉歆、王莽兩支。〔註3〕他認爲二者屬於古文經學家，卻並未主張廢黜今文或偏廢今文。〔註4〕

第二種看法，以爲王莽施政以古文經爲主，兼用今文經，如周予同先生。周氏認爲王莽透過四種方式利用經學改制，首先，王莽在始建國元年（A.D.9）根據《周禮》施行王田制；其次，王莽從《周禮》、其他儒家書籍中汲取有用的制度；「第三，王莽除了推重《周禮》外，對其他古文經傳也是提倡的。」「第四，王莽的提倡古文經學，相對地壓抑了今文經學，但並不意味他排斥今文經學。對今文經典中認爲有利的東西，也於汲取；今文經說中認爲可取的地方，也要利用。」〔註5〕此外，周氏以爲王莽即位前，依附古文經、托古改制，並且利用古文經作爲奪取西漢政權的工具。〔註6〕而即位之後，王莽兼用今古文經的目的，則在於網羅今文學家、引用今文經中對新朝有利的說法。〔註7〕

第三種看法，則認爲王莽多用今文經或王莽爲今文學家，如楊向奎先生說：

> 王莽利用著當時的學術潮流，利用著當時的民間迷信，以欺騙漢家的孤兒寡婦，並欲以一掩盡天下人的耳目。這種便利，是西漢經今文學派賜給他的，……。〔註8〕

楊氏並指出王莽改制和經古文學派的關係很少。〔註9〕又如傅佩琍先生從王莽

〔註3〕王葆玹：《今古文經學新論》（增訂版），頁112。

〔註4〕王葆玹說：「應注意劉歆的主張是在官方今文五經的基礎上增置古文經博士，從未主張廢黜今文經傳；王莽則是同時對立於學官的今文經傳加以扶持，從未偏信古文而偏廢今文。」見氏著：《今古文經學新論》（增訂版），頁112～113。

〔註5〕周予同：〈王莽改制與經學中的今古文學問題〉，《周予同經學史論著選集》，頁684～688。按：湯志鈞、章權才、李景明等人亦有相近的看法。見湯志鈞等：《西漢經學與政治》第八章第二節「古文經學的興起和王莽改制」、章權才《兩漢經學史》第四章第六節「《周禮》與王莽的復古改制」、李景明《中國儒學史》第八章第三節「古文經學的昌盛」。

〔註6〕周予同說：「王莽曾依附儒家經籍作爲「託古改制」的假託；他很明顯地利用經學，作爲奪取西漢政權和改制的工具。」見氏著：〈王莽改制與經學中的今古文學問題〉，《周予同經學史論著選集》，頁682。

〔註7〕周予同：〈王莽改制與經學中的今古文學問題〉，《周予同經學史論著選集》，頁689～691。

〔註8〕楊向奎：《西漢經學與政治》，頁94。

〔註9〕楊向奎：《西漢經學與政治》，頁94。

引用的《尚書》著眼，認爲王莽是個「徹頭徹尾的今文家」。〔註10〕學者之間的看法紛歧，似乎有必要進一步探討。

二、論王莽施政多採今文經

（一）王莽施政以今文經爲主

首先，由於以上三種意見均著眼於王莽所引用的經書，因此重新檢視王莽施政所根據的經典仍有其必要。從王莽即位前後的政治措施引用經書的情形來看，可知王莽的政治措施兼採今古文經，不單依恃一方。茲表列如下：〔註11〕

即位前：

時　　間	政治措施或事件	引用的古文經	引用的今文經
元始元年 （A.D.1）	上奏祥瑞		《尚書・洪範》、《尚書大傳》
元始元年 （A.D.1）	設閭師、外史	《周禮》	
元始三年 （A.D.3）	喻王宇事爲管蔡之亂		《尚書・金縢》
元始三年 （A.D.3）	社稷的改革		《詩・大雅・綿》、《詩・小雅・甫田》、《禮記》、《尚書・禹貢》
元始四年 （A.D.4）	請建明堂、辟雍、靈臺		《詩・大雅・靈臺》、《禮記・王制》、《詩・魯頌・泮水》
元始四年 （A.D.4）	改十三部爲九州		《尚書・堯典》
元始五年 （A.D.5）	改革郊祀	《周禮・春官・大司樂》	《禮記》、《春秋穀梁傳》、《禮記・王制》、《禮記・郊特牲》、《禮記・祭義》、《易・說卦傳》、《易・復卦》

〔註10〕傅佩珋：《王莽之尚書學與行政》，頁221。
〔註11〕需事先說明的，有二點：其一，由於經過班固個人取捨的歷史陳述、筆者個人學養等問題，以下兩表主要在呈現王莽引用古文、今文經的大概，並不是十分準確的比較。其二，漢人經說亦列入其中，如《尚書大傳》、《禮記》。

元始五年 （A.D.5）	雍五時的改革	《周禮·春官·小宗伯》、《左傳·昭公二十九年》	《易·說卦傳》、《易·繫辭上》
元始年間 （A.D.1～5）	廟制改革		《禮記·喪服小記》、《禮記·服問》
元始五年 （A.D.5）	平帝病重，仿〈金縢〉作策		《尚書·金縢》
居攝二年 （A.D.7）	仿〈大誥〉作策		《尚書·大誥》
居攝三年 （A.D.8）	號令天下、群臣奏事「不言攝」	《左傳·隱公元年》	《尚書·康誥》、《尚書·洛誥》
居攝三年 （A.D.8）	平翟義事，廣封諸侯		《禮記·王制》

即位後：

時　間	政治措施或事件	引用的古文經	引用的今文經
始建國元年 （A.D.9）	官制	《周禮》	《尚書》、《尚書大傳》、《韓詩外傳》、《大戴禮記》、《禮記》、《詩》、《春秋公羊傳》
始建國元年 （A.D.9）	王田制及違反者的處罰	《左傳·文公十年》	《春秋穀梁傳》
始建國元年 （A.D.9）	改革奴隸制度	《左傳·宣公十七年》	《尚書·甘誓》
始建國元年 （A.D.9）	降四夷之長為公、侯		《詩·小雅·北山》
始建國元年 （A.D.9）	建九廟		《尚書·洛誥》
始建國二年 （A.D.10）	施行五均制度	《周禮·地官·閭師》、《周禮·地官·載師》、《周禮·地官·司市》、《周禮·地官·泉府》	《易·繫辭下》
始建國四年 （A.D.12）	改十二州為九州	《周禮·司馬》〔註12〕	《尚書·禹貢》

〔註12〕王莽詔書說：「〈禹貢〉之九州無幷、幽，《周禮·司馬》則無徐、梁。帝王相改，各有云為。」然《周禮·大司馬》並無九州的記載，因此王莽所指可能是《周禮·夏官》全篇中關於九州的記載。引文見《漢書·王莽傳》，卷99中，頁4128。

始建國四年（A.D.12）	分封爵土	《周禮・地官・小司徒》、《周禮・春官・大宗伯》、《周禮・考工記》、《左傳・襄公二十五年》	《禮記》
天鳳元年（A.D.14）	設閒田		《禮記・王制》
天鳳元年（A.D.14）	設六尉六隊、六鄉六州	《周禮》	
天鳳元年（A.D.14）	設六服	《周禮・秋官・大行人》	《尚書・禹貢》、《禮記》、《詩・大雅・板》
天鳳三年（A.D.16）	頒布吏祿制度	《周禮・天官・膳夫》	《詩・小雅・北山》

　　引用經書「次數」的多寡，並不足以代表該經書在該項政治措施的影響力。但是從實際的應用層面與措施著眼，今文經所扮演的角色遠超過古文經，確實是相當明顯的，如今文《尚書》應用於建構周公、舜的形象、《公羊春秋》的「王者改制」精神籠罩著整個新朝的政治措施。

　　其次，從王莽即位前後奏議、詔書引經的部分（參見附錄2）來看，《尚書》被徵引的次數占所有經書之冠，此乃由於王莽大量地引用《尚書》的典故，建構周公、舜的形象。而王莽引用《尚書》的例子中，僅二條與今文《尚書》關係較小，其他均出自今文《尚書》。〔註13〕就王莽奏議、詔書引經的情況而言，不論即位前、後，王莽都兼引今古文經爲據，且以今文經爲多。

　　第三，以新朝諸經學者在朝的情形而言，仍是今古文經並列，而以今文經居多。茲表列如下：

新朝諸經學者在朝的情形：

		〈儒林傳〉的記載	〈王莽傳〉的記載
《詩》	齊詩	張邯爲明學男	滿昌爲講《詩》祭酒
	毛詩	陳俠爲講學大夫	
《書》	大夏侯	炔欽、吳章爲博士 唐林、王吉爲九卿	唐冒爲講《書》祭酒（經說源流不詳）
	小夏侯	唐尊爲王莽太傅	
	歐陽	歐陽政爲講學大夫	

	古文	立學官〔註14〕	
《易》	梁丘	衡咸爲講學大夫	國由爲講《易》祭酒（經說源流不詳）
《春秋》	公羊		左咸爲講《春秋》祭酒
	穀梁	立學官。蕭秉爲講學大夫	
	左傳	立學官	
《禮》			陳咸爲講《禮》祭酒、孔秉爲講禮大夫（經說源流不詳）
《樂》			崔發爲講《樂》祭酒

另外，始建國元年（A.D.9），王莽拜龔勝爲講學祭酒，龔勝稱疾不應徵。〔註15〕據《漢書》，龔勝從薛廣德受《魯詩》、從翁生受今文《尚書》，〔註16〕所以王莽此次徵用，當是著眼於龔勝所受的今文經。又，《後漢書》記載新朝時任長社宰的歐陽歙習伏生《尚書》，也是屬於今文經。〔註17〕

從上表及相關記載來看，古文經學者在新朝尚未取得與今文經學者平起平坐的地位。今文經學者在政治版圖上仍占有相當優勢，二者勢力分佈並不平均。然而，就古文經發展的歷史過程而言，除了平帝時的曇花一現，西漢長期以來，古文經始終未得立於學官。新朝時，卻取得政治的發言權，甚至得到執政者的青睞，應用於政治制度。其受重視的程度，達到漢代開國以來的最高峰。因此，與西漢「相較之下」，古文經的確可以說是興盛於新朝。

第四，與古文經相較之下，今文經與災異、符讖的關係較爲深刻，而王莽又對災異、符讖多所採獲。據本文第貳章，盛言災異、推言更命的今文經學家，〔註18〕如：

〔註14〕《漢書·儒林傳》載：「（孔）安國爲諫大夫，授都尉朝（古文《尚書》），……都尉朝授膠東庸生。庸生授清河胡常少子，以明《穀梁春秋》爲博士、部刺史，又傳《左氏》。常授虢徐敖。敖爲右扶風掾，又傳《毛詩》，授王璜、平陵塗惲子眞。子眞授河南桑欽君長。王莽時，諸學皆立。劉歆爲國師，璜、惲等皆貴顯。」因此古文《尚書》曾在新朝立於學官，《穀梁傳》、《左傳》亦同，不另出注。引文見《漢書·儒林傳》，卷88，頁3607。

〔註15〕對照《漢書》〈龔勝傳〉、〈王莽傳〉的記載，王莽共徵拜龔勝兩次：一次於始建國元年（A.D.9）拜龔勝爲講學祭酒，一次於始建國三年（A.D.11）拜龔勝爲太子師友祭酒。見《漢書》，卷72，頁3084～3085；卷99中，頁4127。

〔註16〕《漢書》〈薛廣德傳〉，卷71，頁3046；〈儒林傳〉，卷88，頁3604。

〔註17〕《後漢書·儒林列傳》，卷79上，頁2555。

〔註18〕其災異、更命說的內容，詳見本文第貳章第一節。

《齊詩》：蓋寬饒

今文《尚書》：李尋、劉向

《易》：京房

《公羊春秋》：路溫舒、眭孟

《穀梁春秋》：劉向

此外，尚有博學《五經》的谷永。王莽承此風而起，引用《公羊》學的三統說改正朔，援引更命論述的三七之節紀、陽九之阨、百六之會，認為新朝是承繼漢朝而起的新時代，為新朝建構「正當性」。

至於符讖便是從西漢今文經的災異學說轉換而來。〔註19〕王莽即位後，以符命象徵新朝所受的天命，實為今文經學者講論災異的遺緒。如《公羊》學大師董仲舒對策時說：

國家將有失道之敗，而天乃先出災害以譴告之，不知自省，又出怪異以警懼之，尚不知變，而傷敗乃至。……臣聞天之所大奉使之王者，必有非人力所能致而自至者，此受命之符也。〔註20〕

董仲舒以災異、受命之符作為天意的顯現；上天以災異警戒人君，為失天下的徵兆；以受命之符褒揚修德者，為擁有天下的徵兆。王莽應用符命，則是董仲舒此說對其有利的一端。

（二）王莽施政以古文經為輔

據王莽即位前後的政治措施、奏議詔書引用的古文經，以《周禮》居首。王莽即位前，應用《周禮》的制度，如設閭師、外史；改革漢家郊祀制度。而以後者的影響範圍較廣。然而，郊祀制度的改革，可說是王莽為周公形象布局的一顆棋子，並非王莽政治措施的主角。王莽即位後，在官制、五均制度、分封土地、行政區域規劃等方面引用《周禮》。相較於即位前，引用《周禮》的次數，及其影響層面既廣且深。但是，如同即位前一般，此亦為「王

〔註19〕讖緯的作者，也可能與學習今文經的學者有關。據鍾肇鵬考察，讖緯文獻中引用了孟氏、京氏《易》學、今文《尚書》、《齊詩》、《公羊春秋》等今文經說；鍾氏並說：「在今文經學中只有公羊高及董仲舒的名字見於讖緯，兩人都是《公羊》學派的領袖，可見《公羊》學派董仲舒的後學至少有一部分直接參與了讖緯的造作，因此將他們的學派及先師的名字寫到讖緯裡面。」因此在朝廷居於主流地位的今文經與讖緯符命具有十分密切的關係。見氏著：《讖緯論略》，頁116～117。

〔註20〕《漢書·董仲舒傳》，卷56，頁2498、2500。

者改制」思惟下的布局，《周禮》精神對王莽的影響遠比不上《公羊》學。

綜上所述，王莽施政實以今文經爲主，古文經爲輔。不論是直接影響王莽施政，或是間接結合災異、符讖影響王莽施政，今文經對於王莽的政治措施確實十分重要。再者，王莽即位後，以《公羊》學「王者改制」的觀念爲施政方針。就此而言，不論王莽引用什麼樣的經書，便都只是居於從旁協助，完成《公羊》學的改制說而已。對王莽施政而言，古文經便是居於輔助的地位。

回顧前文的三種意見，王葆玹先生認爲王莽是古文經學者而未偏廢今文，不啻是承認了王莽兼用今古文經。且王氏立論似有未周之處。首先，以重視的經書而言，王氏認爲劉歆對於據《周禮》的「九錫」，持冷漠態度，不贊成王莽居攝，顯示「劉歆只喜好《左傳》，不喜好《周官》」〔註21〕，王氏並說：

> 當然，王莽要做某件事，一般要諷示群臣來提出建議，他既有意使《周官》成爲《周禮》或《禮經》，自然要通過負責文化事宜的劉歆來實現，這就是荀悅《漢紀》關於「劉歆以《周官經》六篇爲《周禮》」、「歆奏以爲《禮經》」的記載的由來。〔註22〕

然而，劉歆的政治立場與喜好的經書應分別看待。若劉歆確實對《周禮》持冷漠態度，那麼在王莽即位爲天子，毋需藉由「諷示群臣」提出改革的建議時，劉歆何需依據《周禮》建議王莽施行五均制度？何需請立《周禮》於學官？〔註23〕且劉歆之舉，正證明他對《周禮》一書是有所留心的。〔註24〕另外，王莽也曾以《左傳》爲據，擴張自己的權力；〔註25〕引《左傳》將奴婢改名爲「私屬」〔註26〕。可見王莽亦曾依據《左傳》行事。

其次，根據劉歆〈讓太常博士書〉批評博士說：「信口說而背傳記，是末

〔註21〕 王葆玹：《今古文經學新論》（增訂版），頁 137

〔註22〕 王葆玹：《今古文經學新論》（增訂版），頁 137

〔註23〕 見漢・荀悅：《漢紀》，卷25，頁173。唐・陸德明著，清・盧文弨校：《經典釋文》，頁11。

〔註24〕 王葆玹說：「王莽既好禮學，又專注於『易祚改制』的大事，自然會參照《周官》而從事官制的革新，又以《周官》爲依據而促成『加九錫』的篡權步驟。劉歆對『易祚改制』既缺乏熱情，對講一種特殊的、有別於漢制的官制的《周官》當然不會推崇。」見氏著：《今古文經學新論》（增訂版），頁137。

〔註25〕 居攝三年（A.D.8），王莽引《左傳・隱公元年》：「元年春，王周正月，不書即位，攝也。」提出在祭祀、奏言元后、平后時自稱「假皇帝」，號令天下、群臣奏事時則「毋言『攝』」見《左傳・隱公元年》，卷2，頁34。《漢書・王莽傳》，卷99上，頁4094。

〔註26〕 《漢書・王莽傳》，卷99中，頁4111。

師而非往古，至國家將大事，若立辟雍、封禪、巡狩之議，則幽冥而莫知其原。」王氏指出：

> 這一席抨擊官方今文經學的激烈言辭，落實到議斥今文經學家對「辟雍、封禪、巡狩之儀」不了解，可見他（筆者按：指劉歆）所看重的「天子諸侯卿大夫之制」絕非官制，而是政界與宗教的各種禮儀。〔註27〕

然而，劉歆是否重視官制，就現存的資料並無法論斷。但是，王莽卻並非如王氏所言僅重視禮的制度。〔註28〕就上文所引，王氏認爲「禮」的儀式至少包括辟雍、封禪、巡狩之儀。然而，王莽在元始四年（A.D.4）上奏請建辟雍；始建國四年（A.D.12）效法舜，欲行巡狩之事，亦屬於王氏所言的「禮」的儀式。因此，王氏以爲劉歆偏重禮的儀式、王莽偏重禮的「制度」，似可再商榷。

第三，王氏根據王莽既引古文經，又採用圖讖，遂認定王莽將二者加以「聯繫」。然而，王氏以爲讖緯對今文經亦有所影響、〔註29〕王莽屬古文經學而不偏廢今文經。那麼，王莽引用圖讖係受今文經學影響還是古文經學，似乎有必要詳加說明。

周予同先生〔註30〕認爲古文經是王莽施政的「基礎」，並以爲王莽是基於現實利益的考量「兼用」今文經。然而，此僅考量到王莽的政治利益，卻忽略了慕古、災異等學風的影響力，似有不周之處。古文經、今文經在新朝政治中孰輕孰重，透過上文的討論是相當明顯的。

楊向奎先生認爲王莽得以即位是「西漢經今文學派賜給他的」〔註31〕，並引顧頡剛爲同調，說：

> 顧頡剛先生大體贊助康有爲先生的說法，但顧先生在〈五德終始說

〔註27〕王葆玹：《今古文經學新論》（增訂版），頁133。

〔註28〕王葆玹：《今古文經學新論》（增訂版），頁112。

〔註29〕王葆玹：《今古文經學新論》（增訂版），頁90～95。

〔註30〕周氏在〈經今古文學〉中說：「自從劉歆這樣地提出抗議以後，──指劉歆〈讓太常博士書〉──今古文的壁壘然後森嚴，今古文的旗幟然後鮮明，而今古文的爭論也就從西漢末年一直延到東漢末年，竟達二百年多之久（東漢亡於公元二一九年）。」據這段敘述，王莽正處今古文「壁壘森嚴」的時期，周氏又在〈王莽改制與經學中的今古文學問題〉提出「王莽依附古文經典，但也援用今文經典；王莽提倡古文經學，但並不排斥今文經學……。」於其立論未圓。引文見周予同著，朱維錚編：《周予同經學史論著選集》，頁10、691。

〔註31〕楊向奎：《西漢經學與政治》，頁94。

下的政治和歷史〉一文「王莽受禪及其改制」一節中，關於王莽的

改制和重要政治設施，也說他多以今文家的說法爲依歸。〔註32〕

細繹顧氏原文〔註33〕並無「王莽多以今文家的說法爲依歸」的看法，此應爲
楊氏的個人意見。不過，楊氏敏銳地指出王莽受今文經的影響實勝古文經，
是相當有見地的。傅佩珮先生詳細地依據王莽引用《尚書》的情況，提出「王
莽是今文家」的見解。此的確符合王莽施政的精神。〔註34〕

綜上所述，筆者認爲王莽施政以今文經爲主，古文經爲輔。

三、王莽兼採今古文經的原因考察

西漢將今文經立於學官，士人爲求晉升、朝臣爲取得政治上的發言權，
自然不得不學習今文經。王莽既身處於這樣的時代，受今文經影響，進而援
引今文經施政，是十分合理的事。然而，王莽在今文經之外，又加入古文，
便是相當值得討論的課題了。筆者嘗試提出幾個可能的原因，作爲參考。

首先，王莽受個人所學影響而兼引今古文經。《漢書·儒林傳》載王莽
曾從陳欽學《左傳》；〈王莽傳〉記載他師事陳參，受禮經，「禮經」在漢代
指《儀禮》。《後漢書》載王莽從徐宣學《易》，徐宣的《易》學可能屬於今
文經。〔註35〕可知王莽兼學今古文經。如同漢武帝受其師王臧和趙綰的影響
而崇尚儒學一樣，王莽的受學經歷自然也對其政治措施發揮作用。於是，王
莽爲人臣時，於奏議兼引今古文經，在取得政權後則兼採二者施政。

其次，西漢朝臣奏議早有引用古文經，甚至兼引今古文經的情形。如：

（1）宣帝初即位時，路溫舒上奏說：「臣聞烏鳶之卵不毀，而後鳳凰集；
誹謗之罪不誅，而後良言進。故古人有言：『山藪藏疾，川澤納汙，瑾瑜匿
惡，國君含詬。』」〔註36〕引文出自《左傳·宣公十五年》。〔註37〕

〔註32〕 楊向奎：《西漢經學與政治》，頁119。

〔註33〕 顧頡剛：〈五德終始說下的政治和歷史〉，《古史辨》，第5冊，頁597～617。

〔註34〕 傅氏僅針對王莽引用《尚書》的情形立論，就王莽引用經書的整體考察實有所
不足，不過所謂的「不足」實乃出於傅氏論文範圍所囿，並不能據此加以非議。

〔註35〕 《後漢書》記載徐防學習祖父徐宣的《易》學。徐防曾上疏請求以章句測試
博士及甲乙策試，其重視章句的態度，當屬今文經學者。見《後漢書·徐防
列傳》，卷44，頁1500～1501。

〔註36〕 《漢書·路溫舒傳》，卷51，頁2371。

〔註37〕 《左傳·宣公十五年》載伯宗所引的俗諺：「高下在心，川澤納缺，山藪藏疾，
瑾瑜匿瑕，國君含垢，天之道也。」卷24，頁407。

（2）昭帝元鳳三年（B.C.78），眭孟上書說：「漢家堯後，有傳國之運。漢帝宜誰差天下，求索賢人，禪（原字左示右亶）以帝位，而退自封百里，如殷周二王後，以承順天命。」〔註38〕漢家堯後之說出自《左傳》。「退自封百里，如殷周二王後」則爲《公羊》家存三統之義。此奏書兼用今古文經。

（3）《漢書》記載：「梅福復言宜封孔子後以奉湯祀。綏和元年，立二王後，推迹古文，以《左氏》、《穀梁》、《世本》、《禮記》相明，遂下詔封孔子世爲殷紹嘉公。」〔註39〕「立二王後」，同樣也是《公羊》家存三統的學說；但同時又引《左傳》相互闡發。

（4）綏和元年（B.C.8），翟方進彈劾紅陽侯王立的黨友說：「昔季孫行父有言曰：『見有善於君者愛之，若孝子之養父母也；見不善者誅之，若鷹鸇之逐鳥爵也。』」〔註40〕季孫行父之語，出自《左傳·文公十八年》。

（5）師丹曾駁斥劉歆立古文經之事，但他上書勸諫哀帝時卻引《左傳·僖公九年》說：「臣聞天威不違顏咫尺，願陛下深思先帝所以建立陛下之意，且克己躬行以觀以下之從化。」〔註41〕

可見西漢末年，朝臣進言國家大事時本有引經據典、兼用今古文經的習慣，王莽受這種風氣所影響是很自然的事。從另一方面來說，研習立於學官的經書，只是爲了進入朝廷的途徑。側身朝廷後，上奏的目的在於改革政治，至於引用哪一種經書則是次要問題。

王莽即位之後，貴爲天子之尊，政治措施與任何一種經典結合，自無阻力，也是古文經得以應用於政壇的緣故。

第三，每個朝代應各有其學術，若只是沿襲漢代所立的學官，則無法呈顯新朝的獨特性。此亦爲「王者改制」的思惟。

第四，《左傳》中「漢爲堯後」的記載，可以爲「王莽是舜的後裔，接受漢家天下」背書，讓新朝的成立，在經典上有所依據。因此，立《左傳》於學官確實有其必要性。〔註42〕

〔註38〕《漢書·眭孟傳》，卷75，頁3154。
〔註39〕《漢書·梅福傳》，卷67，頁2926～2927。
〔註40〕《漢書·翟方進傳》，卷84，頁3420。
〔註41〕《漢書·師丹傳》，卷86，頁3504。按：《左傳·僖公九年》載周襄王派宰孔賜齊侯胙時，齊侯回答說：「天威不違顏咫尺，小白余敢貪天子之命，無下拜！恐隕越于下，以遺天子羞。敢不下拜。」卷13，頁219。
〔註42〕雷家驥：《中古史學觀念史》，頁190。

第五，廣道術的思惟。〔註43〕漢人認爲《周禮》爲周公所作，《左傳》是左丘明爲傳述孔子之道而寫，〔註44〕均爲聖人的著作，當可列入學官。漢哀帝建平元年（B.C.6），劉歆請立古文諸經得罪諸儒時，哀帝認爲劉歆是出於「廣道術」的心態，並非眾臣所說的「改亂舊章，非毀先帝所立」。〔註45〕及至東漢建初四年（A.D.79），章帝召諸儒會於白虎觀時，詔書中指出漢宣帝、光武帝增立博士的措施都是爲了「扶進微學，尊廣道藝」。〔註46〕因此漢帝增立學官主要在於網羅遺逸、博存眾家，而王莽亦復如此。

況且古人本以爲《六經》各有特色，又能互相配合。如《荀子・儒效篇》說：

> 聖人也者，道之管也。天下之道管是矣，百王之道一是矣，故《詩》、《書》、《禮》、《樂》之道歸是矣。《詩》言是，其志也；《書》言是，其事也；《禮》言是，其行也；《樂》言是，其和也；《春秋》言是，其微也。〔註47〕

《禮記・經解》說：

> 孔子曰：入其國，其教可知也。其爲人也：溫柔敦厚，《詩》教也；疏通知遠，《書》教也；廣博易良，《樂》教也；絜靜精微，《易》教也；恭儉莊敬，《禮》教也；屬辭比事，《春秋》教也。〔註48〕

漢代作品《淮南子・泰族》說：

> 五行異氣而皆適調，六藝異科而皆同道。溫惠柔良者，《詩》之風也；淳龐敦厚者，《書》之教也；清明條達者，《易》之義也；恭儉尊讓者，禮之爲也；寬裕簡易者，樂之化也；刺幾辯義者，《春秋》之靡也。故《易》之失鬼，樂之失淫，《詩》之失愚，《書》之失拘，禮之失伎，《春秋》之失訾。六者，聖人兼用而財制之。〔註49〕

《史記・滑稽列傳》：

〔註43〕此錢穆、傅佩琍等亦有說，見錢穆：《兩漢經學今古文平議》，頁232～234。傅佩琍：《王莽之尚書學與行政》，頁221。

〔註44〕《漢書・楚元王傳》：「（劉）歆以爲左丘明好惡與聖人同，親見夫子，而《公羊》、《穀梁》在七十子後，傳聞之與親見之，其詳略不同。」（卷36，頁1967）

〔註45〕《漢書・劉歆傳》，卷36，頁1967～1972。

〔註46〕《後漢書・章帝紀》，卷3，頁138。

〔註47〕清・王先謙撰，沈嘯寰、王星賢點校：《荀子集解》（北京：中華書局，1997年），卷4，頁133。

〔註48〕《禮記・經解》，卷50，頁845。

〔註49〕《淮南子・泰族》，卷20，頁674～675。

孔子曰：「六藝於治一也。《禮》以節人，《樂》以發和，《書》以道
事，《詩》以達意，《易》以神化，《春秋》以義。」〔註50〕

初元二年（B.C.47），翼奉上奏漢元帝：

聖人見道，然後知王治之象。故畫州土，建君臣，立律曆，陳成敗，
以視賢者，名之曰經。賢者見經，然後知人道之務，則《詩》、《書》、
《易》、《春秋》、《禮》、《樂》是也。《易》有陰陽，《詩》有五際，《春
秋》有災異，皆列終始，推得失，考天心，以言王道之安危。〔註51〕

《漢書・藝文志》說：

六藝之文：《樂》以和神，仁之表也；《詩》以正言，義之用也；《禮》
以明體，明者著見，故無訓也；《書》以廣聽，知之術也；《春秋》
以斷事，信之符也。五者，蓋五常之道，相須而備，而《易》為之
原。〔註52〕

可見經書各有其特質，可應用於現實人生。此不只為先秦儒者的觀念，亦是
漢人的普遍共識。此外，《荀子》的「百王之道」、《禮記》的「入其國，其教
可知也」、《淮南子》的「聖人兼用而財制之」、《史記》的「六藝於治一也」、
翼奉奏書的「王治之象」、「列終始，推得失，考天心，以言王道之安危」則
明顯地指出經典應用於政治教化的意涵。那麼，一個政權開放給各有特質的
經典，對於具有主導權的統治者而言（如王莽），亦可隨心採用不受限制。

因此，王莽兼用今古文經的原因顯然存在著多種面向可供思考。單就某
一方面立論，則易有所不足，以致於產生偏頗。

第二節　王莽與《周禮》關係的考察

一、近代關於王莽用《周禮》的諸說

近代對於王莽與《周禮》關係的討論，至少可分為四種不同的看法。

第一種，劉歆偽作《周禮》、《左傳》、《古文尚書》等古文經，以諂媚王
莽、協助篡漢，持此說者以康有為先生為代表。〔註53〕此說對民國初年的學

〔註50〕《史記・滑稽列傳》，卷126，頁3197。
〔註51〕《漢書・翼奉傳》，卷75，頁3172。
〔註52〕《漢書・藝文志》，卷30，頁1723。
〔註53〕康有為：《新學偽經考》，頁143。

術界影響甚鉅。至民國十九年（A.D.1930），錢穆先生在《燕京學報》發表〈劉向歆父子年譜〉，以縝密的二十八問、翔實的史料證明劉歆不可能徧僞古文諸經，此說方稍歇息。錢氏於此觀點上，另著〈周官著作時代考〉藉以考察《周禮》的著作時代，然而本文旨在討論《周禮》與王莽的關係，因此對於《周禮》的著作時代不擬涉及。

第二種，王莽、劉歆及博士儒生作《周禮》。民國六十九年（A.D.1980），徐復觀先生依循思想、文獻兩條線索考察，認爲《周禮》成書於漢朝，而且是王莽、劉歆兩人爲了表達其政治理想而合著。〔註54〕在「思想線索」方面，主要重點有二。第一，徐氏認爲先秦同樣也有以官制表達政治理想的例證，如《荀子》、《管子》等。第二，漢代的〈王制〉、《新書》、《淮南子》、《春秋繁露》、《大戴禮記》等作品中，關於官制數字、名稱，及其與天道配合的方式呈現參差錯雜的情形，「這正是此種思想線索（筆者按：指官制配合天道的思想），在摸索中前進的應有現象。此種摸索的結果，便是《周官》出現。」〔註55〕

關於「文獻線索」，其重點有四。首先，徐氏認爲《漢書‧河間獻王傳》與《史記‧封禪書》中所說的「周官」皆指同一作品——《尚書‧周官》。其次，劉歆〈讓太常博士書〉中未提及《周禮》，顯示《周禮》在建平元年（B.C.6）以前尚未完成；而《七略》記載的「周官經」是劉歆在居攝三年（A.D.8）改《周官》爲《周禮》之前所補錄。第三，徐氏考察《漢書‧王莽傳》的記載，以爲元始四年（A.D.4）是王莽正式提出《周官》一書的時刻。居攝三年（A.D.8），劉歆與博士諸儒討論「王莽應爲功顯君服何種禮制」的奏書說：「發得《周禮》，以明因監」。此奏議，則將《周官》改名爲《周禮》。第四，根據《漢書‧王莽傳》、賈公彥〈序《周禮》廢興〉引「馬融傳云」，徐氏認爲劉歆、王莽採用「暗示」的手法使時人推測《周禮》成於周公；而「確定」《周禮》成於周公者，則始於馬融，大倡於鄭玄。〔註56〕

有關王莽、劉歆合著《周禮》的詳情，徐氏說：

> 我先說出探索所得的結論是，《周官》乃王莽、劉歆們用官制以表達
> 他們政治理想之書。……他（按：指劉歆）在《周官》中的作用，
> 是把他在《三統曆》中所表達的天道思想，應用到《周官》的序官

〔註54〕徐復觀：《周官成立之時代及其思想性格》，頁3。
〔註55〕徐復觀：《周官成立之時代及其思想性格》，頁4～38。引文見該書，頁26。
〔註56〕徐復觀：《周官成立之時代及其思想性格》，頁38～49。

上面，構成《周官》的格套。格套裡面的內容，則多出於王莽。因
爲《漢書・王莽傳》中所表現的王莽的性格與《周官》思想的性格
較合。〔註57〕

徐氏指出劉歆以《三統曆》的天道思想構成《周禮》官制的格套，王莽則是
完成《周禮》內容的人。同時，他推定王莽與劉歆分配寫作的時間，表列如
下：〔註58〕

在位 君王	年　　代	王莽、劉歆創作 《周禮》的歷程	備　　註
哀帝	建平元年（B.C.6）	王莽草創《周官》（共5年）	王莽被遣，就國
	建平二年（B.C.5）		
	建平三年（B.C.4）		王莽被哀帝徵還京師
	建平四年（B.C.3）		
	元壽元年（B.C.2）		
	元壽二年（B.C.1）	劉歆完成《三統曆》，整理 《周官》（共4年）	王莽以大司馬執政。 據〈平帝紀〉、〈律曆志〉， 元始五年徵天下通知天 文、曆算、鍾律者，使劉 歆典令條奏。因此劉歆完 成《三統曆》的時間應在 元始五年。徐氏之說與史 書記載不符。
平帝	元始元年（A.D.1）		
	元始二年（A.D.2）		
	元始三年（A.D.3）		
	元始四年（A.D.4）	《周官》一名正式出現	徐氏指王莽「徵天下通一 藝」及其他技藝之事。但 〈平帝紀〉載爲元始五 年，當爲徐氏筆誤。
	元始五年（A.D.5）	王莽始援引《周官》	徐氏指王莽奏改郊祀禮的 奏議。
孺子嬰	居攝元年（A.D.6）		
	居攝二年（A.D.7）		
	居攝三年（A.D.8）		
	初始元年（A.D.8）	將《周官》改名《周禮》	

徐先生又指出二人合著《周禮》只是持其綱領、指歸的部分，具體的細
節則委任博士儒生。〔註59〕

〔註57〕徐復觀：《周官成立之時代及其思想性格》，頁3。
〔註58〕徐復觀：《周官成立之時代及其思想性格》，頁41～42、51～52。
〔註59〕徐復觀：《周官成立之時代及其思想性格》，頁54。

第三種，王莽授意劉歆依據《周官》殘本，加以擴充而成《周官經》。民國七十六年（A.D.1987），侯家駒先生在康有為、徐復觀兩位先生的意見上稍作修改，以為《周禮》是：

> 由劉歆率同若干助手，根據《周官》殘本，參考其他有關文獻……，再雜以己意，予以補充、擴大，成為《周官經》。這種編著工作，可能始於王莽於平帝元始初獨攬大權之際，至元始四年（筆者按：當為元始五年），有了初稿本，所以故意於該年公開徵求《周官》，……〔註60〕

如以錢穆先生駁康有為先生的意見申問之，即知此說的成立是有困難的，故於此不再討論。

第四種，《周禮》的成書與王莽無關。民國八十二年（A.D.1993），金春峰先生考察雲夢睡虎地秦簡、秦制與《周禮》的制度後，認為《周禮》是戰國末期秦統一前後，入秦的學者所作。〔註61〕

關於徐氏的意見，金春峰先生從兩個面向提出反對意見。在「思想線索」與「文獻線索」方面，金氏認為《周禮》完成於秦統一前後，無疑是反駁了徐復觀先生以「思想線索」、「文獻線索」認定《周禮》成於西漢末年的說法。

另一方面，金氏又針對「王莽、劉歆兩人合著《周禮》」部分，提出質疑，其重點主要有五。首先，一本書的格套、內容不能分先、後，更不可能由二個人在事先沒有商量的情況下，湊合成一本書。其次，在時間點上，《漢書》記載王莽據《周禮》設立外史、閭師（元始元年）、徵天下通一藝者（元始五年），及劉歆《三統曆》的著作時間（元始五年），均與徐氏所安排的時間表不合。第三，《周禮》重視數字「六」，《三統曆》重視數字是九、三、八，二者不同。第四，就實際的政治層面而言，《周官》大司馬的職權根本無法與王莽擔任大司馬時相比。第五，金氏以為居攝三年（A.D.8）劉歆與博士諸儒等七十八人的奏書：「發得《周禮》，以明因監」，所盛讚的對象是太后，而非徐氏所說的王莽。同時，金氏以為「綱紀咸張，成在一匱」是指群臣希望元后根據《周禮》斟酌損益，讓王莽以天子弔諸侯之禮服母喪；而不是像徐氏所言，指〈冬官〉未成，功虧一匱。因此，金氏考辨王莽改制與《周禮》的關係，得出《周禮》與王莽篡權、改制的關係絕不像康有為、徐復觀所說的息

〔註60〕侯家駒：《周禮研究》（臺北：聯經出版事業公司，1987年），頁274。
〔註61〕金春峰：《周官之成書及其反映的文化與時代新考·自序》，頁13。

息相關。〔註62〕

　　以上四種意見，需要進一步討論者爲徐、金二位先生的看法。徐復觀先生以爲《周禮》爲王莽、劉歆用來表達政治理想而作。金春峰先生則認爲王莽改制因襲《周禮》的部分少，而違逆、相異的部分多。〔註63〕所以，考察王莽的具體政治措施與《周禮》的關係，當可明確判斷何者較接近事實。

二、論《周禮》非王莽僞作

（一）王莽對《周禮》的引用情況未達僞作目的

　　首先，王莽即位前後在政治措施引用《周禮》的情況，可見下表：

即位前：

年代	政治措施或事件	引用《周禮》的情形
元始元年（A.D.1）	設外史、閭師等官	《周禮・春官・外史》、《周禮・地官・閭師》
元始五年（A.D.5）	改革長安郊祀制度	《周禮・春官・大司樂》
元始五年（A.D.5）	以高后配享	《周禮・春官・大司樂》
元始五年（A.D.5）	改革雍五畤	《周禮・春官・小宗伯》
元始五年（A.D.5）	爲平帝服三年之喪	《周禮・春官・司服》

即位後：

年代	政治措施或事件	引用《周禮》的情形
始建國元年（A.D.9）	設三孤卿	《周禮》
始建國二年（A.D.10）	施行五均制度	《周禮・地官・閭師》、《周禮・地官・載師》、《周禮・地官・司市》、《周禮・地官・泉府》
始建國四年（A.D.12）	設牧監	《周禮》
始建國四年（A.D.12）	改十二州爲九州	《周禮・司馬》〔註64〕

〔註62〕詳參金春峰：《周官之成書及其反映的文化與時代新考》，頁223～243。

〔註63〕金春峰：《周官之成書及其反映的文化與時代新考》，頁239。

〔註64〕王莽詔書說：「〈禹貢〉之九州無幷、幽，《周禮・司馬》則無徐、梁。帝王相改，各有云爲。」然《周禮・大司馬》並無九州的記載，因而王莽所指可能是《周禮・夏官》全篇中關於九州的記載。引文見《漢書・王莽傳》，卷99中，頁4128。

始建國四年（A.D.12）	分封爵土	《周禮·地官·小司徒》、《周禮·春官·大宗伯》、《周禮·考工記》
天鳳元年（A.D.14）	設六尉六隊、六鄉六州	《周禮》
天鳳元年（A.D.14）	設六服	《周禮·秋官·大行人》
天鳳三年（A.D.16）	頒布吏祿制度	《周禮·天官·膳夫》

王莽即位前，引用《周禮》主要見於改革郊祀禮、平帝喪期，與官制並無關聯。即位後，王莽才開始多次引用《周禮》施政，如官制、吏祿、行政區域的規劃等，尤其五均制度更是以《周禮》為藍本。但《周禮》對王莽的影響僅限於局部的政治措施，而非全面性。後者如王莽營造周公形象與舜形象的範本——《尚書》，以及以「新王受命改制」而籠罩整個新朝政局的《公羊春秋》。

其次，除了具體政治措施之外，史籍記載王莽的奏議、詔書中引用到《周禮》的次數，實少於《尚書》、《易》（引用次數參見附錄2）。就次數而言，並無法討論《周禮》對王莽的重要性，然而，與引用《公羊傳》的情形相比較，並同時觀察王莽引用《周禮》的具體政治措施，便可得知《周禮》對王莽的影響程度似乎並不大。

就徐復觀先生認為「《周官》乃王莽、劉歆們用官制以表達他們政治理想之書」的創作目的而言，〔註65〕，王莽不論是即位前，還是即位後，引用《周禮》「設官」的數目非常少，僅外史、閭師、三孤卿、五均司市等，與徐先生所說的創作宗旨顯然不符。因此，只能說王莽比西漢歷代君王較為頻繁而廣泛地應用《周禮》，卻無法因此認定《周禮》為王莽所作。

（二）王莽對《周禮》的運用方式未盡經書原意

王莽引用《周禮》於政治上，主要有三種方法。第一，單純引用《周禮》的觀念，而非《周禮》所敘述的制度。較明顯的例子，如元始五年（A.D.5），王莽引《周禮·春官·大司樂》中合樂、分樂的記載，申論郊祀制度合祭、別祭的觀念，以規劃配享者、祭品、祭儀、祭祀時間（詳參第貳章）。

第二，直接使用《周禮》中的記載，而略有變革。如五均制度源自《周禮》，但亦與《周禮》有所不同，以下舉二例說明：其一，王莽仿《周禮》徵收所得稅，將《周禮》以實物為稅收的制度，轉換成貨幣。其二，王莽仿《周

〔註65〕徐復觀：《周官成立之時代及其思想性格》，頁3。

禮・地官・泉府》實行賒貸措施。茲將《漢書・食貨志》與《周禮》的記載同列於下：

> 民欲祭祀喪紀而無用者，錢府以所入工商之貢但賒之，祭祀無過旬日，喪紀毋過三月。民或乏絕，欲貸以治產業者，均授之，除其費，計所得受息，毋過歲什一。〔註66〕

> （泉府）凡賒者，祭祀無過旬日，喪紀無過三月。凡民之貸者，與其有司辨而授之，以國服為之息。凡國之財用取具焉，歲終，則會其出入，而納其餘。〔註67〕

二者的不同，有二：首先，借出物不同。據上文所說，王莽從各行各業所徵收的是貨幣，因此「以所入工商之貢但賒之」借出的是貨幣。由於《周禮》的制度借出的可能是物，也可能是田地，所以需要「（百姓）與其有司辨而授之」，讓官員與百姓分辨、確認借貸物，以定利息。另外，《周禮》並未指借貸費用的來源為何。其次，利息部分，王莽規定扣除本金，單就所得利潤來計算利息，政府所收每年不得超過利潤的十分之一。〔註68〕《周禮》則是據本金（所貸之物）徵求利息。

　　第三，將《周禮》與其他經書合用。合用經書時，有兩種情形：一方面結合《周禮》與其他經書，「引申」其內容，推出王莽自己所設計的措施或政治制度，如元始五年（A.D.5），改革郊祀禮時，王莽引用《周禮》的「兆五帝於四郊」結合《易・繫辭上》的「方以類聚，物以群分」〔註69〕，訂定出他所認定的五時方位、與五帝相配合的屬神。這些具體規劃與《周禮》、《易・繫辭上》的內容關聯性不高。又如王莽根據《詩》、《周禮》，制作吏祿制度，實際上與經文的記載無關。另一方面，王莽結合《周禮》與其他經書的制度，落實於現實政治，形成一種混合式的制度。如始建國四年（A.D.12），王莽分配爵土，仿照《周禮》「一同」的名稱與百里之數封給公爵，同時並採用《禮記》、《孟子》的土地面積分封侯、伯、子、男。

　　另外，就王莽對《周禮》的運用而言，最值得注意的是王莽捨棄《周禮》

〔註66〕《漢書・食貨志》，卷24下，頁1181。
〔註67〕《周禮・地官・泉府》，卷15，頁228～229。
〔註68〕《漢書・食貨志》載收利潤的十分之一；而《漢書・王莽傳》卻說：「又令市官收賤賣貴，賒貸予民，收息百月三。」此可能是王莽一度更改稅率，一個月收百分之三。引文見《漢書・王莽傳》，卷99中，頁4118。
〔註69〕《易・繫辭上》，卷7，頁143。

的官名、制度不用，而使用其他經書的記載。〔註70〕這種情形十分常見，像是《周禮・天官・宰夫》說：「（宰夫）掌治朝之法，以正王及三公、六卿、大夫、群吏之位。」〔註71〕三公指的是太師、太保、太傅，六卿為冢宰、司徒、宗伯、司馬、司寇、司空。王莽卻沿襲西漢的三公，九卿則除了三孤卿之外，其他六卿都是來自《尚書・堯典》，而非《周禮》。又如行政區域的六服，在《周禮》中有九畿（《周禮・夏官・大司馬》）、九服（《周禮・夏官・職方氏》）的記載，甚至也有六服（《周禮・秋官・大行人》），但王莽卻選擇了以《尚書》為主，融合《周禮》、《禮記》等經書，制定出新朝的六服。

如果《周禮》的內容為王莽所作，而且是為了藉官制的形式來表達其政治理想，那麼王莽即位為天子，掌握政治上所有的權力之後，卻不直接引用《周禮》落實自己的理想，反而引《周禮》的觀念施政，或是引用又加以更改，或以《周禮》與其他經書合用，甚至是捨棄《周禮》原有的記載而轉用其他經書，未免不合情理。因此，從王莽運用《周禮》的方法考量，《周禮》應非王莽所作。

（三）《周官成立之時代及其思想性格》立論的探討

王莽引用《周禮》的情形、方法，無法證明《周禮》是其為了表達政治理想而作。除此之外，上引徐書的立論仍值得商榷之處。就「思想線索」而言，所謂的「思想線索」並非確然不移的說法。徐氏認為思想發展的過程是逐漸匯聚、凝結，最終集結於一人或一本書，因此認定《周禮》是結合官制與天道思想的「集大成」之作。然而，思想的發展並無法以直線前進的方式一言以蔽之。或許，也可以從另一個角度來解釋所謂的「思想線索」：《周禮》成書於戰國末

〔註70〕 侯家駒說：「這（筆者按：指王莽政治措施與《周禮》相異的部分）可能是因為王莽『真除』後，不必再以《周官》或《周禮》欺世，而且，也知道《周禮》是出自本身授意或部屬迎合己意編著而成，故將《周禮》擱置於一邊，全憑己意與當時自身利害行之。」見氏著：《周禮研究》，頁286。按：若就侯氏的觀點而言，王莽應當在即位前大量地引用《周禮》施政。從侯氏以禮儀、官制、財經、其他等方面討論「王莽對《周禮》的實驗」的例子，卻非如此。禮儀方面，九錫採用的是《禮緯》、改革郊祀禮是引《周禮》中的「觀念」、提出服功顯君喪的是漢臣而非王莽。官制方面，五等爵制度引用眾經書的記載，而且以《禮記》為主；六鄉則是「改變」《周禮》中的記載而來。王莽即位前的措施與《周禮》有關的，並不多。即便與《周禮》相關，也對其內容有所轉化。如果王莽為了自己的政途而作《周禮》，那麼著作的內容應該會切合本身需要，而不需曲折地引用。

〔註71〕 《周禮・天官・宰夫》，卷3，頁47。

年，與時代相近的書如《荀子》、《管子》有相似的學說，是當時學說之間彼此交會、影響的表現。秦漢時，《呂氏春秋》、〈王制〉、《大戴禮記》、《淮南子》等著作，依照自家學說的需要，各從《周禮》的內容汲取所需著書立說。或者這幾部作品的學說也可能受先秦其他學派的影響，不一定完全來自於《周禮》。因此就徐氏的「思想線索」而言，並非是牢不可破的說法。

　　就徐氏的「文獻線索」而言，部分論點仍有討論的空間。首先，徐氏以為《漢書‧河間獻王傳》與《史記‧封禪書》中所說的「周官」指《尚書‧周官》。然而，〈河間獻王傳〉說：

> 獻王所得書皆古文先秦舊書，《周官》、《尚書》、《禮》、《禮記》、《孟子》、《老子》之屬，皆經傳說記，七十子之徒所論。〔註72〕

「先秦舊書」一詞，與其後所列的諸「書」（包含諸篇作品集結而成的作品）恰好相呼應；若將「周官」視為單篇作品，則《漢書》所言矛盾。再者，古代漢語指一部書中的某篇時，往往先列書名再稱篇名，如《禮記‧經解》、《莊子‧逍遙遊》。而徐氏將〈河間獻王傳〉裡的「《周官》、《尚書》」合為「周官尚書」一辭，與漢語的語法有所牴牾。另一方面，徐氏說：

> 凡〈魯周公世家〉中所述周公制作的，皆不出《詩》《書》所載，所以
> 《史記‧封禪書》引有「周官曰」凡三十一字，亦必係〈魯周公世家〉
> 中所述的〈周官〉。是史公確曾看到《尚書》中的〈周官〉。〔註73〕

徐氏以為《史記‧封禪書》所說的「《周官》曰：冬日至，祀天於南郊，迎長日之至；夏日至，祭地祇。皆用樂舞，而神乃可得而禮也。」〔註74〕出於《尚書‧周官》。然而，《周禮‧春官‧大司樂》、《周禮‧春官‧家宗人》也有相同或相近的記載，〔註75〕徐氏何以肯定《史記‧封禪書》這段話不出於《周禮》，而是出自目前無法見到的《尚書‧周官》？

〔註72〕《漢書‧河間獻王傳》，卷53，頁2410。

〔註73〕徐復觀：《周官成立之時代及其思想性格》，頁39。

〔註74〕《史記‧封禪書》，卷28，頁1357。

〔註75〕《周禮‧春官‧大司樂》：「凡樂，圜鍾為宮，黃鍾為角，大蔟為徵，姑洗為羽，靁鼓靁鼗，孤竹之管，雲和之琴瑟，雲門之舞，冬日至，於地上之圜丘奏之，若樂六變，則天神皆降，可得而禮矣。凡樂，函鍾為宮，大蔟為角，姑洗為徵，南呂為羽，靈鼓靈鼗，孫竹之管，空桑之琴瑟，咸池之舞，夏日至，於澤中之方丘奏之，若樂八變，則地示皆出，可得而禮矣。」（卷22，頁342）《周禮‧春官‧家宗人》：「以冬日至，致天神人鬼。以夏日至，致地示物魅。」（卷27，頁424）

其次，徐氏以爲劉歆〈讓太常博士書〉顯示《周禮》在建平元年（B.C.6）以前尚未成書；《七略》記載的「周官經」則是居攝三年（A.D.8）以前所補入。由於史書沒有劉歆在《七略》補入「周官經」的記載，這項出於徐氏個人立論需要的說法並不穩固。但文獻不足，後人也無法完全推翻此說。

第三，徐氏之見和康有爲「劉歆徧僞群經」的說法一樣，必須面對學者共同的質疑：關於僞造《周禮》的具體情境說明，如王莽、劉歆是在什麼地方僞造，爲何家人、部屬竟無人知曉？二人又是如何互通聲息，以確保書中內容不致產生歧異？況且要存放、攜帶爲數不少的竹冊畢竟不是一件容易的事，又如何不被時人所察覺？另外，負責僞造細節的博士、儒生，想必人數眾多，因此，要達到完全保密的效果，難度甚高，其又如何作到？而博士、儒生卻也爲何無人透露《周禮》的撰作過程？

（四）小結

據上文討論可得出兩點結論：首先，《周禮》並非王莽、劉歆爲表達政治理想而作。

其次，從王莽即位前後運用《周禮》的情形、《周禮》的方法來看，金春峰先生認爲王莽改制、取得政權與《周禮》的關係不像康有爲、徐復觀所言，確是實情。然而，金氏以爲王莽改制因襲《周禮》的部分少，而違逆、相異者多，〔註76〕可從兩方面加以探討。一方面，「多少」的概念是相對的，端看其比較基準而言。以經書作爲比較基準來說，如以王莽應用《尚書》和《周禮》相較，則王莽確實是多同於《尚書》，而異於《周禮》者多。如以《論語》和《周禮》相比，情況卻恰好相反。或者是以政治措施應用經書的情形來比較，如王莽即位後改革官制，《尚書》的重要性顯然在《周禮》之上。但新朝的五均制度卻是以《周禮》爲藍本。因此，金氏的意見在不明其比較基準的情況下，難以進行討論。另一方面，就金氏所言因襲、違逆的內容而言，可分爲兩點討論。其一，官制部分，金氏說：

> 爲什麼王莽即眞以後，設立官職完全不按《周官》呢？因爲這時模
> 擬周公作攝皇帝的時代已經過去了，他成了新朝的開創者。〔註77〕

金氏認爲王莽即位後，由於身分的不同，設官分職完全不依照《周禮》。然而，新朝仍有依《周禮》而設的官職，如五均司市、部監等。其二，財經部分，

〔註76〕金春峰：《周官之成書及其反映的文化與時代新考》，頁239。
〔註77〕金春峰：《周官之成書及其反映的文化與時代新考》，頁241。

金氏認爲王莽受《周官》一定程度的影響，他說：

> 《周官》的泉府，目的是調劑市場餘缺，爲王室收購與儲藏珍寶玩
> 好，與漢代鹽鐵國營，專爲政府壟斷鹽鐵稅利者之性質不同。王莽
> 的財經政策，承漢代桑弘羊等人的財經政策而來，……（六筦）形
> 式上受《周官》影響，實際精神上則並不如此。〔註78〕

金氏區分王莽財經政策的形式與實質精神，則是相當有見地的。因此金氏雖
在論證過程稍有瑕疵，卻無損「（王莽）對《周官》『因監者』少而違逆、相
異者多」〔註79〕的結論。

三、王莽應用《周禮》的原因考察

　　《周禮》既非王莽所作，那麼王莽與《周禮》的關係便有重新探究的必
要。徐復觀先生說：「班固在《漢書》的〈表〉（百官公卿表），尤其是〈志〉
中，把《周官》中有關的材料引用進去，以作爲周初的信史，這到底可否作
後人言古史者的根據？」〔註80〕《周禮》是否可作爲後人探察古史的根據，
在此暫不討論。但班固的態度，適足以表明至少有部分漢人相信《周禮》是
周公時書。因此，班固才會引用《周禮》說明周初的史事。賈公彥〈序《周
禮》興廢〉引馬融的話說：

> （劉歆）末年乃知其周公致太平之迹，迹具在斯。〔註81〕

鄭玄注〈天官〉時也有相同的看法：

> 周公居攝而作六典之職，謂之《周禮》，營邑於土中。七年，致政成
> 王，以此禮授之，使居雒邑治天下。〔註82〕

鄭玄認爲《周禮》是周公在居攝時期所作；周公致政時將此書獻給成王，以
作爲治天下之用。從這條資料看來，部分漢代學者認爲《周禮》是周朝太平
盛世的記載，〔註83〕因而也就可以明瞭王莽在西漢末年仿效周公時，爲何特

〔註78〕金春峰：《周官之成書及其反映的文化與時代新考》，頁242。
〔註79〕金春峰：《周官之成書及其反映的文化與時代新考》，頁239。
〔註80〕徐復觀：《周官成立之時代及其思想性格》，頁3。
〔註81〕賈公彥〈序《周禮》興廢〉，見於《周禮注疏》，頁7。
〔註82〕《周禮注疏》，卷1，頁10。
〔註83〕漢代也有學者持反對看法，認爲《周禮》不是周公所作，如張禹、包咸、何
　　　　休等。本文於此無以偏概全之意，僅在說明《周禮》一書恰好可以成爲王莽
　　　　與周公的連接點。

別地著重「制禮」。漢臣讚美王莽「發得《周禮》，以明因監」，並非空穴來風。〔註84〕《周禮》的出現與應用，讓王莽與周公有更多的相似點。

王莽在即位前，仿效周公，引用「周公致太平之迹」的《周禮》確實合情合理。但是，王莽即位後，轉以舜的形象出現，卻仍引用《周禮》，而且引用的次數與層面與西漢時期相較下，有過之而無不及。筆者以爲有三個可能的原因。

第一，西漢末年政壇逐漸重禮的傾向，是王莽持續以《周禮》改革的原因之一。武帝時的酷吏、宣帝「霸王道雜之」〔註85〕的漢家法度，均使漢朝吏治具有法家特質，也讓傾心王道/仁義的儒者有所不滿。因此元、成以下，漸受重用的儒者希望對重法輕禮的現象有所轉變，王莽正是承此風而來。〔註86〕

第二，在政治方面，經書的記載有限，無法單憑個別的經書囊括複雜的政治體系。因此，王莽選擇符合政治訴求或個人所好尚的經書加以應用，而《周禮》便是王莽改制的參考經典之一。同時，以官制爲主的《周禮》對於王莽重視制度的態度，應當有一定程度的啓發。

第三，就學術層面而言，王莽應用《周禮》是爲了回應《公羊》學的「孔子爲漢制法」。西漢《公羊》學興盛的程度，可以從《春秋穀梁傳》立於學官之不易看出來。漢宣帝立《春秋穀梁傳》得經歷數年培育人才，再召開石渠閣會議與《公羊傳》學者答辯、討論問題，然後才能立《春秋穀梁傳》於學官。在廣爲流傳的《公羊》學中，「孔子爲漢制法」是一個相當重要的觀念。漢人以此益尊孔子，《公羊》學也跟著水漲船高。〔註87〕但是在新朝時，王莽

〔註84〕 細繹劉歆與博士諸儒這份奏書的上下文：「攝皇帝遂開祕府，會群儒，制禮作樂，卒定庶官，茂成天功。聖心周悉，卓爾獨見，發得周禮，以明因監，則天稽古，而損益焉，猶仲尼之聞〈韶〉，日月之不可階，非聖哲之至，孰能若茲！」以「攝皇帝」爲主詞，所指的對象當爲王莽。筆者於此所持的意見異於金春峰的「元后」說，同於余英時。見《漢書》，卷99上，頁4091；金春峰：《周官之成書及其反映的文化與時代新考》，頁8～10、234。

〔註85〕 《漢書‧宣帝紀》，卷9，頁277。

〔註86〕 錢穆說：「西漢元帝時，王吉、貢禹之徒，也就對武、宣兩朝政治，發出不滿的批評。他們所不滿者，正爲漢武以來之重法而輕禮。因此王莽一朝，終於要逼出『發得《周禮》』的呼聲來了。」見氏著〈孔子與春秋〉，《兩漢經學今古文平議》，頁285。閻步克說：「針對漢政的『霸王道雜之』，漢儒有一個強烈的矯之以『王道』的意向，而且他們相信『王道』必須寄托於具象的禮制之中：儘管儒生在此也有分歧的說法，或曰應先用先王禮樂以化民，或當下就要制定合於漢家之『德』的漢家禮樂——但這實際也不過是古禮的變體。」見氏著《士大夫政治演生史稿》，頁380。

〔註87〕 王充說：「然則《春秋》，漢之經，孔子制作，垂遺於漢。」《春秋》出於孔子

不可能再以「孔子爲漢制法」的《公羊》學爲尊，他必須推出新朝本身的新學術，以證明新時代的來臨，〔註88〕因此《周禮》適時地派上用場，作爲新朝學術異於漢朝的證明之一（但《公羊》學也並未因此被廢除）。

　　綜上所述，可知王莽應用《周禮》，既有政治利益的考量，又受當時學風的影響。若如某些學者將王莽與《周禮》的關係，置於政治的天秤上衡量，卻忽略了學術本身的影響力量，其說法恐怕不夠周延而且與事實尙有一段距離。

　　之手，是受到漢人重視的原因之一。又，錢穆先生說：「因此漢廷五經博士，一面是革秦之舊，排除了百家，一面是復古之統，專尊了六藝，專尊了古王官學，而同時又是漢代新王之創法，與古王官學性質又不同。但實際則只有孔子《春秋》，是新創者，其書纔始不是舊官學，而是爲漢立制的新官學。因此漢廷五經博士，無形中便讓《公羊春秋》占了主腦與領袖的地位。」此說甚諦。引文見王充著，黃暉校釋：《論衡校釋·程材篇》，卷12，頁542～543；錢穆：《兩漢經學今古文平議·孔子與春秋》，頁281。
〔註88〕詳參錢穆：《兩漢經學今古文平議》，頁284。

第五章 結 論

第一節 前人研究成果再論

　　前人研究成果中，第一類認為王莽利用經學陰謀取得政治權力的看法，偏重強調王莽的私心，忽略了漢代學術的發展，以及當時士人群體認知。針對這點，在論文的第貳章便從西漢的更命論述和慕古學風為背景，討論群臣與王莽的互動，及王莽建構周公、舜形象的情形。這顯示出王莽個人、群臣的意願（二者互動時的心態、王莽建構形象的心態），有外在環境（學風、政治現狀）作為基礎，並非憑空而來。另一方面，相對於第一類學者認為王莽曾偽造經書的問題，因而在論文第肆章討論王莽未偽造《周禮》，及其與今古文經的問題。

　　第二種看法則是認為王莽受漢代學風與政治特質影響而獲得權力，此說對於王莽個人的「自主性」較少著墨。就這部分而言，除了在第貳章討論王莽有意地模仿周公制禮作樂、建構舜形象之外，第參章則以王莽建立新朝後的自主性與政治局勢考量，認為王莽即位後的措施，主要以穩固政權為宗旨。因此，綜合對這兩種觀點的討論，或許可以將王莽建立新朝的歷史事件歸結為「西漢的經學、政治氛圍」與「王莽本身的經學、政治」二者之間相互觸發所造成，而非單方面的發展。

　　更進一層地說，前人研究成果的兩種意見，背後其實涉及到篡位奪權與禪讓等兩類取得政權的方法。「認為王莽利用經學陰謀取得政治權力」的看法，或影射或明指王莽行禪讓之名，而為篡位奪權之實；「認為王莽受漢代學風與政治

特質影響而獲得權力」則偏向於王莽受更命論述中的禪讓說影響,「順勢」取得政權。二類看法的具體意見,請參考第壹章,此不贅引。然而,王莽究竟是居心叵測地篡位?還是受強大的更命論述、天命思惟(符命)影響而登基?或許是需要再加以考量的。以下從外在的環境因素(即西漢的經學、政治氛圍)、王莽的個人因素,以及「篡位」、「禪讓」的意涵等三方面討論。

就西漢末年以來的政治局面而言,從元帝時開始,王氏家族逐漸掌權,成帝河平二年(B.C.27),王譚、王商、王立、王根、王逢時等五人同日受封為列侯,號五侯。〔註1〕而王家從王鳳、王音、王商、王根相繼執政,「王氏子弟皆卿大夫侍中諸曹,分據勢官滿朝廷。」〔註2〕在朝廷上早已形成一股強大的勢力。王莽既有外戚之勢,又以儒生謙恭、節儉的形象出現,則其受到朝臣、儒生推崇備至,是可以想像得到的。而王莽在平帝時,受大司馬、宰衡等職與安漢公的爵稱,乃至孺子嬰時的宰衡居攝,長期享有主導政治的權力,無形中,其實也提高了大臣、民間對於王莽登基、名正言順統治天下的接受度。

就先秦以來的政治思惟來說,據《孟子·萬章上》的二條記載,〔註3〕構

〔註1〕 《漢書·元后傳》,卷98,頁4018。

〔註2〕 《漢書·元后傳》,卷98,頁4018。

〔註3〕 以下兩條為《孟子》記載,第一條:萬章曰:「堯以天下與舜,有諸?」孟子曰:「否。天子不能以天下與人。」「然則舜有天下也,孰與之?」曰:「天與之。」「天與之者,諄諄然命之乎?」曰:「否。天不言,以行與事示之而已矣。」曰:「以行與事示之者如之何?」曰:「天子能薦人於天,不能使天與之天下;諸侯能薦人於天子,不能使天子與之諸侯;大夫能薦人於諸侯,不能使諸侯與之大夫。昔者,堯薦舜於天而天受之。暴之於民而民受之。故曰:天不言,以行與事示之而已矣。」曰:「敢問薦之於天而天受之,暴之於民而民受之,如何?」曰:「使之主祭而百神享之,是天受之;使之主事而事治,百姓安之,是民受之也。天與之,人與之,故曰:天子不能以天下與人。舜相堯二十有八載,非人之所能為也,天也。堯崩,三年之喪畢,舜避堯之子於南河之南。天下諸侯朝覲者,不之堯之子而之舜;訟獄者,不之堯之子而之舜;謳歌者,不謳歌堯之子而謳歌舜,故曰:天也。夫然後之中國,踐天子位焉。而居堯之宮,逼堯之子,是篡也,非天與也。〈泰誓〉曰:『天視自我民視,天聽自我民聽』,此之謂也。」

第二條:萬章問曰:「人有言:『至於禹而德衰,不傳於賢而傳於子。』有諸?」孟子曰:「否,不然也。天與賢,則與賢。天與子,則與子。昔者,舜薦禹於天,十有七年,舜崩。三年之喪畢,禹避舜之子於陽城。天下之民從之,若堯崩之後,不從堯之子而從舜也。禹薦益於天,七年,禹崩。三年之喪畢,益避禹之子於箕山之陰。朝覲訟獄者,不之益而之啓,曰:『吾君之子也。』

成禪讓需要天子薦之於天、天與之（使之主祭而百神享之）、人與之（使之主事而事治，百姓安之）、品德（德必若舜禹）等四項條件。除了天子薦之於天之外，王莽具受西漢時人所稱頌的周公之德、制禮作樂爲朝臣擁戴，以及傳揚天命的符瑞，與《孟子》所言相當符合。再考慮到居攝年間（A.D.6～8），孺子嬰並未即位，換句話說，當時的漢朝實際上是沒有名正言順的天子，而孺子嬰又年幼，即使要實行「薦之於天」的形式也不容易，那麼所謂的「天子薦之於天」在客觀事實上是有其執行的困難存在。而在本論文第貳章所提到的更命論述，即西漢時眭孟「漢帝宜誰差天下，求索賢人，禪以帝位」〔註4〕、蓋寬饒「五帝官天下，三王家天下，家以傳子，官以傳賢」〔註5〕、劉向「王者必通三統，明天命所授者博，非獨一姓也。」〔註6〕等「公天下」的言論，顯示當時有部分經學家的「家天下」觀念淡薄。這種想法可以說是承繼孟子禪讓說的基本意涵：天下並非一家私有。因此就政治思惟而言，對於王莽取得政權也是有利的因素之一。

但不可否認的是當時致力於將「漢曆終衰」轉變爲「漢運中衰」的臣子，主張「再受命」以延長漢朝國祚的根本基礎之一便是「家天下」的思惟，如翼奉、李尋、夏賀良等。然而，在哀帝說出禪讓的戲言後，結束了群臣「漢運中衰」的努力方向，「家天下」的思惟也因此受挫，使得異姓聖人即將起而代之（禪讓）的預言更具可能性。在這種群體的心理因素下，爲王莽取得政權埋下伏筆。

其次，結合經學與政治的慕古學風，對於王莽的影響雖然主要呈現在引

謳歌者不謳歌益而謳歌啓，曰：『吾君之子也。』丹朱之不肖，舜之子亦不肖，舜之相堯，禹之相舜也，歷年多，施澤於民久。啓賢，能敬承繼禹之道。益之相禹也，歷年少，施澤於民未久。舜、禹、益相去久遠，其子之賢不肖，皆天也，非人之所能爲也。莫之爲而爲者，天也；莫之致而至者，命也。匹夫而有天下者，德必若舜禹，而又有天子薦之者，故仲尼不有天下。繼世而有天下，天之所廢，必若桀紂者也，故益伊尹、周公不有天下。伊尹相湯以王於天下。湯崩，大丁未立，外丙二年，仲壬四年。太甲顛覆湯之典刑，伊尹放之於桐。三年，太甲悔過，自怨自艾，於桐處仁遷義；三年，以聽伊尹之訓已也，復歸于亳，周公之不有天下，猶益之於夏，伊尹之於殷也。孔子曰：『唐虞禪，夏后殷周繼，其義一也。』」《孟子・萬章上》，卷第 9 下，頁168～169。
〔註 4〕《漢書・眭孟傳》，卷 75，頁 3154。
〔註 5〕《漢書・蓋寬饒傳》，卷 77，頁 3247。
〔註 6〕《漢書・劉向傳》，卷 36，頁 1915。

用經典改革體制，但相對地，此舉也為王莽帶來眾人擁戴、地位與權力的回饋。另一方面，劉歆在慕古學風的潮流中，引用經籍、曆書等文獻闡明「漢為堯後」說，其實也為王莽建構出有利條件。

第三，就篡位、禪讓來說，還必需考量前任君王的意願。據《尚書》、《論語》、《孟子》等記載，當堯禪讓給舜、舜禪讓給禹時，身為君王者，基本上都是願意將權力、地位轉讓給他人的。而新朝成立時，孺子嬰是前朝的皇太子，並非君王，身分有所不同。再者，據《漢書》記載，孺子嬰的意願則無可考。但根據王莽所擁有的勢力，即使孺子嬰反對，也無法改變現實。

以上是有利於王莽取得政權的外在環境因素。再從王莽個人因素來說，首先應以時間、政局的發展為衡量點來釐清王莽的心態。哀帝時期，王莽歷經被遣就國、徵還京師等劇烈升降變動，對他而言，最想達成的目標應只是保持既有的榮祿。平帝時，王莽的地位、權力逐步上升。黃彰健先生以為：

> 元始三年，大司徒司直陳崇奏莽功德，竟引《書》經「舜讓于德不嗣」，「納于大麓，烈風雷雨不迷」，引舜攝政的典故，並提到「錫禹玄圭」「周公受郊祀」。在這時，王莽即已有不臣之心了。

> 王莽在漢平帝元始元年正月即以功德比周公，晉號安漢公。人們以周公比他，這可能是仿效漢武帝賜霍光以周公負成王圖故事。而其懷不臣之心，至遲在元始三年即已有蛛絲馬跡流露於外。〔註7〕

黃氏將元始三年作為王莽有篡位之心萌現的時刻。此說的立論基礎在於認為周公踐祚並且稱王，準此推論，仿周公的王莽在建構周公形象時已懷不臣之心。〔註8〕然而，就筆者在第貳章的討論，《尚書大傳》、《史記》等漢人記載中，並不完全認為周公踐祚「稱王」。那麼，漢人以周公比喻王莽，除了「不臣」的觀點外，或許還包含其他可能性可以討論，如期待王莽像周公般為漢朝帶來太平盛世。再者，以陳崇的話來推證王莽的心態，缺少考慮陳崇或許是想諂媚王莽，或者反映時人對王莽的看法等可能性，因此在可信度上較為不足。第三，元始三年（A.D.3）王莽剛把女兒嫁給平帝，此時，王莽當前的

〔註7〕 黃彰健：《經今古文學問題新論》（臺北：中央研究院歷史語言研究所，1982年），頁87、頁117。

〔註8〕 詳參黃彰健：〈釋周公受命義──並論〈大誥〉、〈康誥〉「王若曰」的王字應指周公〉、〈「釋周公受命義」續記〉、〈〈召誥〉解──三論周公受命問題〉，見氏著：《經學理學文存》。

問題是如何保有目前的權力，而又不使平帝、眾臣反對他。〔註9〕所以，王莽在平帝時期有不臣之心的可能性並不大。

居攝時期，孺子嬰雖得吉卜，卻是被立為皇太子，〔註10〕因此即使王莽、眾臣在禮儀、言論上都將孺子嬰視為君王，但就名義而言，孺子嬰仍不能被稱作是「皇帝」。只是，孺子嬰為何未行即位之禮？這點，頗值得討論。首先，「年幼」或許是一項理由。不過，之前已有同樣被稱為「年幼」的漢昭帝、漢平帝即位，所以這項理由或許不是決定性的因素。其次，居攝二年（A.D.7）時，翟義說：

> 新都侯攝天子位，號令天下，故擇宗室幼稚者以為孺子，依託周公輔成王之義，且以觀望，必代漢家，其漸可見。〔註11〕

翟義指出王莽之所以選擇孺子嬰，是為了營造可以進退的空間。孺子嬰為皇太子，對王莽而言，退可以得輔政大臣的美名，進則可取漢家而代之，同樣地留下轉圜餘地。這恐怕才是孺子嬰沒有即位的真正原因。另一方面，對照居攝三年（A.D.8），王莽上奏符命、改元初始，並希望得到居攝稱王之權的奏書來看，居攝時期（A.D.6～8），王莽確實是步步為營地在臣子之名下營造取得政權的活動。

除了時間、政局的發展之外，還牽涉到名、實之間的問題。從元始元年（A.D.1）到元始五年十二月（A.D.5）之間，王莽以安漢公、宰衡的身分，代替平帝執行郊祀、廟制等改革。王莽以上奏平帝的形式，即符合君臣之「名」的形式。從「實」的角度，也就是權力的歸屬來看，雖然大部分的建議均出自王莽（或王莽與眾臣），但其奏議仍需經過平帝、元后的檢驗，〔註12〕因此名、實之間並未脫鉤。元始五年（A.D.5）十二月，群臣在請求讓王莽所行的禮制、公文形式當如天子的奏書獲准。再加上居攝時，孺子嬰為皇太子，王莽之上僅有元后的情勢，因此王莽雖為仍屬臣子的身分，然其權力已非人臣可比。同時，在「假皇帝」之名下，王莽的權力不斷擴張；到居攝三年（A.D.8），王莽除了在元后、平后面前，以及祭祀時，自稱「假皇帝」之外，號令天下時則與君王無異。這不僅嚴重喪失名、實之間的連結性，也讓王莽取得政權

〔註9〕　崔瑞德、魯惟一編，楊品泉等譯：《劍橋秦漢中國史》，頁244。

〔註10〕　《漢書‧王莽傳》，卷99上，頁4078、4082。

〔註11〕　《漢書‧翟義傳》，卷84，頁3426。

〔註12〕　如元始四年（A.D.4），王莽請改革長安南北郊的奏議，便遭到擱置，直到次年冬天（A.D.5），平帝才因祈求個人健康而准奏。

只欠缺時機而已。

班固說：

> 王莽始起外戚，折節力行，以要名譽，宗族稱孝，師友歸仁。及其
> 居位輔政，成、哀之際，勤勞國家，直道而行，動見稱述。豈所謂
> 「在家必聞，在國必聞」，「色取仁而行違」者邪？莽既不仁而有佞
> 邪之材，又乘四父歷世之權，遭漢中微，國統三絕，而太后壽考爲
> 之宗主，故得肆其姦慝，以成篡盜之禍。推是言之，亦天時，非人
> 力之致矣。〔註13〕

姑且擱置這段文字中班固個人對王莽的評價不談，班固其實很明確地指出
不論是從外在環境而言，還是從王莽主觀意願來看，新朝的建立已成爲可
以推知的結果。而「亦天時，非人力之致矣」則顯示班固也認爲王莽取代
漢朝的歷史事件，並非王莽一人所能造就的。若只從王莽個人因素探討，
便很容易得出王莽是有心篡位的結論。若偏重於外在環境因素，則易於傾
向認爲王莽是受先秦、西漢以來禪讓等政治學說的影響，取得政權。但筆
者以爲「西漢的經學、政治氛圍」與「王莽本身的經學、政治」二者之間
是不能區隔、個別討論的，從二者互動時所產生的變化著眼，才能較爲全
面地理解事實。

最後，從「篡位」、「禪讓」的名義考量，「篡位」之名所具有的評價是建
築在「家天下」的思惟之上，而「禪讓」則是建立在「公天下」之上。西漢
末年，更命論述中的漢曆中衰、禪讓說盛行，加之以〈世經〉的五行相生說，
「家天下」的思惟其實並不如東漢，甚至後代般濃厚。新朝末年，反對王莽
的勢力給予王莽「篡竊漢家天下」的批判，不論是爲了個人私利，還是爲了
重建漢家，這都反映出「家天下」思惟再度昂揚。東漢君王鑑於王莽代漢事
件受群臣未明君臣大義（即忠、家天下等觀念）所致，轉而大力提倡這些觀
念，而這也是班固《漢書》中屢屢批評王莽「篡」、「盜」漢家政權的由來。
每一個時代有其特別的氛圍，應分別看待。西漢末年到新朝之間，王莽取得
政權、建立新朝的事實，就時人而言，順著時代思潮、學風的禪讓比篡位的
成分更高。然而，就新朝末年到東漢以降，「家天下」的觀念逐漸確立，對王
莽的評價也就以篡位者居多。因此，筆者以爲所謂「篡位」或是「禪讓」應
該從不同時代特有的思惟來解釋。

〔註13〕《漢書·王莽傳贊》，卷99下，頁4194。

第二節　王莽在兩漢經學與政治遞嬗過程中的地位

一、王莽對西漢經學與政治的承繼與轉換

　　就西漢、新朝的經學與政治而言，首先，應當重視的，是王莽即位以後，施行的種種政治措施，其實是對西漢學術、政治的回應。以下舉出四個例證作爲說明：一，西漢《公羊》學提倡「王者改制」建立漢代政權的「正當性」；王莽則爲新朝制法，以建立新朝的「正當性」、有別於漢朝制度。二，西漢群臣兼採諸經闡述其政治理念，企圖影響西漢政治；王莽亦兼採諸經施行改制，以建立新朝的「正當性」。三，《三統曆・世經》有「漢爲堯後」說，則王莽以「新朝爲舜後」；〈世經〉有「漢爲火德」，則王莽以「新朝爲土德」。四，漢朝大臣以災異勸誡君王、限制君王的作爲；王莽則以符讖表明其王位的合理性。然而，在種種具有相對性的回應中，所顯現的是王莽對西漢學術、政治的延續。只是這種「延續」，不是以順流而下、完全接受的形式出現，而是針對「新朝」的政治需要，改頭換面的延續。

　　其次，從經學與政治互動的角度觀察，在回應與延續的過程中，王莽轉變了漢儒「以經學領導政治」的本質。就漢儒而言，闡釋經書的旨義運用在漢代政治上，主要表現在兩方面：解釋政權的由來與發展、漢朝政治的建制。〔註14〕董仲舒以《公羊》學「通三統」之義，建議武帝改制，以彰明漢朝所受的天命，這是爲漢代政權的由來提出解釋。從建立漢朝的政治體制來說，董仲舒以《春秋》決獄；平當以〈禹貢〉治水；貢禹、師丹、匡衡、韋玄成等學者，依據經義要求變更郊祀、廟制等等，皆可引以爲例。王莽在登基前引用經書改革郊祀、廟制、封諸侯等作爲，又何嘗不是同樣的模式？登基後，王莽施政以經籍爲據，亦是爲了解釋其政權的由來、建立起新朝的政治制度。只是由於王莽此時的政治地位不同，產生本質上的歧異。漢代諸臣根據經義所提出的改革，關注現實政治社會中的利弊得失，所展現的是以學術領導政治的精神。漢臣要求現實政治追隨經書的記載，是以經書作爲主體。王莽即位後的改革，同樣透過經典詮釋作爲政治論述的根據，但卻旨在強調王者改制、天命立新的思惟。〔註15〕易

〔註14〕此參臺大中文系何澤恆教授「經學史」課程的筆記，（民國九十二年二月十七日）。

〔註15〕從表面上來看，王莽建構舜形象，多依據《尚書・堯典》，少有更動。然而，進一步考慮到王莽營造舜形象，其實是爲了建構新朝「正當性」時，則王莽

言之，王莽傾向以政治的需求選擇適合的經義，加以應用，即以政治領導學術。因此新朝「正當性」建構的同時，經義本身的意涵與精神也就退居政治目的之後。與漢臣相較，王莽以政治為主導，呈現經義、政治主客位置交換的模式。

以外在結構、內在精神而言，同樣是慕古的結構下，漢儒以經義為主；王莽則以政治需求為主，經義為王莽所用。因此，在新朝時，以經義為現實人生指導的形式並沒有改變，不同的是內在精神。〔註16〕

據上所述，王莽與今古文經、《周禮》的關係也可藉此提出解釋。關於王莽與今古文經，王莽兼採今古文經，既受西漢經學與政治的影響，又加入個人本身的因素。漢人對諸經採取「廣道術」的態度、朝臣的奏議本有兼引今古文經的現象，對於王莽兼採今古文經具有一定程度的影響。就個人因素而言，王莽即位後，為了政治上的需求：表明新朝非承繼漢朝而來、新朝的成立有經典上的依據，遂立《周禮》、《左傳》等為學官。再者，王莽應用在前人很少注意的《周禮》、《左傳》等經典，可以按照自己的需要加以詮釋，取得有利的發言權，而不會像應用《春秋公羊傳》、《尚書》等其他受重視的經書，不免或多或少受限於經師的解說。

關於王莽與《周禮》，部分漢人認為《周禮》是周公致太平之書的背景下，《周禮》的出現與應用，讓王莽和周公有更多的相似點。從而達到王莽建構周公形象的目的。王莽即位後，不僅承襲西漢政壇逐漸重禮的傾向，以《周禮》作為改制的參考經典，並據此表明新朝學術異於漢朝，以回應「孔子為漢制法」的《公羊傳》。

二、王莽對東漢經學與政治的影響

光武帝建立東漢後，對於「正當性」的建構也採取和王莽一樣的模式。建立一朝的「正當性」，是穩固政權、糾合民心的必要措施，因此首先在血緣上，他標舉自己是漢高祖的九世孫，以證明身分的「正當性」。其次，在政治

對於舜形象的塑造，仍有其自主性。

〔註16〕錢穆先生認為無論政治和學說，從漢武帝到王莽、從董仲舒到劉歆，都只是一線的演進和生長。此說甚有見的，並啟發筆者思考王莽因為政治地位的不同，使得內在精神產生異質，進而影響東漢時的經學，如賈逵迎合章帝重君父之義，提出《左傳》「深於君父」；相較於西漢劉歆以廣道術的精神，請立《左傳》，有所不同。見氏著：〈評顧頡剛五德終始說下的政治和歷史〉，《中國學術思想史論叢》（三），頁51。

措施上，經過新朝末年、更始這一時期的戰亂，光武帝傚西漢初年的與民休息，採取「柔道」〔註17〕治天下。同時，取法漢宣帝，重視吏治，〔註18〕以漢朝「中興」的態勢連結西漢與東漢。第三，光武帝應用符讖表明自己的「正當性」。如建武元年（A.D.25），彊華從關中獻〈赤伏符〉說：「劉秀發兵捕不道，四夷雲集龍鬥野，四七之際火為主。」〔註19〕指漢高祖到光武帝初起，共二百二十八年，光武帝承漢之火德而興。此時，群臣上奏說：

> 受命之符，人應為大，萬里合信，不議同情，周之白魚，曷足比焉？
>
> 今上無天子，海內淆亂，符瑞之應，昭然著聞，宜答天神，以塞眾
>
> 望。〔註20〕

由於上天示下符瑞，光武帝便因此即位。而光武帝和王莽一樣也依讖緯任官，如光武帝以〈赤伏符〉「王梁主衛作玄武」的記載，拜王梁為大司空，封武強侯；孫咸亦因讖文而任大司馬。〔註21〕於是，我們可以再次看到同樣是「正當性」的外在形式中，卻因不同的人而灌注不同的內容。

　　雖然建構「正當性」時採用相同的辦法，但東漢對於新朝的政治與學術卻有些因應的作法。在政治方面，主要有三：首先，鑑於新朝「繁密」〔註22〕、傾於慕古「高義」〔註23〕的改制，東漢則是回歸民生的基本面。一方面以「柔道」治天下，解除王莽繁密的措施。〔註24〕另一方面，重視吏治，轉用「政

〔註17〕　《後漢書・光武帝紀》，卷1下，頁68～69。

〔註18〕　《太平御覽》引《東觀漢紀》說：「漢家中興，唯宣帝取法。」又引華嶠《後漢書》說：「中興巳來，追蹤宣帝。」見宋・李昉編：《太平御覽》（臺北：臺灣商務印書館股份有限公司，1968年，四部叢刊三編・子部），卷91，頁564、565。

〔註19〕　《後漢書・光武帝紀》，卷1上，頁21。

〔註20〕　《後漢書・光武帝紀》，卷1上，頁21～22。

〔註21〕　《後漢書》〈景丹列傳〉、〈王梁列傳〉，卷22，頁773～774。

〔註22〕　《後漢書・循吏列傳》：「初，光武長於民間，頗達情偽，見稼穡艱難，百姓病害，至天下已定，務用安靜，解王莽之繁密，還漢世之輕法。」（卷76，頁2457）按：《漢書・王莽傳》記載王莽規劃行政區域後，「歲復變更，一郡至五易名，而還復其故。吏民不能紀，每下詔書，輒繫其故名，……。」（卷99中，頁4137）《後漢書・隗囂傳》：「（新朝時）政令日變，官名月異，貨幣歲改，吏民昏亂，不知所從，商旅窮窘，號泣市道。」（卷13，頁517）均指出新朝更改政令的頻繁程度。

〔註23〕　桓譚：《新論・言體》，見於嚴可均輯：《全後漢文》，《全上古三代秦漢三國六朝文》，第1冊，卷13，頁540。

〔註24〕　范曄說：「自中興以後，逮于永元，雖頗有弛張，而俱存不擾，是以齊民歲增，闢土世廣。」見《後漢書・和帝紀論》，卷4，頁195。

卑易行，禮簡易從」〔註25〕的平實政策。其次，王莽的興起肇因於西漢末年外戚勢力膨脹，於是光武帝立下后妃之家「不得封侯與政」〔註26〕的規定，以避免外戚干政。第三，漢平帝時王莽專政，終至代漢。為避免重蹈覆轍，光武帝擴大尚書臺的作用，削弱三公的權力，以穩固皇權、防止權臣專政。〔註27〕這些措施大體為明帝、章帝所繼承，也因此影響了往後的東漢政治。

在學術方面，從經學的發展來看，王莽立古文經於學官，對東漢經學亦有所影響。王莽改變西漢末年的學術環境，使古文經正式站上政治舞臺。經學一旦與政治、利祿結合，學習者也隨之增加，所以新朝立古文經為學官，有助於民間傳習。東漢光武帝雖立今文十四博士，然而習古文經者亦常為古文經爭取政治地位，如光武帝時曾一度立《左傳》為學官。〔註28〕東漢初年，杜林、鄭興、陳元這些古文經學者受到當時士人的尊崇，〔註29〕也有助於古文經的推廣。章帝因賈逵的建議，詔高才生受古文《尚書》、《毛詩》、《穀梁》、《左傳》，雖不立於學官，但學者可為講郎，給事近署，也是朝廷表彰學術、博存眾家的方法之一。此後，習古文經者漸增，直到東漢末年，古文經大盛。因此新朝在古文經的發展歷程上確有影響存在。

再者，光武帝提倡經學，但經學對政事的影響力則不如西漢。光武帝建武三年（A.D.27）修鄉校、聘學者；建武五年（A.D.29）「乃修起太學，稽式古典，籩豆干戚之容，備之於列，服方領習矩步者，委它乎其中」〔註30〕等作為，仍然是慕古學風的表現。然而，呂思勉先生說：

> 中國之文化，有一大轉變，在乎兩漢之間。自西漢以前，言治者多對社會政治，竭力攻擊。東漢以後，此等議論，漸不復聞。〔註31〕

〔註25〕 《後漢書‧杜林列傳》，李賢注引《東觀漢紀》載杜林所上的奏議（卷27，頁937）。另外，《後漢書‧祭祀志》李賢注引《東觀漢紀》亦可作為參考，見《後漢書‧祭祀志》，志7，頁3160。

〔註26〕 《後漢書‧明帝紀》，卷2，頁124。

〔註27〕 仲長統《昌言‧法誡》說：「光武皇帝慍數世之失權，忿彊臣之竊命，矯枉過直，政不任下，雖置三公，事歸臺閣。自此以來，三公之職，備員而已。」見嚴可均輯：《全後漢文》，《全上古三代秦漢三國六朝文》，第1冊，卷88，頁951。

〔註28〕 《後漢書》〈范升列傳〉、〈陳元列傳〉，卷36，頁1228～1233。

〔註29〕 《後漢書‧陳元列傳》，卷36，頁1230。

〔註30〕 《後漢書‧儒林列傳》，卷79上，頁2545。

〔註31〕 呂思勉：《秦漢史》（香港：太平書局，1962年，據開明書店1947年版重印），頁197。

可見西漢乃至新朝，經學指導現實政治的作用在東漢有了不同的方向。相較於西漢，東漢博士缺少議政作用，職權萎縮。〔註 32〕博士對政治的影響力因而變小，與現實政治疏離，逐漸成爲專家之學。失去議政功能的經學，於是走向偏於「禮」的道路；如光武帝以儒生議郊祀禮制、章帝時的《白虎通》博徵諸家而以禮制最爲突出。〔註 33〕

　　轉變的原因，可以從兩方面探討。首先，如清人趙翼所說：

　　　　漢初法制未備，每有大事，朝臣得援經義以折衷是非。……此皆無
　　　　成例可援，而引經義以斷事者也。援引古義，固不免於附會，後世
　　　　有一事即有一例，自亦無庸援古證今，第條例過多，竟成一吏胥之
　　　　天下，而經義盡爲虛設耳。〔註 34〕

漢初制度尚未完備，引用經義作爲衡量標準。而東漢以後不僅有事例可循，又可借鏡、警惕前朝之事，如光武帝即位以後，有王莽繁瑣的政治措施作爲前車之鑑，故倣效西漢初年採取與民休息的政策。其次，光武帝以「漢朝中興」作爲號召，不是一個新朝代的建立，所以毋需再以政治措施證明《公羊》學「王者改制」。〔註 35〕因此，經義在東漢政治的影響逐漸減小，轉而特重於禮儀制度方面。

　　除了政治與學術之外，光武帝亦因王莽代漢之事，表彰節行。顧炎武說：

　　　　漢自孝武表章六經之後，師儒雖盛而大義未明，故新莽居攝，頌德
　　　　獻符者徧於天下。光武有鑒於此，故尊崇節義，敦厲名實，所舉用
　　　　者莫非經明行修之人，而風俗爲之一變。至其末造，朝政昏濁，國
　　　　事日非，而黨錮之流、獨行之輩，依仁蹈義，舍命不渝，風雨如晦，
　　　　雞鳴不已。三代以下，風俗之美，無尚於東京者。〔註 36〕

光武帝以儒者未明大義（此處尤指君臣大義），導致王莽取代漢朝，因此表彰

〔註 32〕王國維說：「中興以後，此制（筆者按：指博士議政的制度）漸廢，專議典禮
　　　　而已。」見氏著：〈漢魏博士考〉，《觀堂集林》，收入《王觀堂先生全集》（臺
　　　　北：文華出版社，1968 年），第 1 冊，卷 4，頁 187。
〔註 33〕章權才：《兩漢經學史》，頁 248。
〔註 34〕清・趙翼著，王樹民校證：《廿二史箚記校證》（訂補本）（北京：中華書局，
　　　　2001 年），卷 2，頁 43，「漢時以經義斷事」條。
〔註 35〕光武帝與公孫述書說：「吾自繼祖而興，不稱受命。」見嚴可均：《全後漢文》，
　　　　《全上古三代秦漢三國六朝文》，第 1 冊，卷 2，頁 485。
〔註 36〕清・顧炎武：《原抄本日知錄》（臺北：臺灣明倫書局，1979 年），卷 17，頁
　　　　377。

節行。《禮緯含文嘉》：「三綱謂君爲臣綱，父爲子綱，夫爲妻綱。」〔註37〕當可作爲東漢表彰節行的切入點。君臣方面，明帝永平十七年（A.D.74）詔班固文，指出司馬遷不如司馬相如原因在於：

> （司馬相如）至於疾病而遺忠，主上求取其書，竟得頌述功德，言封禪事，忠臣效也。〔註38〕

明帝顯然以「忠」作爲評價的標準。上有好之者，下必甚焉，在重視「忠」的時代氛圍裡，班固《漢書》也以「忠」爲價值取向之一，〔註39〕進而影響到他對王莽的看法。而班固對王莽的評價也藉由《漢書》的流傳，影響後人。〔註40〕章帝時，《左傳》也因含有「君父之理」而受到重視。建初元年（A.D.76），賈逵奉旨說明《左傳》長於《春秋穀梁傳》、《春秋公羊傳》的奏書中，多處指出《左傳》明於君父之理：

> 臣謹摘出《左氏》三十事尤著明者，斯皆君臣之正義，父子之紀綱。
> 〔註41〕

> 至如祭仲、紀季、伍子胥、叔術之屬，《左氏》義深於君父，《公羊》多任於權變，其相殊絕，固以甚遠，而冤抑積久，莫肯分明。〔註42〕

> 今《左氏》崇君父、卑臣子，彊幹弱枝，勸善戒惡，至明至切，至直至順。〔註43〕

章帝遂令賈逵從今文經諸生中選高才者，教以《左傳》。「夫爲妻綱」則可從

〔註37〕《禮記正義・樂記》，卷 39，頁 691。**按**：此說後爲《白虎通》所承襲。

〔註38〕梁・蕭統編，唐・李善等注：《文選・典引序》（臺北：文津出版社，1987 年），卷 48，頁 2158。

〔註39〕如《史記・太史公自序》中指出孔子作《春秋》之旨，在於「貶天子、退諸侯、討大夫、以達王事而已矣。」（卷 130，頁 3297）《漢書》則去「貶天子」一句（卷 62，頁 2717），以表明尊君的立場。按：班固的筆法雖不免有個人主觀意見，然而他記載王莽政治措施的部分仍屬事實；筆者於此僅在於強調時代氛圍、個人意見的影響，班固所敘述的王莽，不免影響後人對於王莽的評價。

〔註40〕畢漢斯有鑒於此，而重新詮釋王莽的政治措施、形象等，可供參考。只是其結論：「王莽的垮臺是由於幾次黃河改道的重大積累的影響，這是非人力所能防止的災難。」（頁 256）與《漢書・王莽傳》相較，新朝滅亡的原因顯然「人禍」占了最主要的部分。見英國崔瑞德、魯惟一編：《劍橋中國秦漢史》，第三章「王莽，漢之中興，後漢」。

〔註41〕《後漢書・賈逵列傳》，卷 36，頁 1236。

〔註42〕《後漢書・賈逵列傳》，卷 36，頁 1236。

〔註43〕《後漢書・賈逵列傳》，卷 36，頁 1237。

東漢時的後宮之教、《女誡》,以及《後漢書·列女傳》的記載等,看出一斑。
從上文這些例子,可以看出東漢時以政治力表彰節行的概略。

《南史·忠義傳論》說:

是以漢世士務修身,故忠孝成俗。至于乘軒服冕,非此莫由。〔註44〕

在君王提倡下,東漢士人致力於修養個人品行,講究自身的行為舉止。然而,
朝廷重視節行,以利祿作為獎賞的結果,「謹固」、「篤行」不足以別異,使得
士人為了使自己比別人更具有才能操守,更容易獲得察舉,而著意於修飾,
種種行為逐漸產生「激詭」的趨勢,〔註45〕終至開啟魏晉名士之風。

據以上的討論,王莽從西漢到新朝的言論、措施,在解釋西漢、東漢間
經學與政治的遞嬗,實具關鍵性角色。

〔註44〕唐·李延壽:《南史·忠義傳論》(臺北:鼎文書局,1994 年),卷 74,頁 1851。
〔註45〕張師蓓蓓:《東漢士風及其轉變》(臺北:國立臺灣大學中文所碩士論文,何
　　　　佑森先生指導,文史叢刊之 71,1985 年),頁 6。

附錄一：王莽年表

說明

　　關於王莽的生平，錢穆先生的〈劉向歆父子年譜〉相當具有代表性。然而，該文以劉向、劉歆、王莽三人爲對象，其目的主要在於排擊清代今文經學家認爲劉歆偏僞古文諸經的說法。爲了更能呈現出王莽個人生平的清楚脈絡，筆者根據《漢書》、《漢書補注》、錢穆先生〈劉向歆父子年譜〉整理出本表，[註1]以供讀者參考。又，本表的「卷次」、「頁數」係以《漢書》爲準。

帝　名	年　　號	重要事件	卷　　次	頁　　數	備　　註
元帝	初元四年 （B.C.45）	王莽生	27 中 之上	1359	
成帝	河平二年 （B.C.27）	王氏諸舅爲列侯	98	4018	
	陽朔三年 （B.C.22）	八月王鳳卒，九月王音任大司馬	98	4020	
		莽爲黃門郎，遷射聲校尉	99 上	4039	
	永始元年 （B.C.16）	五月，爲新都侯，遷騎都尉光祿大夫侍中	10	319	
	永始二年 （B.C.15）	正月，王音卒，王商爲大司馬	19 下	824	

〔註 1〕 三者所使用的版本爲：漢・班固著，唐・顏師古注《漢書》（北京：中華書局，1996 年初版 9 刷）。王先謙：《漢書補注》（臺北：藝文印書館，1996 年初版 4 刷）。錢穆：〈劉向歆父子年譜〉，《兩漢經學今古文平議》（北京：商務印書館，2001 年初版 1 刷），頁 1～179。

	元延元年 （B.C.12）	十二月，王商卒，王根爲大 司馬	19 下	838	
	綏和元年 （B.C.8）	十月，大司馬王根病免，王 莽任大司馬	19 下	841	
	綏和二年 （B.C.7）	三月，成帝崩，四月，哀帝 即位	11	334	
		七月，王莽病免，師丹爲大 司馬。	19 下	843	
	建平二年 （B.C.5）	以新都侯遣就國	99 上	4042	
哀帝	元壽元年 （B.C.2）	以徵還京師	99 上	4044	
	元壽二年 （B.C.1）	六月，哀帝崩，王莽拜大司 馬	99 上	4044	
平帝	元始元年 （A.D.1）	正月，爲安漢公	12	349	
		置少府海丞、果丞、大司農 部丞，勸農桑	12	351	
	元始二年 （A.D.2）	旱蝗災，王莽等獻田宅者二 百三十人	12	353	
		秋，徙成重至雲陽，賜公田 宅	12	354	
	元始三年 （A.D.3）	平帝聘王莽女爲后	99 上	4052	
		王宇自殺	99 上	4065	
	元始四年 （A.D.4）	奏郊祀高祖以配天，宗祀孝 文以配上帝	99 上	4066	另參〈郊祀志〉
		二月，遣八人分行天下，覽 觀風俗	99 上	4066	
		加安漢公號曰宰衡	99 上	4066～ 4067	
		奏立明堂、辟雍，立樂經， 益博士員	99 上	4069	
		尊孝宣廟爲中宗，孝元廟爲 高宗	12	357	
		更定官名及十二州界	12	357	
		議爲王莽九錫禮	99 上	4070～ 4071	

	元始五年 （A.D.5）	王莽加九錫	99 上	4072～ 4075	
		徵天下通諸經、小學、天文 等	12	359	另參〈儒林傳〉
		泉陵侯劉慶上書請莽行天子 事	99 上	4078	
		冬，平帝疾，仿〈金縢〉爲 文	99 上	4078	
		十二月，平帝崩	99 上	4078	
		太皇太后詔安漢公居攝踐祚	99 上	4080～ 4081	
	居攝元年 （A.D.6）	正月，祀上帝於南郊，迎春 於東郊，行大射禮於明堂	99 上	4082	
		三月，立宣帝玄孫嬰爲皇太 子，置四少	99 上	4082	
		五月，稱「假皇帝」	99 上	4086	
	居攝二年 （A.D.7）	五月，更造貨：錯刀、契刀、 大錢	99 上	4087	另參〈食貨志〉
		九月，翟義起兵失敗，仿〈大 誥〉爲文	99 上	4087～ 4088	另參〈翟義傳〉
	居攝三年 （A.D.8）	賞破翟義功者	99 上	4089～ 4090	另參〈翟義傳〉
		九月莽母卒，行天子弔	99 上	4090～	
		諸侯禮		4091	
		兄子光自殺	99 上	4092～ 4093	
		十一月，奏以居攝三年爲初 元年，可。	99 上	4093～ 4094	
		十二月，自稱新皇帝	99 上	4095～ 4096	
王莽	始建國元 年（A.D.9）	正月，封孺子嬰爲定安公	99 中	4099～ 4100	
		封拜輔臣，四輔	99 中	4100～ 4101	
		置九卿、二十七大夫、八十 一元士，更諸官名	99 中	4103～ 4104	
		諸侯王號皆稱公，四夷稱王 者皆更稱爲侯	99 中	4105	另參〈匈奴傳〉 〈西域傳〉

	封三皇、五帝、聖人之後	99 中	4105	
	立九廟，祫祭於明堂太廟	99 中	4107～4108	
	以漢高廟爲文祖廟	99 中	4108	
	罷錯刀、契刀及五銖錢，更作五銖錢，禁民挾銅炭	99 中	4108～4109	
	四月，禁買賣田宅奴婢	99 中	4110～4111	
	遣五威將班符命，更印綬	99 中	4112～4114	
始建國二年（A.D.10）	初設六筦之令	99 中	4118	另參〈食貨志〉
	造寶貨五品	99 中	4122	另參〈食貨志〉
	收捕甄尋、劉棻、劉泳等	99 中	4123	
始建國三年（A.D.11）	王舜卒	99 中	4126	
	爲太子置師友各四人	99 中	4126	
	置師友祭酒及侍中、諫議、六經祭酒各一人，凡九祭酒	99 中	4126～4127	
	河決魏郡，泛清河以東數郡	99 中	4127	另參〈溝洫志〉
始建國四年（A.D.12）	以洛陽爲東都，常安爲西都	99 中	4128	
	改十二州爲九州	99 中	4128	
	令民得買賣田及奴婢	99 中	4129	
	下書言巡狩	99 中	4131	
始建國五年（A.D.13）	元后崩，立廟於長安	99 中	4132	另參〈元后傳〉
	焉耆畔，殺都護但欽	99 中	4133	
	除挾銅炭法	99 中	4133	
天鳳元年（A.D.14）	置卒正、連率、大尹、州牧、部監	99 中	4136	
	設六鄉六尉、六州六隊	99 中	4136～4137	
	復行金、銀龜、貝之貨，罷大、小錢，改作貨布	24 下	1184	
天鳳二年（A.D.15）	盜賊起五原、代郡，歲餘乃定	99 中	4140～4140	
天鳳三年（A.D.16）	五月，頒佈吏祿制度	99 中	4142～4143	
	與西域斷絕往來	99 中	4146	另參〈西域傳〉

天鳳四年 （A.D.17）	六月，授諸侯茅土於明堂	99 下	4149～ 4150	
	復明六筦之令	99 下	4150	另參〈食貨志〉
天鳳五年 （A.D.18）	收諸軍吏及邊吏大夫以上爲 姦利致富者家產五分之四	99 下	4152	
	王崇自殺	99 下	4152～ 4153	
	赤眉力子都、樊崇起於琅邪	99 下	4154	
天鳳六年 （A.D.19）	作三萬六千歲曆	99 下	4154	
地皇元年 （A.D.20）	爲地方官員加軍職	99 下	4158	
	九月，起九廟於長安	99 下	4161～ 4162	
	更鑄錢法	99 下	4163～ 4164	〈食貨志〉作 「天鳳元年」
	下江兵起	99 下	4164	
地皇二年 （A.D.21）	正月，置牧副監	99 下	4165	
	王莽妻死，子臨自殺	99 下	4165	
	秋，關東大饑蝗	99 下	4167	
地皇三年 （A.D.22）	正月，九廟落成	99 下	4174	
	二月，霸橋災	99 下	4174	
	弛山澤禁	99 下	4175～ 4176	
	王匡、廉丹討赤眉，廉丹戰 死	99 下	4177～ 4178	
	劉縯及弟秀起兵春陵	99 下	4179	
地皇四年 （A.D.23）	二月，更始軍立劉玄爲皇帝	99 下	4180	
	娶杜陵史氏女爲皇后	99 下	4180	
	嚴尤、王邑昆陽戰敗	99 下	4183	
	劉歆、王涉自殺	99 下	4184～ 4185	
	南鄉兵攻武關，西拔湖	99 下	4187	
	十月，戊申朔，外兵入長安	99 下	4190	
	十月三日庚戌，王莽被殺	99 下	4191	

附錄二：王莽奏議、詔書引經分類簡表

說明

（一）本表考察的依據有三：一據《漢書》記載，王莽的奏議、詔書中明言出自何經者；二以唐人顏師古的註解爲憑藉；三爲清人王先謙的《漢書補注》。〔註2〕爲了不受筆者個人意見、學養所限，翻閱古書時，即使相當明顯地引自某經，而前三類書目未註明者，均不列入引經數目計算中，以免使得統計標準混淆。如譏「二名」可見於《春秋公羊傳》定公六年、哀公十三年，漢末到新朝間有改平帝之名劉箕子爲劉衎、匈奴囊知牙斯改名爲知、王莽改王宗爲王會宗等三例，然王莽於詔書中未明言、顏《注》和《補注》亦無說，〔註3〕因此不列入統計。又如始建國四年（A.D.12），王莽下詔巡狩的詔文人體襲用〈堯典〉的一段文字，〔註4〕三者亦未明言，故不列入統計。

（二）班固《漢書》敘述史事所引用的經文，是班氏個人經學涵養的表徵，不能與被敘述的事件、傳主的經學修養劃上等號，以是，未出現於該人之言談、奏議、詔書中者，亦不作爲體現該人引經之表徵。如《漢書・王莽傳》記載甄尋假造符命爲王莽所戮，劉棻、丁隆也受到牽連，班固記載王莽的懲處說：「乃流棻于幽州，放尋于三危，殛隆于羽山，

〔註2〕 三者所使用的版本爲班固：《漢書》（北京：中華書局，1996年初版9刷），王先謙：《漢書補注》（臺北：藝文印書館，1996年初版4刷）。

〔註3〕 《漢書》卷12，頁352；卷94下，頁3819；卷99上，頁4051；卷99下，頁4153。《漢書補注》，卷12，頁142；卷94下，頁1619；卷99上，頁1722；卷99下，頁1746。

〔註4〕 《漢書・王莽傳》，卷99中，頁4131。

皆驛車載其屍傳致云。」〔註5〕很明顯地，這項處置是根據《尚書·
堯典》〔註6〕。但這段敘述出於班固之筆，因此不列入數據參考。

（三）《漢書補注》對顏師古《注》的解釋文字，或王先謙對所引用的資料
作更進一步的說明而引用經書者，皆不列入考量中。如始建國四年
（A.D.12）王莽授諸侯茅土說：「（附城）自九以下，降殺以兩，至於
一成。」《補注》引王文彬的話說：「《左·襄公二十六年》傳：『自上
以下，隆殺以兩。』謂以兩數相減，此自九以下而七而五而三，以至
於一也。顏說未晰。」〔註7〕

（四）居攝三年（A.D.8），翟義起兵攻打王莽，王莽仿《尚書·大誥》為文，
這篇文章如果仔細地一一列入計算，那麼王莽引用《尚書》的次數將
膨脹到不知凡幾，同時也會使得數據的可信度下降，畢竟這篇策文只
是一篇文章，因此僅算作一次，而顏《注》、《補注》均不重複計算。
又，這篇文章中另引其他經書的部分，則依次計算。

（五）本表所指的「經」以《漢書·藝文志·六藝略》的範疇為準，因此，
《禮記》、《周禮》、《左傳》、《論語》、《孝經》等也是探討的對象。

最後，要說明的是，本表的製作目的主要在於呈現王莽奏議、詔書中所
引用的經書種類，其實是相當廣泛的。同時，也藉著這份統計顯示《周禮》
對王莽而言，其重要性似未居首位。簡表中的統計僅供參考，並非絕對性的
證據。因為就現今可見較為完整而廣泛的漢人史料，以班固《漢書》居首。
只是不論史書記載得多麼詳細，仍不脫個人主觀取捨、時代思潮與其他非人
力所能及的因素所限制，因而目前可見的王莽資料、漢代史實已是經過歷史
淘汰後的結果，如今再從這些篩選後的文章作討論，就已經與真相有一段距
離了。再者，為求公平統計起見，遺珠甚多，因此僅俱參考性質。

〔註5〕《漢書·王莽傳》，卷99中，頁4123。
〔註6〕《尚書·堯典》「流共工于幽洲，放驩兜于崇山，竄三苗于三危，殛鯀于羽山：
四罪而天下咸服。」卷3，頁40。
〔註7〕《漢書補注》，卷99中，頁1738。

一、王莽引《易》簡表

明引《易》				
記次	年代	內容摘要	卷次	頁數
1	元始五年（A.D.5）	奏改郊祀之禮，明引《易》曰：「《易》曰：『分陰分陽，迭用柔剛』。」	25下	1266
1	元始五年（A.D.5）	奏分群神爲五部兆：「《易》有八卦，〈乾〉〈坤〉六子，水火不相逮，靁風不相誖，山澤通氣，然後能變化，既成萬物也。」	25下	1268
2	元始五年（A.D.5）	奏分群神爲五部兆：「又日月靁風山澤，《易》卦六子之尊氣，所謂六宗也。」	25下	1268
3	元始五年（A.D.5）	奏分群神爲五部兆：「《易》曰：『方以類聚，物以群分』。」	25下	1268
4	居攝三年（A.D.8）	仿〈大誥〉爲文說：「……天地判合，〈乾〉〈坤〉序德。」	84	3432
6	天鳳三年（A.D.16）	大司空王邑上書辭官，王莽慰留說：「《易·繫》坤動，動靜辟脅，萬物生焉。災異之變，各有云爲。……」	99下	4142
7	天鳳六年（A.D.19）	下詔六歲一改元，說：「《易》不云乎？『日新之謂德，生生之謂易。』……」	99下	4154
8	地皇元年（A.D.20）	廣立將率，說：「應協於《易》『弧矢之利，以威天下。』……」	99下	4158
9	地皇三年（A.D.22）	下詔恣聽采山澤物：「《易》不云乎？『損上益下，民說無疆。』」	99下	4176
暗引：1 顏師古《注》				
10	始建國元年（A.D.9）	策命統睦侯陳崇，暗引《易》：「機事不密則害成。」據顏《注》，出自《易·繫辭上》。	99中	4116
11	始建國元年（A.D.9）	策命說符侯崔發，暗引《易》：「重門擊柝，以待暴客。」據顏《注》，出自《易·繫辭下》。	99中	4116
暗引：2《漢書補注》				
12	元始五年（A.D.5）	奏改郊祀禮說：「當此之時（冬至、夏至），后不省方。」《補注》：「蘇輿曰：『《易·復·象》辭：先王以至日閉關，商旅不行，后不省方。』……宋衷亦云：『自天子至公侯不省四方之事。是古義竝以方爲四方之事，〈志〉此語正用《易》義，下云天子不親而遣有司，即不省四方之明驗。』」	25下	566

二、王莽引《書》簡表

明引《書》				
記次	年代	內容摘要	卷次	頁數
1	元始四年（A.D.4）	奏羌豪內附，更定十二州界說：「〈堯典〉十有二州」。	99上	4077
2	元始五年（A.D.5）	奏分群神爲五部兆：「《書》曰：『類於上帝，禋于六宗。』」	25下	1267
3	居攝三年（A.D.8）	翟義起兵，王莽仿〈大誥〉成文。	84	3428
4	居攝三年（A.D.8）	下詔族誅翟義等：「《書》曰：『反虜逆賊鱷鯢』」	84	3439
5	居攝三年（A.D.8）	上奏符命，改元爲初始，引《尚書·康誥》：「王若曰：『孟侯，朕其弟，小子封。』」	99上	4049
6	始建國元年（A.D.9）	下詔定五姓名籍說：「《書》不云乎？『惇序九族。』」	99中	4106
7	始建國元年（A.D.9）	詔限田禁奴婢：「《書》曰：『予則奴戮女。』」	99中	4111
8、9、10	始建國四年（A.D.12）	詔改十二州爲九州，云：「惟在〈堯典〉，十有二州，衛有五服。……〈禹貢〉之九州無并、幽，……州從〈禹貢〉爲九，爵從周氏有五。」	99中	4128
11	地皇三年（A.D.22）	下詔恣聽采山澤物：「《書》云：『言之不從，是謂不艾。』」	99下	4176
暗引：1 顏師古《注》				
記次	年代	內容摘要	卷次	頁數
12	居攝三年（A.D.8）	平帝之喪期滿，王莽說：「過密之義，訖于季冬，正月郊祀，八音當奏。」據顏《注》引自《尚書·虞書》：「放勳乃徂，百姓如喪考妣，三載，四海遏密八音。」	99上	4093
13	始建國元年（A.D.9）	去剛卯（玉）、除刀錢之詔說：「予前在大麓，至于攝假……」顏《注》：「大麓者，謂爲大司馬、宰衡時，妄引『舜納于大麓，烈風雷雨不迷』也。」	99中	4109
14	始建國二年（A.D.10）	更名匈奴單于曰降奴服于說：「降奴服于知，威侮五行，……」據顏《注》，引《書·夏書·甘誓》	99中	4121

15	天鳳元年（A.D.14）	下詔改行政區域說：「粟米之內曰內郡，其外曰近郡。」據顏《注》「粟米」出自〈禹貢〉，其云：「〈禹貢〉去王城四百里納粟，五百里納米，皆在甸服之內。」	99 中	4136～4137
16	天鳳四年（A.D.17）	更授諸侯茅土於明堂說：「予親設文石之平，陳菁四色之土，欽告于岱宗泰社后土、先祖先妣，以班授之。」顏《注》：「《尚書・禹貢》：『苞匭菁茅』，儒者以為菁，茮名也，茅，三脊茅也。」	99 下	4149～4150
17	地皇元年（A.D.20）	大風毀王路堂，下詔說：「乃壬午餔時，有列風雷雨發屋折木之變，……伏念一旬，迷乃解矣。」據顏《注》：「先言列風雷雨，後言迷乃解矣，蓋取舜『納于大麓，列風雷雨不迷』以為言也。」	99 下	4160

暗引：2《漢書補注》

記次	年　代	內　容　摘　要	卷次	頁數
18	元始五年（A.D.5）	奏復長安南北郊：「王者父事天，故爵稱天子。」《補注》：「沈欽韓曰：『《書・亡逸篇》曰：『厥兆天子爵。』」	25 下	565
19	居攝三年（A.D.8）	破翟義下詔：「（翟義）兄宣靜言令色，外巧內嫉，……」《補注》：「王念孫曰：『靜言令色即巧言令色。……今文《尚書》作『惟諓諓善靜言。』」	99 上	1489
20	地皇元年（A.D.20）	築明堂九廟說：「深惟吉昌莫良於今年，予乃卜波水之北，郎池之南，惟玉食。……」《補注》：「蘇輿曰：『語仿〈洛誥〉。』」	99 下	1749

附《逸周書》

記次	年　代	內　容　摘　要	卷次	頁數
1	始建國二年（A.D.10）	下詔施行五均：「《樂語》有五均……。」《補注》：「沈欽韓曰：『案《周書・大聚解》：『市有五均，早暮如一，送行逆來，振乏救窮。』《樂語》又本於《周書》也。』」	24 下	533
2	始建國四年（A.D.12）	下詔授諸侯茅土：「子男一則，眾戶二千有五百，土方五十里。」《補注》：「沈欽韓曰：『《大宗伯》職注：鄭司農云：則者，法也。《周書・作雒解》苴以白茅為土封，受則土於周室。』」	99 中	1738

| 3 | 始建國四年
（A.D.12） | 授諸侯茅土。《補注》：「沈欽韓曰：『《周書・作雒篇》乃建大社于周中。其壇東青土、南赤土、西白土、北驪土、中央釁以黃土，將建諸侯，鑿取其方一面之土，蒙以黃土，苴以白茅，以爲土封，故曰：受列土于周室。案此則方色土，上皆冒黃土。僞《孔傳》大略亦同。顏見此云四色之土，遂謂黃土不封，誤也。』」 | 99 下 | 1745 |

三、王莽引《詩》簡表

明引《詩》				
記 次	年 代	內 容 摘 要	卷 次	頁 數
1、2	元始五年 （A.D.5）	上奏設立官稷：「《詩》曰：『乃立冢土』。又曰：『以御田祖，以祈甘雨』。」	25 下	1269
3	始建國元年 （A.D.9）	策命孺子說：「《詩》不云乎？『侯服于周，天命靡常。』」出自《大雅・文王》	99 中	4099
4、5	始建國四年 （A.D.12）	下詔改十二州爲九州：「《詩》國十五，拊遍九州。〈殷頌〉有『奄有九有』之言。」	99 中	4128
暗引：1 顏師古《注》				
記 次	年 代	內 容 摘 要	卷 次	頁 數
6	始建國元年 （A.D.9）	策命統睦侯陳崇，暗引《詩》：「柔亦不茹，剛亦不吐，不侮鰥寡，不畏強圉。」據顏《注》，出自《詩・大雅》。	99 中	4116
7	天鳳元年 （A.D.14）	下詔改行政區域說：「公作甸服，是爲惟城；諸在侯服，是爲惟寧；在采、任諸侯，是爲惟翰；在賓服，是爲惟屏；在揆文教，奮武衛，是爲惟垣；在九州之外，是爲惟藩……」據顏《注》出自《詩・大雅・板》。	99 中	4137〜4138
8	天鳳三年 （A.D.16）	頒布吏祿制度，暗引《詩經》說：「『普天之下，莫非王土；率土之賓，莫非王臣。』蓋以天下養焉。」據顏《注》，出自《小雅・北山》。	99 中	4142

四、王莽引《周禮》、《禮記》簡表

（一）王莽引《周禮》簡表

明引《周禮》				
記 次	年 代	內 容 摘 要	卷 次	頁 數
1	元始五年 （A.D.5）	奏改郊祀禮，引《周禮》說：「《周官》天墬之祀，樂有別有合。其合樂曰：『以六律、六鐘、五聲、八音、六舞大合樂』祀天神，祭墬祇，祀四望，祭山川，享先妣先祖。」	25 下	1265
2	元始五年 （A.D.5）	奏改郊祀禮，引《周禮》說：「其別樂曰：『冬日至，於墬上之圜丘奏樂六變，則天皆降；夏日至，於澤中之方丘奏樂八變，則墬祇皆出。』」	25 下	1266
3	元始五年 （A.D.5）	奏分群神爲五部兆：「謹案《周官》『兆五帝於四郊』，山川各因其方，今五帝兆居在雍五畤，不合於古。」	25 下	1268
4	始建國二年 （A.D.10）	下詔施行五均，說：「夫《周禮》有賒貸，……」	24 下	1179
5	始建國四年 （A.D.12）	改十二州爲九州，說：「《周禮·司馬》則無徐、梁。」	99 中	4128
6	天鳳三年 （A.D.16）	下吏祿制度說：「《周禮》膳羞百有二十品，今諸侯各食其同、國、則；辟、任、附城食其邑；公、卿、大夫、元士食其采。」	99 中	4142
暗引：1《漢書補注》				
記 次	年 代	內 容 摘 要	卷 次	頁 數
7	始建國四年 （A.D.12）	授諸侯茅土，說：「州從〈禹貢〉爲九，爵從周氏有五。諸侯之員，千有八百，附城之數亦如之，以俟有功諸公一同。」王注：「王文彬曰：『……《周官·匠人》：方百里爲同。』」	99 中	1738

（二）王莽引《禮記》簡表

明引《禮記》				
記次	年代	內容摘要	卷次	頁數
1	元始五年（A.D.5）	奏復長安南北郊：「《禮記》天子祭天地及山川，歲徧。」	25下	1264
2	元始五年（A.D.5）	奏改郊祀禮，引《禮記》曰：「《禮記》曰天子籍田千畝以事天墬，繇是言之，宜有黍稷。」	25下	1265
3	元始五年（A.D.5）	奏分群神爲五部兆：「《禮記》祀典，功施於民則祀之。」	25下	1268
4	元始五年（A.D.5）	奏立官稷：「《禮記》：曰『唯祭宗廟社稷，爲越紼而行事』。」	25下	1269
5	居攝三年（A.D.8）	奏請爲平翟義諸將帥封爵，引《禮記・王制》有「千七百餘國」之文。	99上	4089
暗引：1《漢書補注》				
記次	年代	內容摘要	卷次	頁數
6	居攝三年（A.D.8）	翟義起兵，王莽依〈大誥〉爲文說：「予義彼國君泉陵侯上書曰：『成王幼弱，周公踐天子位，以治天下，六年朝諸侯於明堂，制禮樂，班度量，而天下大服。……』」王注：「王文彬曰：『《禮・明堂位》之文。』」	84	1487
7	地皇元年（A.D.20）	大風毀王路堂，下詔：「予甚弁焉，予甚栗焉，予甚恐焉。」王注：「周壽昌曰：『《禮》弁行剗剗起屨。疏：弁，急也。弁亦同卞。』」	99下	1748

五、王莽引《春秋》及《三傳》簡表

（一）王莽引《春秋》簡表

明引《春秋》				
記次	年代	內容摘要	卷次	頁數
1	始建國元年（A.D.9）	下詔去剛卯除刀錢：「然自孔子作《春秋》以爲後王法，至于哀之十四而一代畢，協之於今，亦哀之十四也。」	99中	4109
2	天鳳三年（A.D.16）	王莽慰留大司空王邑，說：「《春秋》記地震，……災異之變，各有云爲。」	99中	4142

（二）王莽引《公羊傳》簡表

明引《公羊傳》				
記次	年代	內容摘要	卷次	頁數
1	天鳳五年（A.D.18）	追貶王宗說：「《春秋》之義，『君親毋將，將而誅焉。』」	99下	4153

暗引：1《漢書補注》				
記次	年代	內容摘要	卷次	頁數
2	居攝三年（A.D.8）	奏請爲平翟義諸將帥封爵：「今制禮作樂，實考周爵五等，地四等，有明文。殷三等有其說，無其文……。」《補注》：「蘇輿曰：『《白虎通》引《含文嘉》云：『殷爵三等，周爵五等』。《公羊》說《春秋》亦以伯、子、男統爲一等，合公與侯爲三。』」	99上	1726
3	元始三年（A.D.3）	奏請爲平帝納后：「請考論五經定取禮，正十二女之義。」《補注》：「《春秋》說云：『天子取十二』，即夏制也。」	99上	1714

（三）王莽引《穀梁傳》簡表

明引《穀梁傳》				
記次	年代	內容摘要	卷次	頁數
1	元始四年（A.D.4）	上書求「宰衡太傅大司馬印」，引《穀梁傳》：「天子之宰，通於四海。」	99中	4068
2	元始五年（A.D.5）	奏復長安南北郊：「《春秋穀梁傳》以十二月下辛卜，正月上辛郊。」	25下	1264

（四）王莽引《左傳》簡表

明引《左傳》				
記次	年代	內容摘要	卷次	頁數
1	居攝三年（A.D.8）	上奏符命，改元爲初始，引《春秋》：「隱公不言即位，攝也。」	99中	4094

暗引：1 顏師古《注》				
記次	年代	內容摘要	卷次	頁數
2	居攝三年（A.D.8）	族誅翟義等下詔：「蓋聞古者伐不敬，取其鯨鯢築武軍，封以為大戮，於是乎有京觀以懲淫慝。」據顏《注》引自《左傳・宣公十二年》。	84	3439

暗引：2《漢書補注》				
記次	年代	內容摘要	卷次	頁數
3	居攝三年（A.D.8）	翟義起兵，王莽仿〈大誥〉為文：「夫豈不愛？亦惟帝室，……」《補注》：「王文彬曰：『《左・昭元年傳》：『周公殺管叔而蔡蔡叔，夫豈不愛王室故也。』此襲用其文。』」	84	1488
4	始建國元年（A.D.9）	下令行王田詔：「至略賣人妻子。」《補注》：「沈欽韓曰：『《方言・就室》曰：挐於道曰略。略，強取。』《左・襄・四年》傳注：『不以道取曰略。』」	99中	1732
5	始建國元年（A.D.9）	下令行王田詔：「敢有非井田聖制，無法惑眾者，投諸四裔，以禦魑魅，如皇始祖考虞帝故事。」《補注》：「先謙曰：語本《左・文・十八年》傳，杜注：『裔，邊也。』」	99中	1733
6	始建國四年（A.D.12）	授諸侯茅土說：「州從〈禹貢〉為九，爵從周氏有五。諸侯之員，千有八百，附城之數亦如之，以俟有功諸公一同。」《補注》：「王文彬曰：『《左・襄二十五年・傳》：『列國一同，自是以衰』。」	99中	1738
7	地皇元年（A.D.20）	大風毀王路堂，下詔說：「予甚弁焉，予甚栗焉，予甚恐焉……」《補注》：「周壽昌曰：『《左傳・定三年》：『邾莊公卞急而好潔。』」	99下	1748

六、王莽引《論語》簡表

暗引：1 顏師古《注》				
記次	年代	內容摘要	卷次	頁數
1	居攝三年（A.D.8）	奏請為平翟義諸將帥封爵，據顏《注》，引《論語》：「周監於二代，郁郁乎文哉！吾從周。」	99上	4089
2	居攝三年（A.D.8）	上奏符命，改元為初始，據顏《注》，引《論語》：「畏天命，畏大人，畏聖人之言。」	99上	4094

| 3 | 地皇元年
（A.D.20） | 大風毀王路堂下詔，據顏《注》，引《論語》：
「宣尼公日：『名不正，則言不順，至於刑罰
不中，民無錯手足。』……」。 | 99 下 | 4160 |
| 4 | 地皇元年
（A.D.20） | 太傅唐尊以象刑赭幡汙染男女不異路者，王
莽下詔申公卿思與厥齊。據顏《注》引自《論
語》：「見賢思齊」。 | 99 下 | 4164 |

七、王莽引《孝經》簡表

明引《孝經》				
記 次	年 代	內 容 摘 要	卷 次	頁 數
1	居攝三年 （A.D.8）	奏請爲平翟義諸將帥封爵，明引《孝經》：「不 敢遺小國之臣，而況於公侯伯子男乎？故得 萬國之歡心以事其先王。」	99 上	4089
暗引：1 顏師古《注》				
記 次	年 代	內 容 摘 要	卷 次	頁 數
2	元始五年 （A.D.5）	奏復長安南北郊：「孔子日：『人之行莫大於 孝，孝莫大於嚴父，嚴父莫大於配天。』……」 據顏《注》引《孝經》。	25 下	1264
3	始建國元年 （A.D.9）	禁買賣奴婢詔，據顏《注》引《孝經》：「天 地之性人爲貴。」	99 中	4111

引用及重要參考文獻目錄

本目錄中，古籍依經、史、子、集四部分類，各部中再依各著作的時代先後排序。近人研究專著與期刊論文，依姓氏筆劃數目遞增排列，同一作者的著作則按照出版年代先後排列。

一、古籍

（一）經部

1. 《十三經注疏》清·阮元校勘，臺北：藝文印書館，1955 年。
2. 《周易集解纂疏》唐·李鼎祚輯，清·李道平纂疏，潘雨廷點校，北京：中華書局，2004 年初版三刷。
3. 《尚書大傳輯校》清·陳壽祺，收入清·王先謙編：《皇清經解續編》，臺北：藝文印書館，1964～1965 年出版。
4. 《大戴禮記解詁》清·王聘珍撰，王文錦點校，北京：中華書局，1983 年初版五刷。
5. 《說文解字》漢·許慎，臺北：藝文印書館，1970 年，經韵樓藏版。
6. 《經典釋文》唐·陸德明著，清·盧文弨校，臺北：漢京文化事業有限公司，1980 年初版，抱經堂本。
7. 《五禮通考》清·秦蕙田，桃園：聖環圖書股份有限公司，1994 年初版。
8. 《增註經學歷史》清·皮錫瑞著，周予同注，臺北：藝文印書館，2000 年初版四刷。
9. 《韓詩外傳箋疏》屈守元，成都：巴蜀書社，1966 年初版。

（二）史部

1. 《逸周書》臺北：臺灣中華書局，1966 年，四部備要據抱經堂本校刊。
2. 《新校史記三家注》漢·司馬遷著，劉宋·裴駰集解，唐·司馬貞索隱，

唐・張守節正義，臺北：世界書局，1993 年六版二刷。

3. 《漢書》漢・班固著，唐・顏師古注，北京：中華書局，1996 年初版九刷。

4. 《漢書補注》漢・班固著，清・王先謙，臺北：藝文印書館，1996 年初版四刷。

5. 《漢紀》漢・荀悅，《漢紀西漢年紀合刊》，臺北：鼎文書局，1977 年初版。

6. 《三國志》三國・陳壽撰，劉宋・裴松之注，臺北：鼎文書局，1976 年二版。

7. 《水經注疏》北魏・酈道元注，楊守敬、熊會貞疏，南京：江蘇古籍出版社，1999 年初版二刷。

8. 《後漢書》劉宋・范曄著，唐李賢等注，北京：中華書局，2001 年初版九刷。

9. 《晉書》唐・房玄齡等撰，臺北：鼎文書局，1976 年初版。

10. 《南史》唐・李延壽，臺北：鼎文書局，1994 年八版。

11. 《隋書》唐・魏徵等撰，臺北：鼎文書局，1975 年初版。

12. 《通典》唐・杜佑，臺北：臺灣商務印書館股份有限公司，1994 年出版。

13. 《廟制圖考》清・萬斯同《四庫全書珍本》，六集，史部第 369 冊，臺北：臺灣商務，1976 年。

14. 《廿二史劄記校證》（訂補本）清・趙翼著，王樹民校證，北京：中華書局，200 年初版二刷。

（三）子部

1. 《荀子集解》周・荀卿著，清・王先謙集解，沈嘯寰、王星賢點校，北京：中華書局，1997 年初版 4 刷。

2. 《呂氏春秋新校釋》秦・呂不韋著，陳奇猷校釋，上海：上海古籍出版社，2002 年初版。

3. 《春秋繁露義證》漢・董仲舒著，清・蘇輿義證，北京：中華書局，2002 年初版三刷。

4. 《鹽鐵論校注》（定本）漢・桓寬編，王利器校注，北京：中華書局，1996 年初版二刷。

5. 《白虎通疏證》漢・班固編，清・陳立疏證，吳則虞點校，北京：中華書局，1997 年初版二刷。

6. 《論衡校釋》漢・王充著，黃暉校釋，北京：中華書局，1996 年初版三刷。

7. 《申鑒》漢‧荀悅撰，明‧吳道傳校，臺北：臺灣中華書局，1966 年，四部備要：子部 12，中華書局聚珍仿宋版影印本。。

8. 《太平御覽》宋‧李昉，《四部叢刊》三編‧子部，臺北：臺灣商務印書館股份有限公司，1968 年臺一版。

9. 《讀通鑑論》清‧王夫之，北京：中華書局，2002 年初版五刷。

10. 《原抄本日知錄》清‧顧炎武，臺北：臺灣明倫書局，1979 年出版。

11. 《集古官印考》清‧瞿中溶，《續修四庫全書》，子部譜錄類，第 1109 冊，上海：上海古籍出版社，1995 年初版。

（四）集部

1. 《文選》梁‧蕭統編，李善注，臺北：文津出版社，1987 年出版。

2. 《白居易集》唐‧白居易，臺北：漢京文化事業有限公司，1984 年初版，四部刊要‧集部別集類。

3. 《全上古三代秦漢三國六朝文》清‧嚴可均，北京：中華書局，1999 年初版七刷。

二、近今人專書

1. 于迎春《秦漢士史》，北京：北京大學出版社，2000 年初版一刷。

2. 中國社會科學院考古研究所編《西漢禮制建遺址》，北京：文物出版社，2003 年初版。

3. 王人聰、葉其峰《秦漢魏晉南北朝官印研究》，香港中文大學文物館專刊之四，香港：香港中文大學文物館，1990 年初版。

4. 王令樾《緯學探原》，臺北：幼獅文化事業公司，1984 年出版。

5. 王汎森《古史辨運動的興起》，允晨叢刊 11，臺北：允晨文化實業股份有限公司，1987 年初版。

6. 王健文《奉天承運——古代中國的「國家」概念及其正當性基礎》，臺北：三民書局股份有限公司，1995 年初版。

7. 王葆玹《今古文經學新論》（增訂版），北京：中國社會科學出版社，2004 年出版。

8. 王鐵《漢代學術史》，上海：華東師範大學出版社，1995 年初版。

9. 余英時《中國知識階層史論——古代篇》，臺北：聯經出版事業公司，1997 年初版五刷。

10. 呂思勉《秦漢史》，香港：太平書局，1962 年出版，據開明書店 1947 年版重印。

11. 呂思勉《讀史札記》，臺北：木鐸出版社，1983 年初版。

12. 李景明《中國儒學史》(秦漢卷)，廣東：廣東教育出版社，1998年初版。。

13. 李劍農《先秦兩漢經濟史稿》，臺北：華世出版社，1981年臺初版。

14. 沈展如《新莽全史》，臺北：正中書局，1977年初版。

15. 周予同著，朱維錚編《周予同經學史論著選集》(增訂本)，上海：上海人民出版社，1996年二版二刷。

16. 周桂鈿：《秦漢思想史》，河北：河北人民出版社，2000年初版1刷。

17. 屈萬里《先秦漢魏易例述評》，《屈萬里先生全集》第八冊，臺北：聯經出版事業公司，1984年初版。

18. 屈萬里《尚書集釋》，《屈萬里全集》第2冊，臺北：聯經出版事業公司，1999年初版四刷。

19. 林劍鳴《秦漢史》，上海：上海人民出版社，1993年初版三刷。

20. 林耀曾《周禮賦稅考》，臺北：學海出版社，1977年初版。

21. 金春峰《周官之成書及其反映的文化與時代新考》，臺北：東大圖書公司，1993年初版。

22. 金春峰《漢代思想史》，北京：中國社會科學出版社，1997年二版一刷。

23. 侯家駒《周禮研究》，臺北：聯經出版事業公司，1987年出版。

24. 姜廣輝編《中國經學思想史》，北京：中國社會科學出版社，2003年初版。

25. 施丁《漢書新注》，西安：三秦出版社，1994年初版一刷。

26. 胡適、楊聯陞《論學談詩二十年：胡適楊聯陞往來書札》，臺北：聯經出版事業公司，1998年初版。

27. 徐復觀《兩漢思想史——卷一》，臺北：臺灣學生書局，1978年臺三版。

28. 徐復觀《周官成立之時代及其思想性格》，臺北：臺灣學生書局，1980年初版。

29. 徐復觀《中國經學史的基礎》，臺北：臺灣學生書局，1996年初版三刷。

30. 徐興无《讖緯文獻與漢代文化構建》，北京：中華書局，2003年初版一刷。

31. 祝瑞開《兩漢思想史》，上海：上海古籍出版社，1989年初版。

32. 馬宗霍《中國經學史》，臺北：臺灣商務印書館股份有限公司，2000年初版八刷。

33. 康有爲《新學僞經考》，北京：中華書局，1988年初版三刷。

34. 梁啓超《飲冰室全集》，臺北：文化圖書公司，1969年再版。

35. 許倬雲《求古編》，臺北：聯經出版事業公司，1994年初版四刷。

36. 陳直《漢書新証》，天津：天津人民出版社，1979年二版。

37. 陳槃《古讖緯研究及其書錄解題》，臺北：國立編譯館，1991 年出版。

38. 章景明《殷周廟制論稿》，臺北：學海出版社，1979 年初版。

39. 章權才《兩漢經學史》，臺北：萬卷樓圖書有限公司，1995 年初版。

40. 勞榦《秦漢史》，臺北：中國文化大學出版部，1986 年二版。

41. 湯志鈞、華友根、承載、錢杭《西漢經學與政治》，上海：上海古籍出版社，1994 年初版。

42. 華友根《西漢禮學新論》，上海：上海社會科學院出版社，1998 年初版。

43. 黃彰健《經學理學文存》，臺北：臺灣商務印書館股份有限公司，1976 年出版。

44. 黃彰健《經今古文學問題新論》，臺北：中央研究院歷史語言研究所，中央研究院歷史語言研究所專刊之 79，1982 年出版。

45. 楊向奎《西漢經學與政治》，未註明出版地：獨立出版社，2000 年重印本。

46. 楊樹達《漢書窺管》，上海：上海古籍出版社，1984 年初版。

47. 楊樹達《漢代婚喪禮俗考》，上海：上海古籍出版社，2000 年初版一刷。

48. 葉國良師、夏長樸師、李隆獻師《經學通論》，臺北：國立空中大學，2001 年初版四刷。

49. 葛兆光《中國思想史》，上海：復旦大學出版社，2003 年初版四刷。

50. 雷家驥《中古史學觀念史》，臺北：臺灣學生書局，1990 年初版。

51. 劉華澤編《中國政治思想史》，浙江：浙江人民出版社，1996 年初版。

52. 蕭公權《中國政治思想史》，臺北：聯經出版事業公司，1982 年初版。

53. 錢玄《三禮通論》，北京：南京師範大學出版社，1996 年初版。

54. 錢穆《秦漢史》，收入《錢賓四先生全集》第 26 冊，臺北：聯經出版事業公司，1995 年初版。

55. 錢穆《兩漢經學今古文平議》，北京：商務印書館，2001 年初版一刷。

56. 錢穆《國史大綱》（修訂本），北京：商務印書館，2002 年三版五刷。

57. 閻步克《士大夫政治演生史稿》，北京：北京大學出版社，1998 年初版三刷。

58. 鍾肇鵬《讖緯略論》，瀋陽：遼寧教育出版社，1995 年初版三刷。

59. 羅振玉、王國維編《流沙墜簡》，北京：中華書局，1993 年初版。

60. 饒宗頤《選堂集林》，臺北：明文書局股份有限公司，1982 年初版。

61. 饒宗頤、李均明《新莽簡輯證》，臺北：新文豐出版公司，1995 年臺一版。

62. 顧頡剛《漢代學術史略》，臺北：啓業書局，1975 年二版。

63. 顧頡剛《中國上古史研究講義》,臺北:文史哲出版社,1989 年臺一版。

64. 日本·中村璋八、安居香山《緯書集成》,東京:漢魏文化研究會,1961～1964 年出版。

65. 日本·本田成之《中國經學史》,臺北:廣文書局有限公司,2001 年再版。

66. 日本·安居香山、中村璋八《重修緯書集成》,東京:明德出版社,1957～1971 年出版。

67. 日本·林泰輔著,錢穆譯《周公》,收入《錢賓四先生全集》第 26 冊,臺北:聯經出版事業公司,1995 年。

68. 甘特、施奈德(Cantor & Schneider)合著,涂永清譯《史學導論》,文史叢書 11,臺北:水牛圖書出版事業有限公司,2002 年二版。

69. 英國崔瑞德、魯惟一編《劍橋中國秦漢史》,北京:中國社會科學出版社,1992 年初版一刷,譯自劍橋大學出版社 1986 年版。

三、學位論文

1. 李偉泰師《兩漢尚書學及其對當時政治的影響》,臺北:國立臺灣大學中文所碩士論文,屈萬里先生指導,文史叢刊之 43,1976 年。

2. 李順民《從漢代陰陽五行說與禪讓說的結合看新莽政權的建立》,臺北:國立臺灣師範大學國文研究所碩士論文,管東貴先生指導,1990 年。

3. 施惠淇《班固學術及其與漢代學風的交涉》,臺北:國立臺灣大學中文所碩士論文,張蓓蓓先生指導,2004 年。

4. 范瑞紋《王莽的聖人與三代之夢》,新竹:國立清華大學中文所碩士論文,林聰舜先生指導,2001 年。

5. 夏長樸師《兩漢儒學研究》,臺北:國立臺灣大學中文所碩士論文,何佑森先生指導,文史叢刊之 48,1978 年。

6. 張蓓蓓師《東漢士風及其轉變》,臺北:國立臺灣大學中文所碩士論文,何佑森先生指導,文史叢刊之 71,1985 年。

7. 傅佩琍《王莽之尚書學與行政》,臺北:臺灣大學中國文學研究所碩士論文,程元敏先生指導,1988 年。

四、單篇論文

1. 卜憲群〈秦漢九卿源流及其性質問題〉,《南都學壇》(人文社會科學學報)第 22 卷第 6 期,南陽:南都學壇編輯部,200 年 11 月。

2. 王恩田〈「王莽九廟」再議〉,《考古與文物》,西安:考古與文物編輯部,1992 年 4 期。

3. 王國維〈漢魏博士考〉,《觀堂集林》,收入《王觀堂先生全集》第 1 冊,臺北:文華出版社,1968 年出版。

4. 杜正勝〈尚書中的周公〉,《周代城邦》,臺北:聯經出版事業公司,1985年出版。

5. 屈萬里〈西周史事概述〉、〈關於所謂周公旦「踐阼稱王」問題敬復徐復觀先生〉,《屈萬里先生文存》第二冊,《屈萬里全集》第 17 冊,臺北:聯經出版事業公司,1995 年初版。

6. 唐金裕〈西安西郊漢代建築遺址發掘報告〉,《考古學報》,北京:科學出版社,1959 年第 2 期。

7. 徐金超〈西漢後期經學思潮和經學重心的下移〉,《紹興文理學院學報》第 16 卷第 4 期,浙江:紹興文理學院,1996 年 12 月。

8. 許道齡〈關於西安西郊發現的漢代建築遺址是明堂或辟雍的討論〉,《考古》,北京:科學出版社,1959 年第 4 期。

9. 勞榦〈秦漢九卿考〉,《勞榦學術論文集》甲編下冊,臺北:藝文印書館,1976 年出版。

10. 勞榦〈漢代政治組織的特質及其功能〉,《勞榦學術論文集》甲編下冊,臺北:藝文印書館,1976 年出版。

11. 程元敏師〈莽誥大誥比辭證義〉,《國立編譯館館刊》第 11 卷第 2 期,臺北:國立編譯館,1982 年 12 月。

12. 黃展岳〈漢長安城南郊禮制建築的位置及其有關問題〉,《考古學報》,北京:科學出版社,1960 年第 9 期。

13. 黃展岳〈關於王莽九廟的問題——漢長安城南郊一組建築遺址的定名〉,《考古》,北京:科學出版社,1989 年 3 期。

14. 楊向奎〈論《周誥》中周公的政治地位問題〉,《社會科學輯刊》72 期,瀋陽:社會科學輯刊編輯部,1991 年第 1 期。

15. 楊鴻勛〈從遺址看西漢長安明堂(辟雍)形制〉,《建築考古學論文集》,北京:文物出版社,1987 年初版。

16. 詹康〈評《奉天承運——古代中國的「國家」概念及其正當性基礎》〉,《新史學》,臺北:新史學雜誌社,第 10 卷第 1 期,1999 年 3 月。

17. 蒙文通〈論經學三篇〉,《中國文化》,北京:三聯書店出版發行,1991年第 4 期。

18. 錢穆〈評顧頡剛五德終始說下的政治和歷史〉,《中國學術思想史論叢》(三),臺北:素書樓文教基金會、蘭臺出版社,2000 年出版。

19. 謝謙〈漢代儒學復古運動與郊廟禮樂的正統化〉,《四川師範大學學報》(社會科學版)第 23 卷第 2 期,成都:四川師範大學學報編輯部,1996年 4 月。

20. 韓養民、葛承雍〈王莽改制簡論〉,《中國古代史論叢》第 7 輯,福建：人民出版社,1983 年。

21. 顧頡剛〈五德終始說下的政治和歷史〉,《古史辨》第 5 冊,收於《民國叢書》,上海：上海書店,1992 年,重印民國二十四年北京樸社版,第 4 編,第 68 冊。